职业院校学前教育专业"十四五"系列教材

学前儿童科学教育

主　编　罗　竞
副主编　丁　妮　彭宏霞　易强文
参　编　闻乐靓　李小佳　翟利丹

华中科技大学出版社
http://www.hustp.com
中国·武汉

内 容 提 要

本书力求以《幼儿园教育指导纲要(试行)》《3~6岁儿童学习与发展指南》《高等学校课程思政建设指导纲要》《关于加强和改进新形势下高校思想政治工作的意见》等文件精神为指引,贯彻"以能力为本、以应用为目的、以学生为主体"的原则,对接岗位要求,凸显"理论联系实际""学做一体化"等教学理念,突出课程思政建设。全书主要包括八个项目,即学前儿童科学教育概述、学前儿童科学教育目标、学前儿童科学教育内容、学前儿童科学教育的方法与途径、幼儿园集体科学活动、幼儿园科学区活动、学前儿童科学教育评价和学前儿童科学教育相关研究。

全书在每个项目中都设置有"学习目标""思维导图""问题导入""知识概述""技能实训""项目考核",项目下设任务,每个任务以"小组建构活动"开头,中间链接了大量国内外教学案例及"名人名言""名人故事""知识宝库"等内容,方便学习者迅速掌握相关知识点,并拓展学习者的知识面。

本书符合学习者认知规律,既可以作为高职院校学前教育专业的教材,也可以作为幼儿教育机构一线教师继续教育和进修的参考用书。

图书在版编目(CIP)数据

学前儿童科学教育/罗竞主编. —武汉:华中科技大学出版社,2021.3(2022.8重印)
ISBN 978-7-5680-7024-9

Ⅰ.①学… Ⅱ.①罗… Ⅲ.①学前儿童-科学教育学 Ⅳ.①G613

中国版本图书馆 CIP 数据核字(2021)第 053522 号

学前儿童科学教育 罗 竞 主编
Xueqian Ertong Kexue Jiaoyu

策划编辑:	袁　冲
责任编辑:	刘姝甜
封面设计:	孢　子
责任监印:	朱　玢
出版发行:	华中科技大学出版社(中国·武汉)　电　话:(027)81321913
	武汉市东湖新技术开发区华工科技园　邮　编:430223
录　　排:	武汉创易图文工作室
印　　刷:	武汉市籍缘印刷厂
开　　本:	787 mm×1092 mm　1/16
印　　张:	14.5
字　　数:	370千字
版　　次:	2022年8月第1版第3次印刷
定　　价:	48.00元

本书若有印装质量问题,请向出版社营销中心调换
全国免费服务热线:400-6679-118　竭诚为您服务
版权所有　侵权必究

前言

学前儿童科学教育是全国学前教育专业的必修课程，是幼儿园"五大领域"教育的重要组成部分，是一门以教学论的一般原理为依据，运用教育学、心理学的理论和原则来研究学前儿童科学探究过程的应用性较强的学科。它能帮助学前教育专业学生理解学前儿童科学教育的理论知识，掌握幼儿园各类型科学教育活动设计、指导与评价的思想与方法，为从事幼儿园科学教育实践做好准备。

一、教材内容

在内容体系上，本书共分为八个项目。第一个项目介绍了科学与学前儿童科学的特点及学前儿童科学教育的内涵、特点与意义；第二至四个项目介绍了学前儿童科学教育的目标、内容、方法与途径，可帮助学前教育专业学生理解学前儿童科学教育的相关理论知识；第五个和第六个项目介绍了幼儿园集体科学活动和科学区活动，帮助学前教育专业学生学会设计与指导幼儿园专门的科学教育活动，为从事幼儿园科学教育打下基础；第七个项目介绍了学前儿童科学教育评价的内涵与方法，帮助学前教育专业学生学会评价与反思；第八个项目介绍了STEAM教育、自然教育与生命教育及其对学前儿童科学教育的启示，拓展学前教育专业学生的知识面。教材内容如下图所示。

二、教材结构

本书以项目进行，每个项目都沿着"学习目标→思维导图→问题导入→知识概述→技能实训→项目考核"的路径展开，项目下设任务，每个任务以"小组建构活动"开头，为教师采取任务驱动法教学提供案例与内容，给学习者预习该任务知识提示方向。每个任务中间链接了国内外教学案例、相关前沿研究成果、名人故事等丰富的内容，以帮助学习者理解课程知

识,拓展专业范围。

三、教材特色

1. 课程思政,三全育人

本书在深入解读《高等学校课程思政建设指导纲要》《关于加强和改进新形势下高校思想政治工作的意见》等文件精神的基础上,结合学前儿童科学教育课程的教育目标和特点,深入挖掘、梳理课程所蕴含的思政元素和所承载的育人功能,为课程教学落实"立德树人"的根本任务、构建"三全育人"格局打基础。如每个项目开头明确了思政目标,中间链接了"名人名言""名人故事""知识宝库"等渗透价值观、人生观、道德观、科学精神、工匠精神、职业道德、职业素养、中国传统文化等的丰富的思政内容,"小组建构活动"和"项目考核"中也渗透了对思政问题的讨论与思考。

2. 产教融合,实践导向

本书以《幼儿园教育指导纲要(试行)》(以下简称《纲要》)和《3～6岁儿童学习与发展指南》(以下简称《指南》)等文件精神为导引,结合学前教育专业教学标准等相关文件要求,立足于幼儿园教师的岗位要求和高职院校学生的学习特点,注重将学前儿童科学教育的理论和实践、知识与技能有机融合,提升学前教育专业学生的岗位能力和就业能力。如每个任务均以"小组建构活动"开头,每个项目均有"技能实训"和"项目考核",实训内容与岗位工作高度融合,考核题型丰富且应用性强,能考查学生对专业知识的应用能力。

3. 书证融通,课证融通

本书将幼儿园教师资格考试有关内容融入各项目任务中,实现书证融通、课证融通。如搜集近年来幼儿园教师资格考试内容及各地考编真题,编入案例、"小组建构活动"和"项目考核"。

4. 资源丰富,内容前沿

本书编写团队依托省级学前教育资源库和超星泛雅平台建设的在线精品课程,给本书配备了电子教案、教学课件、微课、活动视频、音频、动画等数字化资源,实现了网络课程与教材之间的融合发展。

四、编写分工

本书由湖南幼儿师范高等专科学校罗竞老师任主编,华南师范大学教育发展中心丁妮老师和湖南幼儿师范高等专科学校彭宏霞老师、易强文老师任副主编,江西师范高等专科学校闻乐靓老师、江汉艺术职业学院李小佳老师和新乡职业技术学院翟利丹老师参与了编写。具体分工为:第一个项目由彭宏霞编写;第二个项目由闻乐靓编写;第三个项目由易强文编写;第四个项目由翟利丹编写;第五个项目由罗竞编写;第六个项目由丁妮编写;第七个项目由李小佳编写;第八个项目由丁妮、罗竞编写。全书由罗竞负责统稿与审稿。本书在编写过程中得到了华中科技大学出版社的大力支持,还参考了一些相关院校教材,借鉴和引用了国内外许多同行的观点、资料和成果,采用了省内外一些一线幼儿教师的案例和图片。在此,对相关人士表示衷心的感谢!

本书的编写受水平和时间所限,书中难免存在疏漏和不当之处,真诚希望广大读者批评指正,以便以后修订、完善。

编　者
2020 年 12 月 1 日

项目一 学前儿童科学教育概述	(1)
任务一　科学与学前儿童的科学	(2)
任务二　学前儿童科学教育	(13)
项目二 学前儿童科学教育目标	(20)
任务一　学前儿童科学教育目标制定的依据	(21)
任务二　学前儿童科学教育目标的内容	(23)
项目三 学前儿童科学教育内容	(38)
任务一　学前儿童科学教育内容的范围	(39)
任务二　学前儿童科学教育内容的选择	(49)
项目四 学前儿童科学教育的方法与途径	(57)
任务一　学前儿童科学教育的方法	(58)
任务二　学前儿童科学教育的途径	(67)
项目五 幼儿园集体科学活动	(77)
任务一　观察认识活动	(78)
任务二　实验探究活动	(100)
任务三　技术操作活动	(120)
任务四　科学讨论活动	(130)
项目六 幼儿园科学区活动	(142)
任务一　幼儿园科学区环境创设	(143)
任务二　幼儿园科学区活动设计与指导	(164)
项目七 学前儿童科学教育评价	(179)
任务一　学前儿童科学教育评价概述	(180)
任务二　科学教育活动中学前儿童发展的评价	(189)
任务三　学前儿童科学教育活动的评价	(192)
项目八 学前儿童科学教育相关研究	(200)
任务一　STEAM 教育	(201)
任务二　自然教育	(211)
任务三　生命教育	(216)
参考文献	(224)

项目一
学前儿童科学教育概述

1.知识目标:了解科学、学前儿童的科学、科学教育、学前儿童科学教育的内涵,理解科学与学前儿童科学教育的特点与价值。

2.技能目标:能结合案例分析学前儿童学习科学的特点。

3.思政目标:感受科学的奇妙,树立正确的科学观,尊重学前儿童的科学,形成探究学前儿童科学的兴趣。

星期天,星星和爸爸妈妈一起去公园玩,天突然下起了雨。星星对爸爸说:"爸爸,老天爷怎么突然间就伤心地哭起来,是谁惹他生气了吗?"爸爸兴高采烈地解释说:"是太阳公公把地球表面的水蒸发到天空,水汽在高空遇到冷空气便凝聚成又轻又小的水滴,被上升气流托在空中不断聚集,当水滴越来越大,空气再也托不住它们时,它们就落到地面形成了雨。"星星好奇地问道:"什么是冷空气?我怎么没看到呀!什么是上升气流?它托着水滴是像爸爸把我举过头顶一样的吗?"爸爸继续兴奋地解释着,而星星就像一个"十万个为什么"……

请思考:

1.如果你是星星的爸爸或妈妈,你会如何回答?

2.星星对下雨这个科学现象的理解有什么特点？和成人的理解有什么不同？

知识概述

科学的发展经过了一个漫长的过程。由于科学本身的发展，人们对它的认识不断深化，科学已被赋予丰富的内涵。目前，科学已经成为我们生活中不可缺少的内容。学前儿童从一出生就开始探索和认识这个世界，不断地以自己独特的理解来构建属于自己的科学，与科学之间存在着千丝万缕的联系。学前儿童在认识世界的过程中充满了对科学的探究精神，但他们的科学又与成人所理解的科学不同。学前儿童科学教育作为学前教育的重要组成部分，在目标、内容、过程和方式方面具有自己的特点，对社会和个人的发展具有重要的价值。

任务一　科学与学前儿童的科学

小组建构活动：学前儿童和科学家的科学探究比较

1. 收集整理案例资料

第一，学生分组收集科学家和学前儿童进行科学探究的视频、图片、文字等过程性资料，每组收集5个以上。

第二，将资料按儿童和成人进行分类，并写上组名和探究实验的名称，避免小组间混淆。

2. 分析讨论

科学家的探究有什么特点？学前儿童的探究有什么特点？两者的探究有什么异同？

3. 主题汇报与交流

第一，各组分别讨论并准备汇报PPT。

第二，分组汇报，小组间进行提问、补充交流，小组总结。

第三，教师总结。

一、科学概述

（一）"科学"的词源分析

在现代人常识中，"科学"一词和英语单词"science"相对应。"科学"的英文"science"，源于拉丁文"scientia"，原为学问、知识的意思。中国古代文献中的"科学"指的是"科举之学"。今天我们使用的"科学"一词是近代中国向西方学习的产物。清末洋务运动之后，西方科学技术知识开始大规模传入中国。西方的自然科学与中国古代哲学的格致很类似,故清末把物理、化学等自然科学统称为"格致"。"格致"表达的是人的道德修养要奠定在知识基础之上。日本在幕府末期和明治维新初期也是使用中国的"格致""格物""穷理"之类的概念来指称西方的科学技术。1874年,从荷兰留学回到日本的西周时懋把"science"翻译为"科学",意为"分科之学"。维新变法运动前后,"科学"一词开始传入并影响中国。康有为在1893年最先引进并使用"科学"一词。后来,维新派中的严复、梁启超也开始使用"科学"一词。新文化运动,特别是五四运动后,先进的中国知识分子进一步把"科学"引申到社会和思潮领域,从而推动了中国社会的变革。①

(二)科学的内涵

科学的产生、形成和发展有一定的历史过程,人们对它的认识也有一个过程。随着社会的发展和科技的进步,人们开始从各个角度审视、研究科学的本质,最终全面地理解了科学的内涵。科学不是一个静态的知识体系,而是一个动态的发展过程,是反映客观事实和规律的知识体系,是探索世界、获取知识的过程,还是看待世界的方法与态度。

1. 科学是反映客观事实和规律的知识体系

名人名言

什么知识最有价值?一致的答案就是科学。

——斯宾塞

在古代,科学并没有取得独立的地位,而是寄居于哲学的母体之中,那时的科学被称为"自然哲学"。12世纪初宇宙论者威廉首次提出"科学是知识"的观点,这种观点产生了广泛、持久的影响。此后,很多学者把科学视作一种知识体系。② 1888年,达尔文曾给科学下过一个定义:"科学就是整理事实,从中发现规律,做出结论。"这个定义认为科学的内涵就是事实与规律。《辞海》(1999年版)认为,科学是"运用范畴、定理、定律等思维形式反映现实世界各种现象的本质和规律的知识规律"。这些观念将科学界定为反映客观事实和规律的知识体系,是从静态的、注重结果的角度来看待科学的,无法反映人类历史发展过程中科学的全貌。

2. 科学是探索世界、获取知识的过程

当科学在20世纪获得飞速发展,新兴科学门类和理论不断涌现,原有科学知识不断被补充、修正或替代时,许多学者开始关注科学的性质及科学活动过程本身,他们感到"变化"才是科学唯一不变的特性。绝大多数当代西方科学哲学家(如波普尔、库恩、拉卡托斯、费耶阿本德、劳丹等人)的学说以及其他相关研究都反映出这样的共识,即不存在永恒不变的科学真理,科学在本质上是相对、可变的,是处于不断修正与发展过程中的;科学的进步既体现在"积累式"的量变中,又体现在"革命式"的质变中。由于把科学归结为知识常常难以表达其动态特性,反而容易使其被误认为是永恒正确的真理,因而越来越多的学者提倡广义的科

---

① 梁志平."科学"一词在中国的早期传播[J].湖北函授大学学报,2013,26(1):88-89.
② 楚江亭.科学内涵的解读与科学教育创新[J].教育研究,2010,31(3):57.

学定义或大科学观,主张把科学看成人类的一种认识活动、一种产生知识的探究过程。应该承认,这种定义是对科学内涵认识的深化,它把科学活动的结果与科学活动的过程有机结合了起来,既体现了科学的稳定性,又呈现了科学的发展性。① 如二十世纪五六十年代,遗传学认为"自花授粉作物自交不衰退,因而杂交无优势",我国科学家袁隆平却培育了杂交水稻,开创了世界水稻研究的新纪元。

>>> 名人故事

袁隆平的故事②

水稻是自花授粉作物,"自花授粉作物自交不衰退,因而杂交无优势"的论断写在美国著名遗传学家辛诺特和邓恩的经典著作、五六十年代美国大学教科书《遗传学原理》中,由此有人嘲笑"提出杂交水稻课题是对遗传学的无知"。

在理论与事实发生矛盾时,袁隆平的态度是尊重权威但不崇拜权威,不能跟在权威后面亦步亦趋,不敢越雷池一步。他不迷信权威的每一个观点。他知道,自己直接观察到的一些事实表明水稻具有杂交优势,"无优势"论是没有试验依据的推论,这一推论与自交系的杂交优势现象相矛盾:玉米自交系继续自交不再引起衰退现象,但杂交能产生强大的优势。天然的自花授粉植物品系(天然自交系)自交也不退化,为什么杂交却不能产生杂种优势呢?袁隆平坚信搞杂交水稻研究有前途,勇敢地向"无优势"论这一传统观念挑战,从而拉开了我国水稻杂种优势利用的序幕。

袁隆平认为,水稻的杂种优势利用只有两条路可走。一条路是进行人工去雄。如果用人工去雄杂交,就得一朵花一朵花进行,产生的种子数量极为有限,不可能在生产上推广应用。再一条路就是培育出一个雄花不育的"母稻",即雄性不育系,然后用其他品种的花粉去给它授粉杂交,产生出用于生产的杂交种子,然而国内外都没有先例,国际上有著名学者断言"不可能"。还有学者认为,像水稻这样一朵花只结一粒种子的"单颖果作物",利用杂种优势必然制种困难,无法应用于生产。在独立开展杂交水稻研究很长时间之后,袁隆平才从国外资料中了解到,早在1926年,美国的琼斯就发现了水稻雄性不育现象。最早开展这项研究的是日本的科学家,是在20世纪50年代。此外,美国、菲律宾的科学家也相继开始了这项研究。尽管实验手段先进,但这项研究难度确实太大,无法在生产中得到应用。

袁隆平不打算退却,他很清楚他拥有的有利条件是其他国家科学家少有的——进行这项研究,中国有中国的有利条件:中国是古老的农业国,又是最早种植水稻的国家之一,有众多的野生稻和栽培稻品种,蕴藏着丰富的种质资源;有辽阔的国土和充足的光温条件,海南岛是理想的天然温室、育种者的乐园;更重要的是,我们有优越的社会主义制度,可以组织科研协作攻关,有党的正确领导,任何困难都可以组织力量克服。直到今天,袁隆平都对为攻克杂交水稻难关在全国13个省区的18个科研单位进行的科研大协作感慨不已,认为没有

---

① 楚江亭.科学内涵的解读与科学教育创新[J].教育研究,2010,31(3):58.
② 摘自魔方格网站:http://www.mofangge.com/html/qDetail/01/g2/201408/2dbig201280435.html.

这样的大协作,杂交水稻研究决不会取得今天这样世界瞩目的成果。

1964年7月5日,"泥腿子专家"袁隆平又走进了安江农校的稻田,去寻找水稻的天然雄性不育株。他头顶烈日、脚踩淤泥、弯腰驼背去寻找这种天然雄性不育株,已是第16天了。突然,他的目光停留在一棵雄花花药不开裂、性状奇特的植株上,这正是退化了的雄蕊。他马上把这株洞庭早籼天然雄性不育株用布条标记。袁隆平欣喜异常,水稻雄性不育植株终于找到了。

两年后,袁隆平的一篇论文《水稻的雄性不孕性》发表,这证明了袁隆平培育杂交水稻的理论设想是科学的,是切实可行的。袁隆平的发现,开创了世界水稻研究的新纪元。

3. 科学是看待世界的方法与态度

▶ **名人名言**

科学是老老实实的学问,不可能靠运气来创造发明,对一个问题的本质不了解,就是碰上机会也是枉然。入宝山而空手回,原因在此。

——华罗庚

对科学的认识,除了以上两个方面之外,还有一种更广义的理解,即科学是看待世界的方法与态度,也就是科学精神和科学态度。科学精神的核心是"求真",即实事求是和追求真理。有学者认为,科学精神包含六个方面:以证据为基础;理性的怀疑;多元的思考;平权的争论;实践的检验;宽容的鼓励。① 科学态度包括:接受不确定性;主动适应变化;保留判断;开放思维;真实记录观察现象和报告观察结果;对失败有积极的处理方法;避免迷信;认识到科学描述中存在科学的美感等。②

▶ **名人故事**

共和国勋章获得者:钟南山院士③

钟南山院士长期致力于重大呼吸道传染病及慢性呼吸系统疾病的研究、预防与治疗,成果丰硕,实绩突出。新冠肺炎疫情发生后,他敢医敢言,提出存在"人传人"现象,强调严格防控,领导撰写新冠肺炎诊疗方案,在疫情防控、重症救治、科研攻关等方面做出杰出贡献。荣获国家科学技术进步奖一等奖和"全国先进工作者""改革先锋"等称号。2020年,钟南山院士获颁"共和国勋章"。

(三)科学的本质

科学过程包括12步,即观察、分类、交流、测量、预测、推断、识别与控制变量、形成与验证假设、解释数据、界定变量的操作定义、实验与建立模型。④ 科学的本质在于探究。⑤ 科学

---

① 韦钰,罗威.探究式科学教育教学指导[M].北京:教育科学出版社,2005:10-11.
② 侯素雯,张世唯.学前儿童科学教育[M].北京:北京出版社,2014:3-4.
③ 摘自新华网:http://www.Xinhuanet.com/2020-08/03/c_1126318446.htm.
④ 马丁.建构儿童的科学——探究过程导向的科学教育[M].杨彩霞,于开莲,洪秀敏,译.北京:北京师范大学出版社,2006:9.
⑤ 张俊.幼儿园科学教育[M].北京:人民教育出版社,2004:11.

过程的核心是探究,科学态度的核心是探究精神,科学知识是科学探究的结果。探究在科学过程中扮演了非常重要的角色。科学探究的本质是"个体通过自主调查和研究来认识和解释自然的活动,是以问题为核心的一种主动建构的活动,一种思维的过程,重视交流与合作"①。科学探究具有以下特点:第一,科学探究是以问题为核心的,具有问题性特征;第二,科学探究是一种主动建构的活动,具有建构性特征;第三,科学探究是一种思维的过程,具有思维性特征;第四,科学探究重视交流与合作,具有合作性特征。图1-1-1所示的科学过程可以说明科学过程中探究的重要性。

图1-1-1 科学过程②

二、学前儿童的科学

20世纪80年代,国外研究者Giber指出,儿童不是被动的学习者,他们在自己经验的基

---

① 陈琴,庞丽娟.科学探究:本质、特征与过程的思考[J].教育科学,2005,21(1):1-5.
② 约翰斯顿.儿童早期的科学探究[M].朱方,朱进宁,译.上海:上海科技教育出版社,2008:31.

础上建构的知觉性的知识被称为"儿童的科学"。[①] 20世纪90年代,我国学者刘晓东把儿童从对周围的环境好奇、发问(出声或不出声)、观察到对现象进行解释的过程称为"儿童的科学"。[②] 学前儿童的科学是怎样的?与成人的科学有什么不同?关于学前儿童的科学,目前主要集中于两个方面:一是学前儿童像科学家,学前儿童的探究与科学家的探究之间有着相似之处;二是学前儿童的科学有自己的特点,与成人的科学存在差异。

(一)学前儿童像科学家

有学者说"儿童像科学家",认为儿童在每一个方面、每一个领域都像科学家一样,具有与科学家联系在一起的许多特质——实验、好奇心、创造性、理论建构与合作等。[③] 学前儿童对这个世界充满了好奇,总是有"十万个为什么",喜欢用自己的方式探知与理解世界,在探索世界的过程中专注而执着。虽然学前儿童不是科学家,但这些特质让我们不得不承认学前儿童与科学家有相似之处。

1. 学前儿童具有强烈的好奇心和探究欲

学前儿童是天生的学习者,有强烈的好奇心,对世界拥有较强的感知力,也具有丰富的想象力和深刻的洞察力,如科学家一样对世界充满好奇,脑海中有无限的奇思妙想,装满"十万个为什么",心中跃跃欲试的念头激发着他们去寻找答案。对于一个来到这个世界才几年的小生命来说,一切都是新鲜的"未解之谜",吸引着他们去探索和寻求答案。

案例1-1-1:观察蚂蚁[④]

随着天气转暖,孩子们在室外活动的时间也增多了。他们注意到了幼儿园中那些慢慢开始复苏的绿色植物和可爱的小昆虫,其中蚂蚁是孩子们最感兴趣的昆虫之一。

"这里有只小蚂蚁爬到我的手指上啦!"

"老师你看,我妈妈说这是小蚂蚁拉的'粑粑'(屁屁),是真的吗?"

"蚂蚁是从这些小洞里跑出来的吗?小蚂蚁到底住在哪里呢?"

"小蚂蚁出门都是一群一群的吗?"

……

许多成人看来很平常的事物和事情,在学前儿童眼里却是新奇和有趣的。虽然蚂蚁是生活中常见的昆虫,但学前儿童依然对蚂蚁好奇。蚂蚁的"粑粑"是什么样的?蚂蚁住在哪里?蚂蚁是一群一群的吗?这些问题使得儿童去探索蚂蚁。生活中还有很多像蚂蚁一样的事物会让学前儿童充满疑惑与好奇,激起他们去探索的欲望。成人应该保护这种好奇心与求知欲。

2. 学前儿童用自己的方式探知和理解世界

学前儿童与科学家一样,不会简单地使用系统性的方法来解决未查明的问题,他们也经

---

① 郑永爱.幼儿科学概念的获得及其对科学教育的启示[J].学前教育研究,2004,(9):22-24.
② 刘晓东.儿童精神哲学[M].南京:南京师范大学出版社,1999:116.
③ 夏洛,布里坦.儿童像科学家一样——儿童科学教育的建构主义方法[M].高潇怡,梁玉华,孙瑾,译.北京:北京师范大学出版社,2006:1.
④ 戈柔,王明珠.幼儿园科学探究故事20例[M].北京:中国轻工业出版社,2015:18.

由观察、实验等方式来探索和理解未知世界,会经历深入了解、提出问题、解决问题、尝试提出新观点的过程,不断地产生困惑并对观点进行探查。学前儿童在用自己的方式探索,获取对世界的认知。

案例 1-1-2:晃动的绳摆[①]

四岁的安尼在用晃动的绳摆做实验。安尼慢慢地走近一条晃动的绳摆,这条绳摆上系着四把涂满了油漆的刷子。当绳摆静止时,四把刷子正好触到位于地板上、置于绳摆下方的纸板的大部分面积。安尼停下来,盯着绳摆,他的目光从刷子上移到绳子以及拴绳子的挂钩上。这些刷子与纸板碰触就在纸板上留下了一点痕迹。检查了纸板上的痕迹后,安尼跑到另一边,从反方向推了一下绳摆。这就在纸板上留下了一个跟先前长度几乎相同的痕迹。安尼试着更用力地推绳摆,然后跳开,弯下腰再检查刷子留下的痕迹,而这些痕迹与前两次的痕迹长度一样。接着,他使劲把绳摆抓在手里,试图在纸板上的其他地方画一笔。由于画不到纸板上,安尼就一边晃动绳摆,一边试着以纸板一头为支点,把大部分纸板竖起来。但他不能成功把纸板竖起来。他放下纸板,跑到积木区拿了三个大木块,把它们放在纸板一头的下面,把纸板支成了一个斜面。然后,安尼跑去另一边,用劲推动绳摆。绳摆晃动时,碰倒了纸板和木块。一直在旁边安静观看的比利,走过来检查纸板上是否留下了痕迹。"看,你在这儿弄了一个小点。"他指着最新的痕迹对安尼说,并捡起刚才被木块支起来的纸板。安尼欢笑着说:"我们来画小点吧!"比利笑了:"好,我们来画小点。"比利于是转动纸板以使它跟绳摆上的刷子接触,和安尼一起画起了"小点"。

这个案例中的安尼进行了多个实验。他在探索用力推绳摆的动作与纸板上痕迹的关系,研究刷子和纸板高度、位置之间的关系。安尼通过实验来探究事物及事物间的关系,这种探索方式和科学家的研究很相似。在生活中,我们可以看到,很多儿童就是这样,通过自己的方式来探索、感知和理解世界。成人应该允许他们探索,并为他们创造适合的探究环境。

3. 学前儿童探索世界的过程专注而执着

我们常常会看到,有的学前儿童为了一只蚂蚁、一块石头蹲在地上观察很长时间,有的儿童因为一个疑问而打破砂锅问到底。对于这样的学前儿童,也许有些成人会感觉很麻烦,但是,这正是学前儿童的可贵之处,他们具备了科学家一样的特质——专注而执着。学前儿童总是能发现成人难以发现的问题,并且执着地去解决问题。

案例 1-1-3:观察石头

一天,两岁的小小在路上走着,突然发现有一些大石头,于是,他蹲下来观察石头,一会儿拿起来比较大小,一会儿看看石头的花纹,一会儿敲敲打打,一会儿又问妈妈关于石头的问题,就这样,半个小时过去了,小小还意犹未尽,可是妈妈已经等得不耐烦了。

在成人眼中,石头是很普通的,而案例中的小小却对大石头产生了兴趣,用各种方式

[①] 夏洛,布里坦.儿童像科学家一样——儿童科学教育的建构主义方法[M].高潇怡,梁玉华,孙瑾,译.北京:北京师范大学出版社,2006:3-4.(为方便读者理解,案例中的名字已更改为中文)

去观察、探索,享受着研究石头的乐趣,难能可贵的是小小在探究石头的过程中表现出的专注与执着,这是与很多科学家相似的。作为成人,应该尊重学前儿童,保护这种美好的品质。

(二)学前儿童科学的特点

虽然学前儿童与科学家有很多相似之处,但学前儿童的科学与成人的、科学家的科学又不尽相同,学前儿童的科学有着自身的特点。

1. 学前儿童的科学认识过程具有经验性与试误性

虽然学前儿童在探索周围世界时,有着与科学家相似的探究方法与过程,但是,学前儿童毕竟不是科学家,学前儿童的探索与科学家的探索还是存在着很大的区别的。学前儿童探究的是人类已知而他们自己未知的事物,主要借助直接经验进行,通过对真实事物的直接操作展开探究,在自身经验和观察的基础上进行假设,并且简约式重演科学发现的过程。学前儿童在科学认识的过程中,常常会反复出错,不断尝试错误,需要经历很长时间的探索才能接近答案。随着年龄的增长,学前儿童慢慢掌握了更多的探索方法,探索能力得到提高,试误性才逐渐减弱。有研究者概括了科学家和学前儿童在探究程序上的不同,如表 1-1-1 所示。

表 1-1-1　学前儿童的探究与科学家的探究比较①

探究的程序	科　学　家	学　前　儿　童
探究的对象	人类未知	人类已知而他们自己未知
提出假设	在前人研究和自身观察的基础上进行推理和假设,文献资料具有重要意义	只是在自身经验和观察的基础上进行假设
探究的过程	验证假设经历漫长的发现历程	简约式重演科学发现的过程
探究结果	将结果公之于众,供他人分享与验证,他们的成果是人类共同的财富	只在同伴之间、师幼之间进行分享交流和相互质疑

2. 学前儿童的科学认识结果具有朴素性与主观性

学前儿童有其自己独特的精神生活,更为重要的是对事物及其本质有自成体系、自圆其说的直观认识。学前儿童的科学认识结果具有朴素性与主观性,他们对于一些科学概念的理解总是基于感性经验自发形成的,是一些日常的、前科学的知识,可能是错误的,和科学的概念之间存在着差异。

案例 1-1-4:什么是活的②

这是访谈人员与幼儿园大班幼儿菲菲的一段有关"什么是活的"的对话。

访谈人员:什么是动物?

---

① 刘占兰.学前儿童科学教育[M].2 版.北京:北京师范大学出版社,2008:10.
② 吕萍.儿童早期的科学概念形成[M].上海:上海三联书店,2016:146-147.

菲菲：就是狗呀、长颈鹿呀、熊啊什么的。

访谈人员：什么是植物？

菲菲：就是花草、树木什么的。

访谈人员：什么是活的？

菲菲：当然是人了，你老了、生病了或者摔跤的话，就会死掉。医生也医治不了的话，人就会死掉。

访谈人员：动物是活的吗？

菲菲：动物不喝水就会死掉。

访谈人员：植物是活的吗？

菲菲：植物不浇水也会死的。

访谈人员：桌子是不是活的？

菲菲：桌子是活的，就是不会动了。

访谈人员：会动就是活的？

菲菲：会动的话，应该是活的。

访谈人员：你的鞋子是活的吗？

菲菲：鞋子不会动，是我的脚在动鞋子才动。

访谈人员：你的衣服是活的吗？

菲菲：不是，它也不能动。我这样它才能动（动胳膊）。

访谈人员：告诉我，什么是活的？

菲菲：人啊什么的，植物不浇水就不活，浇水就活着。公鸡，公鸡叫的声音很响的。

活的物体（生命体）具备三个基本特点：一是需要氧气和食物；二是能够生长和繁殖；三是都能移动以及/或对刺激做出反应。访谈中可以看出，幼儿园大班儿童已经认识到"能够自己动的就是活的"，活的东西能够移动，也认识到生命所需要的条件，关注到人生病、衰老、摔跤等影响生命的因素和人的生长过程，但是并没有完全认识到生命体的三个特点，有时候会犯错，如认为桌子是活的。从这个案例可以看出，学前儿童对于"什么是活的"有自己的理解，他们基于自己的感性经验自发形成了日常概念，这些概念具有朴素性和主观性。

3. 学前儿童的科学认识具有发展性与建构性

随着生活经验的丰富和认知能力的发展，学前儿童对周围事物的认识也在不断深入。在他们的成长过程中，新的经验和原来的经验之间不断发生冲突，经过同化、顺应等过程，使学前儿童的认识不断地发生改变。因此，从发展的眼光来看，学前儿童的科学认识具有发展性，即学前儿童的科学处在不断的变化、完善之中。关于学前儿童怎样学习，行为主义者主张知识是传授给儿童的，并且儿童能够接受它、整合它；建构主义者认为儿童通过动态的、互动的过程建构知识。在当前的学前儿童科学教育中，儿童科学知识的建构性占据了主流。

有学者就影子的方位问题对学前儿童开展了访谈，最后发现，幼儿园小班儿童大多不能做出正确的判断，有些儿童还答非所问，或者偏离问题；中大班儿童多数能做出正确的判断，具体结果如表1-1-2所示。这个研究结果说明,随着年龄的增长,学前儿童逐渐理解了一些科学现象,学前儿童的科学在不断发展。

表1-1-2　影子的方位访谈结果①

问题	幼儿园班级	回答	结果解读
太阳在你的前面,你的影子在哪里?太阳在你的后面,你的影子在哪里?	小班	太阳在前面,我的影子也在前面; 在地上; 我的影子在我的脚下; 看不到你的影子,我的影子和我一样大; 我会转过去看到太阳; 白天没有影子; 没有影子; 跳到别的地方去	两成多幼儿做出正确的判断;七成多幼儿做出错误的判断。个别幼儿的回答没有给出方位,而是给出了一个正确的有关自己影子的事实。有的幼儿没有直接给出关于方位的回答,说出的内容偏离问题
	中班	太阳在我后面,我在前面,影子就在前面; 因为太阳光形成影子,太阳在后面影子就在后面	近六成幼儿做出正确的判断;四成多幼儿做出错误的判断,认为影子和光源在物体的一侧
	大班	太阳在前面,我的影子就在后面; 太阳在后面,我的影子就在前面	六成多幼儿能做出正确的判断,近四成幼儿不能正确判断

知识宝库

学前儿童学习科学的年龄阶段特点②

一、3～4岁儿童学习科学的特点

(一)认识处于不分化的混沌状态

在3～4岁儿童的头脑中,外在世界往往处于不分化的混沌状态,他们对一些物体或现象分辨不清,常常混淆,例如,有的儿童把绿草、绿叶叫作"绿花";有的儿童把树干叫作木头;有的儿童认识柳树后,把其他的树也叫作柳树。

(二)认识带有模仿性,缺乏有意性

3～4岁儿童不会有意识地根据一定的目的去认识某一事物,也不善于根据自己的所见、所闻、所知来表达自己的认识、调节自己的行为,而是喜欢模仿别人的言行:别人做什么,他们也跟着做什么。

---

① 吕萍.儿童早期的科学概念形成[M].上海:上海三联书店,2016:139-140.
② 李广兴,李鹏.学前儿童科学教育与活动实施[M].上海:上海交通大学出版社,2016:6.

(三)认识带有明显的拟人化倾向

3~4岁儿童受自我中心意识的影响,常以自己的生活体验解释各种事物和现象,他们的认识带有明显的拟人化倾向。例如,除了给花草浇水之外,他们也用饼干来喂花草等。

(四)认识带有表面性和片面性

3~4岁儿童的注意力往往比较容易集中在具有鲜艳色彩、会发出悦耳声音、能动的、自己喜欢的事物上,对自己不感兴趣的事物或特点似乎视而不见,这影响了他们对事物的认识。

二、4~5岁儿童学习科学的特点

(一)好奇好问

4~5岁儿童对大自然已产生浓厚的兴趣,什么都想去看看、摸摸;能够运用感官探索、了解新事物;经常向成人提问,不但喜欢问"是什么",而且还爱问"为什么",例如,"这是什么?""洗衣机为什么能洗衣服啊?"等。

(二)初步理解科学现象中表面的和简单的因果关系

4~5岁儿童一般已可以直接感知自然现象,并理解一些表面的和简单的因果关系,例如,"经常浇水,就会开花""小鸟没有翅膀就不能飞"等。

(三)开始根据事物的表面属性、功能和情境进行概括分类

4~5岁儿童在已有感性经验的基础上,开始能对具体事物进行概括分类,但概括水平还很低。其分类根据主要是具体事物的颜色、形状等表面属性、功能或情境等。例如,利用图片进行分类时,4~5岁儿童一般把苹果、梨、桃归为一类,认为"能吃,吃起来水多";把太阳、卷心菜等归为一类,因为"都是圆的"。

三、5~6岁儿童学习科学的特点

(一)有积极的求知欲望

5~6岁儿童对周围世界有着积极主动的求知探索态度,并渴望得到答案。

(二)初步理解科学现象中比较内在的、隐藏的因果关系

5~6岁儿童已经开始能够从内在的、隐蔽的原因来理解科学现象的产生。例如,他们在解释乒乓球从倾斜的积木上滚落时会说:"乒乓球是圆的,积木是斜的,球放上去就会滚下来。"这说明其已能用客体的形状与客体的位置之间的关系,即用"圆"和"斜"的关系,来寻找乒乓球滚落这一现象的原因。但是,其对日常生活中不熟悉的、复杂的因果关系还很难理解。

(三)能初步根据事物的本质属性进行概括分类

随着抽象逻辑思维的发展,5~6岁儿童开始能够根据事物的本质属性,按照客观事物的分类标准进行初步概括分类。例如,他们把具有坚硬的嘴,身上长有羽毛、翅膀和两条腿,人们饲养的鸡、鸭、鹅等归为家禽类;把身上有皮毛、四条腿,人们饲养的猫、兔、猪等归为家畜类。由于受知识、语言、抽象概括水平的制约,其虽然对分类概念的掌握比较容易,但不能掌握概念全部的含义。

任务二　学前儿童科学教育

小组建构活动：幼儿园科学教育开展现状访谈

1. 访谈

第一，学生分组，每小组各自拟定幼儿园科学教育开展现状访谈提纲，对3～5名幼儿园教师进行访谈。

第二，各小组分别分析、整理收集的资料，并准备汇报PPT。

2. 分享与讨论

第一，进行幼儿园科学教育开展情况现状分享。

第二，进行幼儿园科学教育开展情况问题讨论。

3. 总结

教师总结"分享与讨论"结果。

一、学前儿童科学教育的内涵

学前儿童科学教育是整个科学教育体系的起始阶段和基础环节。《纲要》中将"科学"明确列为幼儿园教育内容的五大领域之一。学前儿童科学教育成为幼儿园课程的一个组成部分，它与语言、健康、社会、艺术构成幼儿园教育的五大领域，从不同的角度促进学前儿童情感、态度、能力、知识、技能等方面的发展。特别要说明的是，《纲要》和《指南》中的科学领域包括科学探究和数学认知两部分，本书中的科学教育不包括数学认知，单指科学探究。因此，本书中的学前儿童科学教育是指教师引发、支持和引导学前儿童对周围物质世界进行主动探究，以帮助学前儿童形成早期科学素养的活动。

二、学前儿童科学教育的特点

学前儿童科学教育以探究为核心，主要特点表现如下。

（一）目标的整体性和全面性

学前儿童科学教育的目标体系是横向和纵向相结合的网状结构，既具有不同结构的要求，也具有不同层次的要求，是一个整体的系统。从横向来看，它可以分解为总目标、各年龄阶段目标、单元目标和教育活动目标四个层次。从纵向来看，每一类目标又包括知识与经验目标、方法与技能目标、情感与态度目标三个方面。总体来说，学前儿童科学教育目标涵盖了学前儿童科学发展的各个领域，体现了整体性和全面性。

(二)内容的启蒙性和生活性

《纲要》指出:"幼儿的科学教育是科学启蒙教育,重在激发幼儿的认识兴趣和探究欲望。"这说明学前儿童科学教育的内容具有启蒙性。学前儿童的身体器官发育不够成熟与完善,他们还处在具体形象思维水平,对事物的认识往往是表面的、模糊的、笼统的,只能获得一些有关周围世界的经验性知识,不可能接受艰深抽象的科学知识。因此,在学前儿童科学教育过程中,应以简单、易于理解、具有启蒙性的科学知识和经验为基本内容,通过有趣的游戏、自身的操作使他们获得科学体验。

另外,生活是学前儿童科学教育的源泉,科学教育根植于学前儿童的日常生活,因此,学前儿童科学教育的内容具有生活性,这既指学前儿童科学教育内容贴近学前儿童的实际生活,指导学前儿童的生活,也指在生活中生成科学内容。

案例 1-2-1:蚯蚓日记[①]

接连下了几场细雨,屋子外面的空气格外清新。大二班的孩子们带着快乐的心情,来到操场上散步。突然,似乎什么东西吸引了他们的目光,他们呼啦啦地围了上去。杨老师好奇地走过去观看,原来是一位特殊的朋友——蚯蚓。这条蚯蚓很长,慢慢地向前蠕动着。"我知道,这是蚯蚓。""蚯蚓好可爱呀!"孩子们的议论声越来越多。见状,杨老师和孩子们一起把这位朋友请进了班级的自然角。在初夏的5月,关于蚯蚓的探究故事就这样悄悄地发生了。

这个案例中探究蚯蚓的活动就是在学前儿童散步时生成的。在生活中生成的科学活动往往是生动有趣的,受到学前儿童的欢迎。

(三)过程的探究性和合作性

学前儿童的科学是行动中的科学。学前儿童科学教育的过程是学前儿童在教师指导下主动探究的过程。学前儿童运用已有的知识和经验,亲自操作,作用于物体,观察其反应,描述观察到的现象或活动中的体验,解释现象或找出问题的答案,形成在感性经验基础上的科学概念,是认识主动建构的过程。

另外,学前儿童的科学是和同伴合作探究、相互交流的科学。学前儿童常常喜欢一起关注某一有趣的现象,然后一起讨论与分享、猜想与验证,分工合作,一起得出结论。因此,学前儿童科学教育的过程具有合作性。如在幼儿园大班科学活动"手摇发电机"(见图 1-2-1)中,学前儿童相互讨论如何做出手摇发电机,提出假设,再操作验证假设。在此过程中,学前儿童的探究欲望得到满足,他们对自己所亲历的事物和现象进行观察、比较、操作、探究,获得了丰富的科学经验。

(四)方式的多样性和灵活性

当前,学前儿童科学教育以集体教育活动为主,这种方式人数多,只能通过教师预先设计好的程序和步骤进行,不利于个别教育。因此,除了集体科学探究活动外,学前儿童科学

[①] 戈柔,王明珠.幼儿园科学探究故事20例[M].北京:中国轻工业出版社,2015:34.

图 1-2-1　幼儿园大班科学活动"手摇发电机"①

教育活动还应包括小组探究活动和学前儿童自发的个别探究活动。

另外,学前儿童对周围世界的好奇和疑问无时无刻不在发生,探究科学就是儿童每天做的事。因此,除了专门组织科学活动之外,更多应是在日常生活中进行随机教育。学前儿童不经意的一个举动、一次自言自语都可能经过挖掘而生成一个精彩的科学探究活动。有时,随机产生的科学活动的教育价值甚至比专门的科学活动的教育价值更大。

因此,学前儿童科学教育的组织方式具有多样性和灵活性。

案例 1-2-2:好玩的轮胎②

户外活动时间到了,孩子们像一群欢乐的小鸟拥到操场上。叮当的眼睛一直盯着一旁的废旧轮胎,他伸出小手在轮胎上摸了摸,对旁边的轩说:"看,轮胎圆圆的,我们一起来滚轮胎吧!"轩点了点头,说:"那好吧,我们去问问老师吧。"随后,他俩跑过来,指着废旧轮胎问我:"老师,我们能玩这个吗?"看着他俩迫不及待的样子,我点了点头。两个小家伙"嗖"的一下往废旧轮胎处跑去,然后搬起轮胎滚了起来。

"看,轮胎上有花纹,摸上去很粗糙。"叮当边滚轮胎边说。轩看了看自己的轮胎,伸出小手也摸了摸,惊奇地说:"咦,我的轮胎上的花纹跟你的不一样呢!""哇,轮胎里有个大洞洞,我们一起来玩钻'山洞'吧。"叮当说完放下自己的轮胎,然后让轩把轮胎竖了起来,弯下身子在轮胎里钻来钻去……

小伙伴们也积极响应,有的滚轮胎,有的钻"山洞";有的把轮胎摆成一排,玩起了跳"陷阱"、走"小桥"的游戏;有的直接把轮胎套在身上,用手拿着像大力士一样往前走;还有的两人一组使用轮胎玩起了拔河游戏。

这个案例中,废旧的轮胎成了孩子们的探究材料,在玩轮胎时他们发现轮胎会滚动,上面有洞、有花纹等,然后利用轮胎的特点玩起了自己喜欢的游戏。孩子们对轮胎特征的认知就是在游戏中随机获得的。

三、学前儿童科学教育的价值

学前儿童对新鲜事物和未知的世界充满好奇心和探索欲,有调查和探究的本能,通过与环境的相互作用自我构建对世界经验层次的独特理解,获得长足的发展。学前儿童科学教

---

① 此图片提供者和活动实施者为湖南省常德市石门县蒙泉镇中心幼儿园丁琼老师。
② 戈柔,王明珠.幼儿园科学探究故事20例[M].北京:中国轻工业出版社,2015:251-252.

育的价值重大,这里主要从对社会发展和对个体发展的价值两方面来分析。

(一)对社会发展的价值

> **名人名言**
>
> 科学不是为了个人荣誉,不是为了私利,而是为人类谋幸福。
>
> ——钱三强

1. 有利于提高国民科学素质

科学素质是公民素质的重要组成部分。公民具备的基本科学素质一般指了解必要的科学技术知识、掌握基本的科学方法、树立科学思想、崇尚科学精神,并具有一定的应用它们处理实际问题、参与公共事务的能力。据有关调查,我国公民科学素质水平与发达国家相比差距甚大,学生科学素质结构存在明显缺陷。① 学前教育是教育的基础,通过在幼儿园开展科学教育启蒙,帮助学前儿童获得科学知识和经验,为其科学素质的早期养成和终身学习奠定基础,也为以后各个阶段的科学教育打下基础。所以,科学教育"从娃娃抓起"有利于提高国民科学素质。

2. 有利于国家储备科技人才资源

21世纪是以科学技术为主导的知识经济时代,国与国的竞争归根结底是人才和科学技术的竞争。许多科学家的成长经历证明,在学前时期开展科学启蒙教育有利于培养他们对科学的特殊兴趣,例如一些有趣的自然现象、科学小实验等,使他们从小就对科学具有向往之情,并最终在学习的过程中热爱科学、喜欢科学,走上科学研究之路,成为国家科技人才资源。因此,学前儿童科学教育有利于丰富国家科技人才资源的储备。

> **名人故事**
>
> **中国导弹之父:钱学森**②
>
> 钱学森是我国力学事业的奠基人、中国导弹之父。在小学低年级的时候,他总是喜欢用废纸折飞镖,在每次比赛中总是因扔得最远、最准而夺得第一名。小朋友们不服气,捡起地上的纸飞镖观察,发现钱学森折的飞镖有棱有角,特别规正,飞起来时可以减少风的阻力,投扔时又能借风力风向而行,所以他每次投得最远、最准。这说明钱学森在低年龄就对空气力学的现象感兴趣,进行了初步的实践探索,领悟了空气动力的基础知识。二十多年以后,他成了国际知名的力学和空气动力学家。

(二)对个体发展的价值

1. 有利于保护学前儿童的好奇心和探索欲

整个世界是由不同的物质组成的相互联系、相互制约的有机统一体,物质各自按照客观规律不以人的意志为转移地发展着、变化着、运动着,如太阳的东升西落、月亮的阴晴圆缺、

---

① 摘自中国政府网:http://www.gov.cn/jrzg/2006-03/20/content_231610.htm。
② 摘自搜狐网:https://www.sohu.com/a/325345133_769971。

四季的更迭、时间的流逝等，为学前儿童学习科学提供了许多有趣的内容。学前儿童的好奇心需要在一定的活动中被保持和被不断激发，而多样、有趣的科学活动能不断刺激和满足他们的好奇心，同时也会不断地唤起更多的探究欲望，使他们能在较长时间内保持较大的科学兴趣与较强的专注力。

2. 有利于学前儿童建构科学概念和习得科学探究技能

学前儿童在进入幼儿园之前的近三年里，已经积累了很多的生活经验，并且对周围世界也有了自己的理解。当然，这种理解往往并不符合科学，我们称之为"朴素理论"。以对树的认识为例。到了深秋季节，树叶落光了，树还活着吗？有的学前儿童认为，"即使树有叶子，它也不是活的，因为只有会动的才是活的"，而大多数学前儿童认为，"树本来是活的，但是树叶落光了，它就死了"。学前儿童通过集体讨论，获得了有关树的不同看法，同时，通过自己的观察等探索活动获取了有关树的生长的第一手经验，有助于他们修正自己起先对于树的错误想法，朝着科学的概念迈进。幼儿园中的科学教育是为学前儿童提供经历科学过程、探索科学知识的机会。在教师的指导下，学前儿童学会提出问题，然后通过实验、操作等动手做的方式进行科学探究，记录、表达和交流他们的探究活动，最终得到科学的结论。

例如，学前儿童对于"小兔子喜欢吃什么"的问题非常感兴趣。教师就引导他们讨论："怎样才能知道答案呢？"于是，学前儿童提出各种各样的假设，并且通过实际观察加以验证，终于了解了小兔子对食物的喜好。（见图 1-2-2）

图 1-2-2　兔子喜欢吃什么①

学前儿童在亲身经历科学过程的同时，也学到了科学探究的基本技能。

3. 有利于学前儿童个性和良好品质的发展

科学教育是学前儿童全面发展教育的组成部分，它给学前儿童以直接接触科学的机会，不仅满足了他们的好奇心和动手操作的欲望，更让学前儿童有机会通过自己的主动探究获取知识，从而使他们的主动、积极、独立、具有创造性、自信等良好个性品质得以发展。

案例 1-2-3：怎样使物体移动？②

在一次活动中，大班幼儿尝试怎样使物体移动。他们想出了各种各样的方法：用手推、用脚踢、用嘴吹、用磁铁吸……就连平时大家都觉得"笨"的幼儿也想出了一个与众不同的方法：用水冲。教师对用水冲这个想法予以表扬，并且当场演示，结果真的成功了。大家都很开心，这个幼儿更加开心了。

对这个平时表现不太积极的幼儿来说，这次成功的经验是非常重要的，因为他从中体会到了创造的喜悦。据教师反映，这个幼儿后来在科学活动中思维一直比较积极，他成功的学

---

① 此图片提供者为湖南省常德市石门县蒙泉镇中心幼儿园刘倩老师（副园长）。
② 彭小元. 幼儿科学教育与活动指导[M]. 南京：江苏凤凰教育出版社，2013：3.

习体验还能迁移到其他的方面,并有助于其形成积极的自我概念。由此可见,学前儿童科学教育对幼儿全面发展的影响很大。

技能实训

视频分析:沉与浮

(一)实训目标

1. 进一步理解学前儿童科学教育的内涵,掌握学前儿童科学教育的特点。
2. 能结合学前儿童身心发展特点,分析活动视频中学前儿童科学学习的特点。
3. 意识到学前儿童科学教育对学前儿童发展的重要性。

(二)实训内容

观看幼儿园大班科学活动"沉与浮"的视频,分析学前儿童科学学习的特点。

(三)实训过程

1. 教师布置任务,提出实训要求。

要求分析:学前儿童在哪些方面得到了发展?学前儿童学习科学具有哪些特点?

2. 学生分组准备。
3. 全班汇报,交流,相互补充。
4. 教师总结。

项目考核

一、选择题

1. 以下对"科学"的认识不正确的是(　　)。

A. 科学是反映客观事实和规律的知识体系

B. 科学是探索世界、获取知识的过程

C. 科学是实践

D. 科学是看待世界的方法与态度

2. 科学精神的核心是(　　)。

A. 发展　　　　　B. 求真　　　　　C. 务实　　　　　D. 验证

3. 下列对于学前儿童的科学描述不正确的是(　　)。

A. 学前儿童的科学认识过程具有经验性与试误性

B. 学前儿童的科学认识结果具有朴素性与主观性

C. 学前儿童的科学认识具有发展性与建构性

D. 学前儿童的科学是间接的、抽象的、解释性的

4. 有的学前儿童认为天上的星星一闪一闪是因为上面有个电灯在一开一关,这表现了学前儿童的科学(　　)。

A. 具有经验性与试误性　　　　　B. 具有朴素性与主观性

C. 具有发展性与建构性　　　　　D. 是理性的思考

二、简答题

1. 如何理解"学前儿童的科学"？
2. 学前儿童科学教育具有哪些特点？
3. 结合实例说明学前儿童科学教育的价值。

项目二
学前儿童科学教育目标

1. 知识目标:了解学前儿童科学教育目标制定的依据,掌握学前儿童科学教育各层次目标及其相互关系。

2. 技能目标:能够正确选择学前儿童科学教育的内容,结合国家文件中有关科学领域目标的精神与要求,合理设计和分析学前儿童科学教育活动目标。

3. 思政目标:在设计、修改与完善学前儿童科学教育活动目标的过程中,提升团队合作的能力,感受精益求精的精神,树立正确的学前儿童科学教育观念。

大自然中随处可见蚂蚁忙碌的身影。李老师看到一群孩子围着蚂蚁讨论。"蚂蚁在忙什么呀?""它是在找吃的吗?""它的家在哪里,是迷路了走来走去吗?""蚂蚁到底有几只脚?"……于是,利用这种自然的教育契机,"可爱的蚂蚁"主题活动生成了,李老师想通过这个主题活动,帮助幼儿认识蚂蚁的外形特征、身体结构、种类、生活习性和功能,了解蚂蚁家族的存在,学会理解、尊重蚂蚁,用最恰当的方式来对待蚂蚁。

项目二 学前儿童科学教育目标

请思考:

在科学教育活动设计中,最重要的是让学前儿童学会什么?是掌握科学知识,还是获取科学能力,抑或是形成科学的态度?

学前儿童科学教育的目标是学前儿童科学教育的起点和归宿,是教育活动的导向。学前儿童科学教育目标一般是根据社会发展的需要、学前儿童发展的需要、学科发展特点而制定的。以此为基础可分析学前儿童科学教育目标的内容。

任务一 学前儿童科学教育目标制定的依据

小组建构活动:幼儿园科学教育活动目标的调查与分析

1. 收集幼儿园科学教育活动目标

学生分组,每组在课前收集幼儿园科学教育活动目标5条,需涉及3~4岁、4~5岁、5~6岁三个年龄段。

2. 分析活动目标

学生对所收集的幼儿园科学教育活动目标进行分析,并判断活动目标是否合理,依据何在。

3. 交流与思考

第一,讨论收集的活动目标是否符合社会发展的需要。

第二,讨论收集的活动目标是否符合学前儿童发展的需要。

第三,讨论收集的活动目标是否符合学科发展的特点。

一、学前儿童科学教育目标制定依据的内容

学前儿童科学教育是学前儿童全面发展教育的一个重要组成部分。在制定学前儿童科学教育目标时,既要考虑社会发展对学前儿童的要求,也要考虑学前儿童发展的规律和年龄特点,还要体现学科发展及科学领域的特点。

(一)依据社会发展的需要

当前社会科技迅猛地发展,知识更新也日新月异。如果无法掌握现代科学技术,就无法适应现代社会生活,这说明学前教育的内容和目标要反映社会的要求。在学前儿童科学教育目标中需要体现以下几点:

首先,要培养学前儿童主动探究的欲望,而不是使其被动地接受知识。在制定学前儿童科学教育的目标时,要让学前儿童掌握学习科学的方法,从而提高学前儿童解决实际问题的能力。

其次,要关注全体学前儿童,培养学前儿童对科学的兴趣,使其形成对科学基本知识的积极态度。

最后,要引导学前儿童关注自然、关注社会,使其形成与自然和谐相处的意识,萌发初步的社会责任感。

(二)依据学前儿童发展的需要

学前儿童科学教育要根据学前儿童实际发展的水平,满足学前儿童发展的需要,促使其在原有水平上更好地发展,因此,我们要深入地了解学前儿童身心发展水平、特点与发展规律,在了解学前儿童发展需要的基础上,制定出符合学前儿童身心发展实际、可促进其更好发展的科学教育目标。

(三)依据学科发展的特点

学前儿童科学教育目标要充分体现科学这一领域的特点,使科学教育目标区别于其他领域的目标,具体体现如下:

第一,要正确理解科学的内涵,把握学前儿童科学教育目标体系的三个组成部分——科学情感与态度、科学方法与能力以及科学知识与经验。

第二,要正确理解学前儿童科学教育的独特性,为其将来形成科学概念和构建科学知识体系打下坚实的基础。

第三,既要关注学前儿童科学知识的获得,还要注重学前儿童科学学习的过程及科学方法与能力的获取,更要注重学前儿童科学情感与态度的培养。

二、学前儿童科学教育目标的形式标准

布卢姆等人的"教育目标分类学"以人身心发展的整体结构为框架,为建构科学教育目标体系提供了一个比较规范化、清晰化的形式标准。这个框架下教育目标分为三大领域:第一,认知领域,包括知识的掌握和认知能力的发展;第二,情感领域,包括兴趣、态度、习惯、价值观念和社会适应能力的发展;第三,动作技能领域,包括感知动作、运动协调、动作技能的发展。每一领域又按其性质由简到繁、由易到难、由具体到抽象、由低级到高级分为若干层次。如认知领域分为知识、领会、应用、分析、综合、评价六个主层次;情感领域分为接受(留意)、反应、估价、组织、性格化五个主层次;动作技能领域则分为反射动作、基本动作、知觉能力(动觉、视觉、听觉、协调)、体能(耐力、耐性、力量)、敏感性、技巧技能(各种适应能力)和有意沟通(表现动作、创造性动作等)六个主层次①。布卢姆等人提出的教育目标分类标准,体现了对人的发展价值的重视。

---

① 冯晓霞.幼儿园课程[M].北京:北京师范大学出版社,2000:32.

> **知识宝库**

"基础阶段课程"和"早期学习目标"中的科学[①]

一、个人的发展和社会性的发展

(1)性格和态度——对科学现象的兴趣和动机。

(2)社会性的发展——与伙伴和成人相处融洽(合作)。

(3)情感的发展——了解其他事物(人、动物和植物)的需要。

二、交流、语言、阅读和写作

(1)交流和思考的语言——描述科学现象和经验,使用日常的、合适的科学词语。

(2)阅读——使用与科学有关的幻想的和现实的读物。

(3)书写——评点图画,写出科学词语。

三、数学方面的发展

(1)计算——在科学探索中运用计算。

(2)形状、空间和测量——排序,识别图案,探究体积、数量等。

四、认识和了解世界

(1)使用全部感官探究物体(材料)和生物。

(2)针对"事情为什么会发生""事物如何工作"提出问题。

(3)观察相似性、差异性、图案和变化。

五、物理学方面的发展

使用放大镜、合适的测量设备和其他科学设备。

六、创造性的发展

通过美术、音乐、舞蹈和角色扮演等描述、重现科学体验、对象和事件。

任务二 学前儿童科学教育目标的内容

小组建构活动:翻转课堂——设计活动目标

1. 准备题目

请根据下列素材,设计一个幼儿园大班科学活动目标。

大班活动室里收集了纸板箱、鞋盒、牙膏盒、药品盒等种类众多的盒子。这些大大小小的盒子吸引着幼儿,教师发现许多幼儿利用盒子自发开展了很多活动,涉及各个领域,于是,决定围绕这些盒子设计系列活动来满足幼儿的兴趣,推进幼儿的发展。(2017年上半年教师资格考试"保教知识与能力"真题)

[①] 约翰斯顿.儿童早期的科学探究[M].朱方,朱进宁,译.上海:上海科技教育出版社,2008:14.

2. 思考与分享

第一,制定合理的活动目标时应考虑哪些因素?

第二,制定目标时应如何体现不同年龄段幼儿的特点?

3. 小组汇报与分享

第一,活动目标是否考虑了科学情感与态度、方法与技能、知识与经验等方面?

第二,活动目标是否体现了小班、中班、大班幼儿的年龄特点?

第三,活动目标是否具体、可操作?

一、学前儿童科学教育的目标体系

学前儿童科学教育的目标是一个复杂的体系,自上而下可以包括四个层次,即学前儿童科学教育总目标、年龄阶段(学年)目标、单元目标和具体教育活动目标,如图2-2-1所示,形成了由远及近、从高到低、从概括到具体的逐渐明确的过程。

图 2-2-1　学前儿童科学教育的目标体系

二、学前儿童科学教育总目标

学前儿童科学教育的总目标是学前儿童科学教育目标体系中概括层次最高的目标,是国家教育方针和教育目的在学前儿童科学领域的具体体现。

《纲要》中明确指出了学前儿童科学领域的教育目标:第一,对周围的事物、现象感兴趣,有好奇心和求知欲;第二,能运用各种感官,动手、动脑探究问题;第三,能用适当的方式表达、交流探索的过程和结果;第四,能从生活和游戏中感受事物的数量关系并体验到数学的重要和有趣;第五,爱护动植物,关心周围环境,亲近大自然,珍惜自然资源,有初步的环保意识。

总目标指出了学前儿童科学教育的方向,是学前儿童在学前期(三年)科学学习所要达成的结果。除去第四条跟数学教育有关,其余四条都跟本书上的科学教育直接相关。第一条和第五条是科学情感与态度目标,第二条和第三条是科学方法与技能目标。如何理解这四条目标呢?为什么没有科学知识与经验目标?下面我们将进行详细分析。

（一）科学情感与态度目标分析

1. 发展学前儿童的好奇心、兴趣和探究欲望

有好奇心是人的天性，在学前期表现得尤为明显。《纲要》把"对周围的事物、现象感兴趣，有好奇心和求知欲"放在首位，正是强调了对学前儿童的好奇心、兴趣的保护和发展。学前儿童的好奇心、兴趣、探究欲望常常来自身边新鲜的事物、奇特的东西，主要表现为喜欢提出各种各样的问题，渴望得到答案，喜欢尝试新事物，并且愿意接受新挑战。这个时候，如果成人能理解和保护学前儿童的好奇心，并且加以鼓励与引导，提供适时的帮助，就能让学前儿童在自主学习、主动探究的氛围中，产生对科学的兴趣，发展创造性的思维。

2. 培养学前儿童关爱环境、珍爱生命的积极情感与态度

面对当今社会日益凸显的环境问题，《纲要》第五条目标"爱护动植物，关爱周围环境，亲近大自然，珍惜自然资源，有初步的环保意识"，正是指要从小培养学前儿童对大自然的兴趣与尊重大自然、热爱大自然的情感和保护环境的行为习惯。在科学教育过程中，学前儿童会不断与周围环境及大自然中的其他各种事物进行直接或间接接触，探索的过程会进一步激发他们对周围世界的好奇心，使他们认识到周围世界的神奇与美好，逐渐理解人与自然、人与动植物、动植物与环境之间是不可分割的关系，从而萌发出对自然的责任感，做到关爱生命、尊重自然。

《植物的好朋友：吴征镒的故事》节选①

世界上有许多许多的植物：有的植物很漂亮，装扮着我们的世界，有的植物很可口，能做成美味佳肴，还有的植物含有特殊成分，可以用来制成药品……虽然植物常伴我们左右，但是在很多人的眼里，植物没有喜怒哀乐，所以常常忽略它们。可有一个叫吴征镒的人，却把植物当成了一辈子的好朋友。

吴征镒从小就喜欢待在园子里观察花草树木，园子里的每一朵花、每一片叶、每一颗果，在他眼里都很神奇。特别是一上午时间就能长得比他还高的竹笋，总能让他看入迷。在园子里玩累了，吴征镒就去父亲的书房里看书。他最喜欢看和植物相关的书。通过这些书，吴征镒认识了几十种植物，这些植物朋友就是他最亲密的玩伴。

上初中后，吴征镒跟着老师去野外认识了更多的植物朋友，还学会了制作标本、解剖花果。高一那年，在老师的鼓励下，他还办了一场有上百件植物标本的展览，让同学们惊叹不已。

他太喜欢植物啦！为了能更好地了解它们，吴征镒考入了清华大学生物系。仿佛一下子推开了植物世界的大门，吴征镒像海绵吸水一样，不断吸收着植物学知识。

大学毕业后，吴征镒成了一名专门研究植物的大学老师，他和植物朋友的关系就更亲密了。但那个年代，中国正遭遇战争，动荡不安。为躲避战乱，吴征镒和师生们历时68天，翻

---

① 高晓玲，王慧斌．植物的好朋友：吴征镒的故事[M]．北京：北京少年儿童出版社，2019．

山越岭来到昆明。一路上，他见到了很多陌生的植物，令他大开眼界。

和植物交朋友虽然辛苦，但是乐趣无穷！无论走到哪里，吴征镒都随身带着笔记本和照相机，这可是他和植物交朋友的必备工具。有了它们，吴征镒就能准确地记录植物的特征和生长环境。

在野外考察时，吴征镒不看天，不看山，不看景，就喜欢观察植物。因为常常忘记看路，所以经常摔倒，大家送给他一个有趣的外号——摔跤大王。可吴征镒一点也不在意，反而会利用摔倒在地的机会，仔细观察平时注意不到的植物，有时还有意外的收获和惊喜。

云南号称"植物王国"，植物种类繁多，这可给了吴征镒结交新朋友的大好机会。金铁锁这种中国特有的植物，就是他和老师在云南共同发现的。

他还用10年时间，整理出了近3万张植物卡片，这些卡片后来成了人们认识中国植物的宝贵资料。弄明白云南的植物还满足不了吴征镒的心愿，他还想和世界各地的植物交朋友呢！他说，既然植物朋友不会走路，我们就要不怕辛苦。为此，他走过了万水千山，他的植物朋友也遍布天南海北。

最重要的是，为了让更多的人能够认识植物，吴征镒和其他植物学家们一起，前后花了45年的时间，完成了一套5000多万字的《中国植物志》，它就像中国植物的户口簿，记载了中国纷繁多样的花草树木。它的编写历程就像唐僧西天取经一样，经历了很多困难，但植物学家们都乐在其中。

为了向吴征镒致敬，人们以他的名字为多种植物命名，有"征镒麻属""征镒木属""征镒卫矛""征镒荆芥"……在天空中，还有一颗小行星被命名为"吴征镒星"。2008年，吴征镒获得了国家最高科学技术奖，他却说："功劳是集体的，我愿做垫脚石，让后人继续攀登高峰。"

(二)科学方法与技能目标分析

掌握科学的方法远比单纯地获得科学知识更重要，学前儿童只有掌握必要的科学方法，才能在兴趣、探究欲望的指引下，成为真正自主、自动的学习者。《纲要》中第二条目标指出，学前儿童要"能运用各种感官，动手、动脑探究问题"。学前儿童探究过程包括提出问题、做出假设、调查验证、收集信息、得出结论等基本环节。学前儿童在探究的过程中也接受着科学方法的启蒙。同时，表达和交流对于学前儿童的认知发展和情感交流起到非常重要的作用，所以，《纲要》将"能用适当的方式表达、交流探索的过程和结果"作为科学领域的目标之一。因此，观察、操作和表达是科学教育中学前儿童必须掌握的方法与技能。

第一，观察。观察是有目的、有计划的感知活动，即观察不只是视觉过程，而是以视觉为主，融其他感觉为一体的综合感知，是人们认识世界、获取知识的一种重要途径。在科学活动中，学前儿童通过多种感官对事物的外部特征进行观察、记录和分析，比较事物之间的异同，发现事物的运动与变化。

案例2-2-1：观察小乌龟[①]

教师为了让幼儿亲近小动物，喜爱自然，开展了一次"有趣的乌龟"活动。在活动中，教师带领幼儿观察乌龟的特征，摸一摸乌龟的壳是怎么样的，数一数乌龟有几条腿，说一说乌

---

① 案例来源于胶州市中云街道办事处七色光幼儿园活动"观察我们的朋友——乌龟"。

龟的眼睛是怎么样的,尾巴是怎么样的,乌龟是怎么爬的,等等。

评析:在观察乌龟的过程中,教师充分启发幼儿运用各种感觉器官,如看一看、摸一摸、数一数,感知与认识小乌龟的外部特征。

教师在科学活动中引导学前儿童感知科学探究的过程及其变化。学前儿童对事物及现象的感知不仅可以通过视觉、嗅觉进行,还可以通过听觉、触觉、味觉等多种感官加深对事物及现象的认识。学前儿童通过看一看、闻一闻、听一听、摸一摸、尝一尝等多种感官进行观察,动手动脑,从而获得有关事物及现象的感性经验。

《第191号的发现:屠呦呦的故事》节选①

作为中国第一位获得诺贝尔奖的科学家,屠呦呦是中国科学界的骄傲,更是中国女性的骄傲。她首次从中药中分离出青蒿素用于治疗疟疾,挽救了全球范围特别是广大发展中国家无数疟疾患者的生命,为人类的健康事业做出了卓越的贡献。

20世纪六七十年代,中国经历了一个特殊的时期,科研工作几乎全部停滞。然而,由于越南战争的需要,同时也为了解决当时我国较大范围内的疟疾流行问题,抗疟研究工作得以继续进行。屠呦呦是这项浩大工程的参与者之一。她从系统梳理历代医籍、民间方药等方面入手,在2000多种方药基础上精选编辑了包含640种方药的《疟疾单秘验方集》,并对其中200多种方药开展实验研究。

历经数百次失败,屠呦呦和团队成员反复研读文献,不断改进提取方法,终于在1971年从编号为191号的青蒿乙醚中性提取物中找到了抗疟药物的突破口。为了尽快救命治病,在动物实验基础上,屠呦呦和团队成员以身试药,证实了青蒿提取物的抗疟疗效,这一发现在世界抗疟史上具有里程碑式的意义。至今,青蒿素类药物仍然是世界范围内最主要的抗疟药物。

第二,操作。操作活动是为了解决某个问题或为了探究某种现象而开展的活动。在科学教育活动中,学前儿童只有不断操作,动脑思考,通过各种感官感知事物,才能提高发现问题、解决问题的能力。因此,操作是学习科学的必备技能。

第三,表达。表达是科学活动必不可少的信息交流方式。学前儿童在科学探究过程中不仅要提出问题,进行猜想验证,得出结论,而且要用准确、恰当的语言进行表述,与同伴交流分享,获得经验。表达方式主要有两种——语言和非语言:语言方式包括语言、文字;非语言方式包括绘画、实物、动作、表情等。

(三)科学知识与经验目标分析

《纲要》中的五条目标没有正面提及科学知识,这并不代表科学知识与经验不重要。其实,科学知识与经验是科学探究的必然结果。但是,在学前阶段,学前儿童并不是通过抽象学习获取科学知识的,而是在动手操作的基础上获得经验性知识的。因此,在科学教育的过程中要特别注意以下几点:

---

① 温菲.第191号的发现:屠呦呦的故事[M].北京:北京少年儿童出版社,2019.

第一,注重让学前儿童在自身的实际水平上建构并运用自己的知识经验。也就是说,要根据学前儿童的年龄特点、生活经验等选择适合的内容(活动示例——"蛋壳的力量"与制作橘皮清洁剂如图 2-2-2 和图 2-2-3 所示),在调动学前儿童以往相关经验的基础上,以学前儿童建构知识经验为主,而非教师进行知识灌输。

图 2-2-2 "蛋壳的力量"①

图 2-2-3 制作橘皮清洁剂②

案例 2-2-2:陀螺

陀螺是孩子们喜欢的玩具之一,转动的奥秘让孩子们产生浓厚的兴趣和探究欲望。为了让孩子们感受陀螺转动的魅力,我们提供纸片、瓶盖和小木棍等材料,一起组装和制作陀螺。制作完成后,怎样才能让陀螺转起来?孩子们尝试了很多办法,最后发现只有用力才能使陀螺转起来。通过动手制作,亲身体验,发现问题、分析问题和解决问题,孩子们不仅累积了科学经验,更重要的是获得了科学探究的能力。

第二,学前儿童是从自己生活的环境中获得科学知识与经验的,在认识顺序上表现出一种由近及远的趋向性。也就是说,学前儿童所获得的科学知识应该是与其生活实际紧密相连的知识,而不是脱离生活实际的知识。在学前儿童科学教育内容选择上应坚持由近及远的原则,即先认识身边的、常见的事物,再认识较远的、不常见的事物。如处于海边的幼儿园,可以先让学前儿童认识海洋动植物,再认识山区的动植物;而处于山区、远离海边的幼儿园则可相反。

三、学前儿童科学教育年龄阶段(学年)目标

各年龄阶段的目标是总目标在各个年龄阶段的具体体现,是总目标的具体化。《纲要》中的学前儿童科学教育总目标是学前儿童在学前期(三年)科学学习要实现的目标,而《指南》则是按学前儿童年龄阶段划分的中短期发展目标,可分为 3~4 岁、4~5 岁、5~6 岁三个年龄段的教育目标。在不同地区、不同情况下,即使是处于同一年龄段的学前儿童,其发展水平也有很大的差异。教师在实际组织教学过程中,可以适当借鉴《指南》中科学领域内不同年龄段的目标,结合本班的实际情况,制定合适的年龄阶段目标。

---

① 此图片提供者与活动实施者为湖南省常德市石门县蒙泉镇中心幼儿园刘倩老师(副园长)。
② 此图片提供者与活动实施者为湖南省常德市石门县蒙泉镇中心幼儿园刘倩老师(副园长)。

知识宝库

《指南》中的科学教育目标

《指南》中的科学教育目标如表2-2-1至表2-2-3所示。

表2-2-1 目标一：亲近自然，喜欢探究

3～4岁	4～5岁	5～6岁
1.喜欢接触大自然，对周围的很多事物和现象感兴趣； 2.经常问各种问题，或好奇地摆弄物品	1.喜欢接触新事物，经常问一些与新事物有关的问题； 2.常常动手、动脑探索物体（材料），并乐在其中	1.对自己感兴趣的问题总是刨根问底； 2.能经常动手、动脑寻找问题的答案； 3.探索中有所发现时感到兴奋和满足

表2-2-2 目标二：具有初步的探究能力

3～4岁	4～5岁	5～6岁
1.对感兴趣的事物能仔细观察，发现其明显特征； 2.能用多种感官或动作去探索物体，关注动作所产生的结果	1.能对事物或现象进行观察比较，发现其相同与不同之处； 2.能根据观察结果提出问题，并大胆地猜测答案； 3.能通过简单的调查收集信息； 4.能用图画或其他符号进行记录	1.能通过观察、比较发现并描述不同种类物体的特征或某个事物前后的变化； 2.能用一定的方法验证自己的猜测； 3.在成人的帮助下能制订简单的调查计划并执行； 4.能用数字、图画或其他符号记录； 5.探究中能与他人合作与交流

表2-2-3 目标三：在探究中认识周围事物和现象

3～4岁	4～5岁	5～6岁
1.认识常见的动植物，能注意并发现周围的动植物是多种多样的； 2.能感知和发现物体（材料）的软硬、光滑和粗糙等特性； 3.能感知和体验天气对自己生活和活动的影响； 4.初步了解和体会动植物和人们生活的关系	1.能感知和发现动植物的生长变化及其基本生长条件； 2.能感知和发现常见材料的溶解、传热等性质或用途； 3.能感知和发现简单物理现象，如物体形态或位置变化等； 4.能感知和发现不同季节的特点，体验季节对动植物和人的影响； 5.初步感知常用科技产品与自己生活的关系，知道科技产品有利也有弊	1.能察觉到动植物的外形特征、习性与生存环境的适应关系； 2.能发现常见物体的结构与功能之间的关系； 3.能探索并发现常见物理现象产生的条件或影响因素，如影子、沉浮等； 4.感知并了解季节变化的周期性，知道变化的顺序； 5.初步了解人们的生活与自然环境的密切关系，知道尊重和珍惜生命，保护环境

评析：从上述内容可以看出，《指南》特别强调学前儿童科学情感和态度的目标，如"亲近

自然,喜欢探究",把情感目标放在首位;非常重视学前儿童科学方法和技能的培养,如"具有初步的探究能力";强调在学前儿童科学情感和技能的基础上获取一定的科学知识。同时,每一个方面的目标在不同年龄段的具体内容不太一样,具有一定的层次性和连续性。从总体上来讲,所有的目标都符合《纲要》中科学领域总目标的精神与要求,是总目标在不同年龄段的具体体现。

综合《纲要》和《指南》,本书从三个方面提出学前期各年龄段的科学教育目标。

(一)科学情感与态度

1. 3～4岁

第一,对周围事物有好奇心,乐意感知和摆弄他们能够直接接触到的自然物和人造物。

第二,能在成人的感染下表现出关心、爱护周围事物的情感。

第三,萌发探索自然现象和参与制作活动的兴趣。

2. 4～5岁

第一,喜欢探究生活中常见的自然现象、自然物和人造物。

第二,乐意关心、爱护动植物和周围环境。

第三,愿意参与制作活动。

3. 5～6岁

第一,养成好奇、好问、好探索的习惯。

第二,主动关心、爱护周围环境。

第三,喜欢并能主动参与、专注于自己的科学探究活动和制作活动。

(二)科学方法与技能

1. 3～4岁

第一,学习正确运用各种感官感知物体的方法,发展感知能力。

第二,学会使用简单工具。

第三,学会用词语或简单的句子描述事物的特征或自己的发现,与教师、同伴进行交流。

2. 4～5岁

第一,学会比较观察不同物体或同类物体的特征。

第二,学习使用工具制作简单的产品。

第三,用比较完整的语言描述自己的发现,学习使用其他方法(表格、绘画等)展示活动结果,并主动与教师、同伴交流。

3. 5～6岁

第一,学会主动运用多种感官观察物体的运动和变化。

第二,学会运用简单的工具和多种材料进行制作活动,并能表现出一定的创造性。

第三,用完整、连贯的语言与教师、同伴交流自己探索的过程和结果,以及表达发现的乐趣。

(三)科学知识与经验

1. 3~4岁

第一,观察周围常见的个别自然物的特征,获得粗浅的科学经验,初步了解它们与自己生活的关系。

第二,观察周围自然现象的明显特征,获取粗浅的科学经验,并感受它们与自己生活的关系。

第三,观察日常生活中经常接触的部分科技产品,了解它们的主要特征及用途,感受它们给生活带来的便利。

2. 4~5岁

第一,通过获取有关自然环境中有生命或无生命物质与人类关系的具体经验,了解不同环境中动植物的形态特征和生活习性。

第二,了解一年四季的特征及其与人们生活的关系,观察常见的自然现象,获得感性经验。

第三,通过获取日常生活中常见科技产品的具体知识和经验,初步了解它们在生活中的应用。

3. 5~6岁

第一,初步认识不同环境中的动植物及其与环境的相互关系,以及生活中的环境污染现象和人们保护生态环境的活动。

第二,获取有关季节、人类、动物、植物与环境等的关系的感性经验,形成四季的初步概念。

第三,探索生活中常见的自然现象,获取有关的科学经验。

四、学前儿童科学教育单元目标

单元目标是指一个单元的教育目标。单元目标一般有两种形式,如图2-2-4所示。第一种是时间单元目标,另外一种是主题活动单元目标。

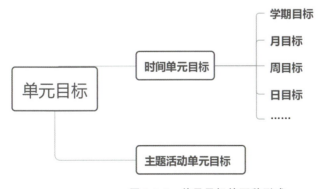

图2-2-4 单元目标的两种形式

(一)时间单元目标

时间单元目标是指在一段时间内所要达成的科学教育目标,如学期目标、月目标、周目标、日目标等。

案例 2-2-3:幼儿园中班 9 月科学教育目标

①愿意接触大自然。
②探索生活中哪些物体能滚动,哪些物体不能滚动。
③认识易于接触的石头,观察石头表面的花纹。
④尝试动手制作树叶标本,了解制作树叶标本的基本方法。
⑤通过观察秋天的景色,感受大自然的变化。

(二)主题活动单元目标

主题活动单元目标即内容单元目标,是指以一个主题为核心而开展的科学教育活动所要达成的目标。目前,多数幼儿园的科学教育是通过主题活动来完成的,所以科学教育年龄阶段目标需要分解到一个个主题活动中来落实。

案例 2-2-4:幼儿园中班主题活动"交通工具大世界"的目标

①观察和了解身边的交通工具,有探索的欲望。
②初步了解一些常见交通工具的外部特征、基本组成部分及用途。
③能认识并了解常见交通标志的特征和重要作用。
④形成遵守交通规则的意识,并能遵守简单的交通规则。

五、学前儿童科学教育活动目标

(一)定义

学前儿童科学教育活动目标一般是指一次具体科学教育活动所要达到的目标,是根据学前儿童科学教育总目标、年龄阶段目标,并结合单元目标、具体教育的内容和学前儿童年龄特点所提出来的具体的、可操作的目标。

案例 2-2-5:幼儿园中班科学活动"奇妙的声音"的目标

①萌发对周围世界的探索兴趣。
②发展听觉分辨能力,并能用完整的语言讲述发现的结果。
③通过探索活动,了解声音是怎么产生的,知道不同材料的物体可以发出不同的声音。

(二)活动目标的制定要求

1. 具体活动目标应与总目标、年龄阶段目标保持一致

学前儿童科学教育总目标、年龄阶段目标需要通过一个个具体、鲜活的活动目标落实到学前儿童的身上。因此,教师在制定具体活动的目标时,要向总目标、年龄阶段目标看齐,还要结合本班学前儿童的实际发展水平。

案例 2-2-6：幼儿园小班科学活动"空气在这里"的目标①

①体会到空气在我们周围,我们看不见也摸不着它,但也离不开它。

②运用多种感官感知空气的存在,通过探索提高对周围事物的兴趣。

评析：活动中,教师试图通过给气球充气和放气让幼儿知道空气看不见、摸不着但就在我们身边,可是,空气看不见、摸不着,是无形的,导致幼儿无法感知,也无法理解。尽管小班幼儿做了很多探索努力,教师与他们交流时,他们依然认为气球放气了,空气就没了。他们很难理解空的瓶子是有空气的。所以,这样的活动内容及设置的目标是不适合小班幼儿的。

案例 2-2-7：幼儿园小班科学活动"认识五官"的目标

①通过观察与认识,知道脸上五官的名称及位置。

②能够说出五官的主要功能,并学会爱护五官的方法。

③积极参与认识五官的活动,在活动中有观察和操作的兴趣。

评析：这个科学教育活动目标定位就很准确,比较适合小班幼儿。

2. 具体活动目标应全面,具有启蒙性和基础性

学前儿童科学教育活动的目标应全面,目标内容应包括三个方面,即科学情感与态度目标、科学方法与技能目标以及科学知识与经验目标。

1) 科学情感与态度目标

科学情感与态度目标包括兴趣、态度、价值观念、习惯和社会适应能力的发展。常用表述有"愿意/乐意参与活动""体验活动的乐趣""激发探究的欲望"等。

2) 科学方法与技能目标

科学方法与技能目标包括感知动作、动作技能、智慧技能的发展,掌握观察、比较、猜想、实验、验证、调查等科学方法。常用表述有"学会……方法""掌握……技能""尝试使用……方法,解决……问题"等。

3) 科学知识与经验目标

科学知识与经验目标包括知识的掌握和认知能力的发展。常用表述有"了解""初步学习""知道""感知"等。

案例 2-2-8：幼儿园大班科学活动"吸管飞机"的目标②

①科学情感与态度目标：喜欢参加制作活动,能体验到活动的乐趣。

②科学方法与技能目标：学会制作吸管飞机。

③科学知识与经验目标：通过观察思考能发现影响飞机飞行的因素。

评析：在科学活动"吸管飞机"中,吸管飞机造型奇特,制作材料易得,制作方法简单,制作过程不仅可满足大班幼儿动脑动手的需要,也可让他们体验科学探究的过程。该活动目标不仅全面,而且贴合大班幼儿的年龄特点,具有基础性和启蒙性。

---

① 王春燕,赵一仑.学前儿童科学教育[M].北京:高等教育出版社,2012:110.

② 案例作者为贵阳幼儿师范学校李淑芬老师。

3. 具体活动目标应具体、可操作，有针对性

学前儿童科学教育活动目标的表述要求具体，且要求科学教育活动可操作，达到的教育效果是能够测量或评估的。教师在考虑科学活动目标时，要明确活动中所涉及的核心概念，并准确理解这些概念的内涵及意义，这是确保活动目标明确化和具体化的基础。以科学活动"滚动与滑动"为例，如果教师不能明确滚动与滑动的原理，该活动不可能突出重点，进而会使活动流于形式而难以取得良好的效果。

案例 2-2-9：幼儿园大班科学活动"有趣的弹性玩具"的目标①

①能动手制作弹性玩具。

②初步探索、感知有弹性的物体，获取弹性物体能弹动、能跳、能变形的相关经验，并了解有关弹性物体在人们生活中的应用。

③通过有序探索、自由发现、动手制作，体验探索的乐趣。

评析：上述三条目标都比较具体、可操作，比较贴合此科学活动。在生活中探索、发现弹性物体，并尝试动手制作，可以使学前儿童了解弹性物体在生活中的应用领域，发现和获取有关弹性物体的经验，同时也可以使他们体验探索的乐趣。

4. 具体活动目标的表述应统一、规范，表述角度要一致

学前儿童科学教育活动目标的表述有两种方式——从教师角度表述和从儿童角度表述。从教师角度出发，发出动作的主体是教师，如"引导幼儿运用多种感官感知泥巴的特性，探索和泥巴的方法"；从儿童角度出发，发出动作的主体是幼儿，如"感知泥巴的特性，探索和泥巴的方法"。目前而言，在制定科学活动目标时，要立足于儿童的发展，多倾向于从儿童的角度来表述目标。

案例 2-2-10：幼儿园中班科学活动"区分生熟鸡蛋"的目标②

①通过实验，了解几种区分生熟鸡蛋的方法。

②提高幼儿比较观察和细致观察的能力。

③培养幼儿通过实验操作解决问题的能力，激发学前儿童对科学探索的兴趣。

评析：上述三条目标表述角度不一致，第一条目标是从儿童角度表述的，后两条是从教师角度表述的，而我们提倡三条目标都尽可能站在儿童的角度来表述。

5. 具体活动目标要具有生成性

生成性目标最大的特点是注重过程性。生成性目标指的是随着活动过程的展开而自然生成的活动目标。虽然教师预设的活动目标为具体活动的开展指引了方向，但是学前儿童在科学教育活动过程中会出现许多难以预料的情况，因此，教师要灵活地掌握活动目标，把握基于学前儿童需求产生的教育契机，积极投入教育教学过程中，在教育教学过程中不断生成和丰富科学教育活动目标。

---

① 案例作者为青岛市实验幼儿园李娜老师。
② 案例作者为石家庄市华北幼儿园李凤玲老师和霍静老师。

技能实训

一、案例分析：学前儿童科学教育活动目标的分析与修改

案例一：大班科学活动"认识四季"

(1)让幼儿知道四季的名称、顺序和主要特征。

(2)启发幼儿用自己的语言描述一年中某个季节的主要特征。

(3)培养幼儿热爱自然、保护环境的情感。

案例二：中班科学活动"沉浮"

(1)通过实验，引导幼儿发现"不同物体在水中的沉浮状态不同"这一现象。

(2)学会看图示，理解图示所代表的意思。

(3)培养幼儿实事求是的科学态度，激发幼儿对科学活动的兴趣。

(一)实训目标

1.进一步理解学前儿童科学教育目标各层次之间的关系，掌握学前儿童科学教育目标制定的要求。

2.结合学前儿童科学教育目标制定的要求与方法，分析与修改案例中的活动目标。

3.树立正确的儿童观，把握《纲要》和《指南》的精神和要求。

(二)实训内容

1.根据提供的科学活动目标案例，尝试进行活动目标的分析。

2.结合前文科学教育活动目标制定的要求，尝试修改活动目标。

(三)实训过程

1.布置任务，提出实训要求。

要求：案例中的活动目标有何不妥之处？为什么？请结合科学教育活动目标制定的要求进行分析。

2.学生分组准备，各组内就案例中的活动目标进行合作讨论，并尝试修改。

3.全班汇报，组间交流，相互补充。

4.集体评价。

二、目标设计：学前儿童科学教育活动目标的制定

(一)实训目标

1.通过练习，进一步掌握学前儿童科学教育活动目标的具体制定要求与方法。

2.结合活动目标制定要求，掌握学前儿童科学教育活动目标制定及表述技能。

3.树立正确的儿童观，把握《纲要》和《指南》的精神和要求。

(二)实训内容

1.不同年龄班选择不同活动内容制定科学教育活动目标(可以由教师指定，也可以由学生自由选择)。

2.选取统一内容在不同年龄班开展活动，如选择"磁铁""沉与浮""小草""水"等活动，分别为小班、中班、大班确定活动名称，制定活动目标。

(三)实训过程

1. 布置任务,提出实训要求。
2. 学生分组准备,确定活动名称,明确年龄段,制定适宜的活动目标。
3. 分组展示、汇报,其他组进行补充。
4. 教师进行点评与总结。

一、选择题

1. 小班幼儿观察植物时,下列哪条目标最符合他们的发展水平?( )。(2019年下半年教师资格考试"保教知识与能力"真题)
   A. 能感知周围植物的多种多样
   B. 会观察记录植物生长变化过程
   C. 能察觉到植物外形特征与其生存环境的适应关系
   D. 能发现不同种类植物之间的差异

2. 下面不属于学前儿童科学教育分类目标的是( )。
   A. 科学情感和态度方面的目标　　B. 科学方法和技能方面的目标
   C. 科学知识和经验方面的目标　　D. 科学教育活动目标

3. 下面哪一个不是学前儿童科学教育目标制定的依据?( )。
   A. 社会的发展　　　　　　　　　B. 学前儿童发展的需要
   C. 学科发展的特点　　　　　　　D. 学前儿童智力发展水平

4. 能察觉到动植物的外形特征、习性与其生存环境的适应关系,这一目标适合( )学前儿童。
   A. 3~4岁　　　B. 4~5岁　　　C. 5~6岁　　　D. 6~7岁

5. 培养学前儿童好奇、好问、好探索的态度和习惯,这一目标是属于( )方面。
   A. 科学情感与态度　　　　　　　B. 科学方法与技能
   C. 科学知识与经验　　　　　　　D. 认知与态度

6. 一般来说,"形成四季的初步概念"活动目标适合幼儿园( )的活动。
   A. 小班　　　B. 中班　　　C. 中班和大班　　　D. 大班

7. "萌发对周围世界的好奇心"这一目标适合幼儿园( )的活动。
   A. 小班、中班　　　　　　　　　B. 中班、大班
   C. 小班、中班或大班　　　　　　D. 小班、中班和大班

二、简答题

1. 简述学前儿童科学教育目标制定的依据。
2. 学前儿童科学教育的总目标是什么?
3. 如何理解学前儿童科学教育目标的层次结构及相互关系?

三、应用题

1.尝试记录一次幼儿园科学教育活动,并分析活动结束后其活动目标是否达成。

2.2020年新冠肺炎疫情严峻,围绕"新冠病毒"主题,尝试制定幼儿园大班"预防新冠肺炎"的主题活动目标。

3.最近,幼儿园大三班许多小朋友用大大小小的纸盒制作了小汽车等物品。马老师发现,制作的汽车装饰不太一样,但结构差不多,往往只有车厢、车轮、车灯等。马老师认为,可以根据这种情况生成一个"汽车"主题活动,引发幼儿进行深度学习。请帮助马老师设计"汽车"主题活动。(2019年上半年教师资格考试"保教知识与能力"真题)

要求:

(1)写出主题活动的目标。

(2)围绕主题设计两个子活动,写出两个子活动的名称、目标。

项目三

学前儿童科学教育内容

1.知识目标:学习并掌握学前儿童科学教育的内容,熟悉学前儿童科学教育内容选择的原则。

2.技能目标:能依据学前儿童科学教育内容选择的原则,结合学前儿童科学教育内容的范围为学前儿童选择适宜的科学教育内容,会依据特定线索编排科学教育内容。

3.思政目标:在了解学前儿童科学教育内容并能对其进行编排的同时感受科学的逻辑性与严谨性,培养尊重科学与实事求是的精神。

  学前儿童科学教育内容的范围 — 学前儿童科学教育内容的划分 / 学前儿童科学教育的内容

 学前儿童科学教育内容的选择 — 学前儿童科学教育内容选择的依据 / 学前儿童科学教育内容选择的原则

某教师组织中班幼儿开展对溶解现象的探究活动。通过观察白糖放进水里以后的变化,幼儿对溶解现象有了感性认识。活动结束后,教师提供了两个生活中的现象,加强他们对溶解现象的理解。现象一:中午太热,贝贝买了雪糕,怎样做才能让雪糕不化呢? 现象二:家里来客人了,妈妈从冰箱里拿出冰冻的肉准备做菜,怎样才能让肉在最短的时间内化开呢?

请思考:

案例中教师所选择的探究内容是否合理? 为什么?

在学前儿童眼中,周围的世界丰富多彩,充满了值得学习和探索的内容。在幼儿园课程

中,科学领域的教育内容极为广泛,这为教师开展科学教育活动提供了丰富的材料和资源,但也让教师在选择、编排科学教育内容时感到困惑:内容的选择上有什么要求?什么样的内容适合特定年龄段学前儿童?如何编排这些内容?本项目将围绕这些问题展开论述。

任务一　学前儿童科学教育内容的范围

> **小组建构活动:幼儿园科学教育内容调研**
>
> **1. 幼儿园状况调研**
> 分小组了解、记录不同幼儿园小班、中班、大班科学教育内容与实施的状况。
> **2. 评价与调研**
> 第一,小组内讨论与评价幼儿园科学教育内容安排的合理性。
> 第二,每组准备一份调研报告。
> **3. 展示与分析**
> 课堂上各小组展示与交流调研报告内容。

一、学前儿童科学教育内容的划分

各个国家与地区依据国情,在学前儿童科学教育内容的选择上各有侧重,在对科学内容的划分上呈现出不同的特点。欧盟的科学教育内容主要包括科学与环境、科学与生活科技、人体、科学与伦理、科学史等。日本的科学教育内容主要涵盖大自然、身边的事物(包括事物的性质、数量、文字)、与自己有关的信息和设施、国旗等。美国2013年颁布的《新一代科学教育标准》(Next Generation Science Standards,NGSS)整合了科学与工程实践、学科核心概念和跨学科概念三个维度。每个维度又有着不同的内涵,其中学科核心概念包括四个学科领域,即物理科学、生命科学、地球和空间科学以及工程、技术和科学应用。2014年,美国宾夕法尼亚州颁布了最新的《宾夕法尼亚州学前儿童学习标准》(Pennsylvania Learning Standards for Early Childhood),全面厘清了学前儿童科学核心素养的指标框架,围绕生物科学、自然科学、地球和空间科学、环境和生态、计算机和信息技术五大关键领域,呈现了13个科学核心素养、43个指标维度及其具体的发展指标。① 本书在参考美国《新一代科学教育标准》和《宾夕法尼亚州学前儿童学习标准》的基础上,结合我国《纲要》与《指南》的要求,对学前儿童科学教育内容做了新的划分,主要包括生物科学领域、自然科学领域、地球和空间

---

① 胡恒波,霍力岩.美国宾夕法尼亚州学前儿童科学核心素养的指标框架、培育策略及其启示[J].外国教育研究,2019,46(1):51-64.

科学领域、环境和生态领域、计算机和信息技术领域五个方面。

二、学前儿童科学教育的内容

(一)生物科学领域

1. 生命体与非生命体

1)生命体与非生命体的差异

学前儿童能把握生命体与非生命体的特征,按照生命体和非生命体进行分类,知道生物存在生命,非生物不存在生命,正确描述常见动植物的外部特征、生长特点与生活习性,将常见的生物按动物和植物进行归类,如将老虎归入动物类,将树归入植物类等。

案例 3-1-1:它是有生命的吗?告诉我们为什么①

活动材料:从班级收集品中选出来的一些动物,无生命的物品(如石头、骨头、动物玩具、玩具娃娃、电动玩具),以及塑料片、两张新闻纸。

活动准备:决定选用哪种动物来作为"有生命的事物"的例子。准备一张探究发现图表,在顶部写上"有生命的"和"无生命的"。

活动过程:

①给幼儿呈现一种动物和一种无生命的物品。

②在幼儿观察一段时间后,要求他们确认这两种物体的特征,如提问"你看到它们有什么差别?""这两种物体在哪些方面是相同的?""哪种物体是无生命的?",在探究发现图表中记录下他们的回答。

③让幼儿对更多的动物和物品进行如上的观察。教师所选择的观察对象应能够引导幼儿更加完整地理解有生命和无生命的概念。举例来说,如果一个幼儿说猪是有生命的,因为它有毛发,那教师就将玩具娃娃放入下一组观察对象中。幼儿可能会说虫子是有生命的,因为它会动,这时,教师就在下一组观察对象中放入电动玩具。注意一些问题,比如,幼儿是如何描述一只真兔子和一只布制兔子的生命特征和无生命特征的呢?

④教师可以和幼儿一起制作一张维恩图(Venn diagram)。在一张新闻纸上画两个交叠的圆圈,标上"有生命的"和"无生命的"。交叉部分是无生命物体和有生命物体都具有的特征。

2)生命周期

学前儿童应能识别出植物和动物的生长和变化,并通过绘画、书写、拍照等方式来观察和记录生物的生长;能描述人和动植物随着时间而发生的变化,如小朋友在成长过程中掉牙齿,豆子发芽(见图 3-1-1)变小苗等;能照顾班级或幼儿园中的植物和动物。

3)器官和功能

学前儿童应能说出生物的基本组成部分,如准确说出人、动物和植物的各个部分;能绘

---

① 温尼特,威廉姆斯,舍伍德,等.科学发现——幼儿的探究活动之二[M].刘占兰,易凌云,曾盼盼,译.北京:北京师范大学出版社,2005:109-110.

图 3-1-1　豆子发芽①

制人、动物和植物的主要外部特征;能知道人、动物和植物各组成部分的功能,如知道鸟的翅膀的功能是飞行,树根的主要功能是吸收水分等。

案例 3-1-2:神奇的光合作用②

活动目标:

①乐于观察植物的变化,萌发喜爱大自然的情感。

②了解阳光对植物的重要性。

③能对有无阳光照射的植物进行比较,将观察的现象进行记录。

材料构成:

小橘子树等绿色植物、黑色塑料袋、黑色遮光布(遮光纸)、黑色夹子、记录表。

实验操作:

①用黑色塑料袋将小橘子树部分绿色枝叶包裹好(见图 3-1-2),或用黑色遮光布(遮光纸)、黑色夹子盖住叶子(见图 3-1-3),阻断阳光照射。

图 3-1-2　用黑色塑料袋遮光③　　　　图 3-1-3　用黑色夹子遮光④

②2～3周后,让幼儿观察被遮光的植物枝叶,发现它们因为没有被阳光照射,变成了黄色。

---

① 此图片提供者为湖南省常德市石门县蒙泉镇中心幼儿园刘倩老师(副园长)。
② 案例作者为湖南幼儿师范高等专科学校学前教育专业毕业生晏宇蓝、罗淑敏。
③ 此图片提供者为湖南幼儿师范高等专科学校学前教育专业毕业生晏宇蓝。
④ 此图片提供者为湖南省常德市石门县蒙泉镇中心幼儿园刘倩老师(副园长)。

扩展与延伸：

引导幼儿将阳光照射的时间长、阳光照射的时间短和阳光照射不到的三种情况下的植物进行对比和记录。

科学小知识：

在植物的叶子里，含有很多天然色素，如叶绿素、叶黄素、花青素、胡萝卜素等。在阳光照射下，叶绿素非常活跃，便把其他色素的颜色遮住了。实验中对阳光进行了阻断，叶绿素活动减弱，绿色渐浅，叶黄素就显现出来了，所以枝叶出现了黄色或浅绿色。

2. 基因

学前儿童应能对相同物种中的生物基本特征进行比较和识别，如能从照片中看出家庭成员之间存在着很多相似之处；能识别出周围人的生理特征，如头发颜色、眼睛颜色、身高等；能将动物的后代与其父母进行匹配。

3. 环境适应

学前儿童应能描述动物身上发生的变化，如能识别出动物为适应季节变化所发生的改变（猫在秋天会掉毛，冬天长毛；雪兔、银鼠等春天和夏天的毛是棕黄色或者褐色，一到冬天就变成白色等）；知道一些动物在寒冷季节会冬眠，如熊、蛇、青蛙、刺猬等。

（二）自然科学领域

1. 化学

1）物体的性质

学前儿童应能根据大小、形状、颜色、材质对物体进行分类和描述，如能识别出物质的不同类型，如固体、液体、气体等；能识别出物质的不同状态（可通过观察物体的溶解来学习，如图 3-1-4 所示）；能根据形状、颜色或其他属性来收集物体并对其进行分类。

图 3-1-4　观察物体的溶解①

2）化学反应

学前儿童应能指出物质发生的变化，如发现煤燃烧后产生废气，知道铁放置一段时间后会生锈等；能注意到食物在烹饪过程中发生的变化，如大小、色泽、硬度的改变等。

3）物质的本质

学前儿童应能知道所有的物质都是由原子、分子构成的，知道物质根据其状态可以呈现

---

① 此图片提供者为湖南省长沙市明德麓谷幼儿园杨千惠老师。

不同的形状,固体具有确定的形状,如冰、铁、木头等呈现块状,液体和气体呈现的是其所在容器的形状,如水装在杯子里,呈现的是杯子的形状。

2. 物理

1)物体的运动和静止

学前儿童应能探索和描述玩具(物体)的运动,能在游戏时评论各种物体的运动,如发现同一个玩具小轿车在不同坡度的斜坡上行驶时速度不同,磁铁对铁制品具有吸引特性等;能理解和描述物体运动的快和慢、去和回。

案例 3-1-3:有趣的斜坡①

活动目标:

①通过此次斜坡实验(见图 3-1-5),体验动手操作的乐趣,有合作意识。

②探索不同物体在斜坡上的运动状况,感知不同坡度的斜坡与物体运动的关系。

③能积极主动地探究问题,并用记录表进行简单记录。

材料构成:

①小车。

②1.2~1.5 米长的木板,高度不同的竹筒若干。

③粗糙的地毯、记录纸、笔等。

实验步骤:

①将不同长度的木板的一端先分别放置在高度不同的竹筒上,构成不同坡度的斜坡。

②让小车分别从不同坡度的斜坡顶上向下行驶,观察小车行驶的速度快慢及停下来时距坡顶的距离长短,并记录在表上。

图 3-1-5 斜坡实验②

③在斜坡上面放上粗糙的地毯,再次放上小车,让小车与之前一样行驶,观察并记录。

建议:

控制好变量与不变量之间的关系,每次只能有一个变量,其他均为不变量。

适应年龄阶段:5~6 岁(幼儿园大班)。

2)声音的本质(波)

学前儿童应能创建和描述不同的声音,如能根据不同的属性分类和创建声音;能在室内或室外聆听声音,并能识别出声音的大小等;能识别出声音的来源;能使用乐器发出声音。

3)能量

学前儿童应能理解太阳光对于生命体与非生命体而言是一种重要的能量,并且知道某

---

① 案例作者为湖南幼儿师范高等专科学校学前教育专业毕业生杨孟霞、辛仪。

② 此图片提供者和活动实施者为湖南省常德市石门县蒙泉镇中心幼儿园丁琼老师。

些能量是所有生命体保持生命和成长的必需之物,如能知道基本的能量类型(如太阳能、风能、水能)和来源;能对基本的能量类型和来源进行描述和评论;能识别出植物和动物需要什么能量才能生长。

(三)地球和空间科学领域

1. 地球的结构、过程和周期

1)地球的特征及变化的过程

学前儿童应能对不同的地质材料进行分类,如能使用放大镜探索岩石、土壤;能观察地球物质并回答相关的问题,如正确区分大理岩、花岗岩、板岩等生活中常见的岩石;能使用感觉器官和简单的工具去探索地质材料的性质和特点。

案例3-1-4:金刚泥印章①

活动目标:

①体验动手操作的乐趣。

②知道金刚泥的一些基本特点,如黏性、硬度等。

③能够使用金刚泥制作自己喜欢的印章。

材料构成:金刚泥、雪糕棍、牙签、颜料、刷子、白板纸。

制作方法:

①把金刚泥捏成常见印章的形状,如长方体或圆柱体,将准备刻字或图案的一面用雪糕棍抹平,用牙签在抹平的一面刻上想印的字或者图案。

②印章制作好了以后,用刷子蘸取颜料在刻好的一面刷上自己喜欢的颜色。

③拿出白板纸,将印章上的字或者图案印在白板纸上。

适应年龄阶段:4~6岁(幼儿园中班、大班)。

注意事项:

①刻字或者图案的一面一定要抹平。

②用牙签刻完后要剔除多余的泥,使字或图案更清晰。

2)水

学前儿童应能识别出水的各种用途,如能识别出水的各种使用方式,包括饮用、洗涤、浇灌植物、灭火、划船、养鱼等;能在游戏中探索水;能观察出水的各种状态差异,如冰块、雪花、水蒸气等。

案例3-1-5:水能附着在哪些地方?②

学习目标:

欣赏水滴附着的美感和力量。

---

① 案例作者为湖南幼儿师范高等专科学校学前教育专业毕业生袁麒婷、方圆媛。

② 哈兰,瑞维金.儿童早期的科学活动——一种认知与情感相整合的学习模式[M].9版.许倩倩,译.南京:江苏教育出版社,2012:231.

活动材料：

直径为5厘米的咖啡杯；6个透明的塑料酸奶杯盖(没有弄脏的)；尽量为每个儿童各准备一个透明的盖子；胶布；放大镜；一杯热水；草棒、树枝若干。

活动准备：

①把一个透明的塑料酸奶杯盖放在热水杯上，远离儿童可触及范围。和儿童一起等待水蒸气在盖子上凝结，直到出现清晰可见的小水珠。然后，把这个塑料酸奶杯盖和一个干燥的塑料酸奶杯盖用胶布固定在一起，形成一个封闭的空间。

②用为儿童准备的透明盖子收集凝结的水滴，供每个儿童继续观察或用草棒、树枝对水滴进行触碰。

③剪掉4个酸奶杯盖的边缘。

室内小组活动：

①引导儿童回忆关于水的凝结的学习经验。然后，请他们互相传递水滴样本和用放大镜进行观察。在等待水滴凝结的过程中引导儿童定时查看杯盖，如"让我们看看这些漂亮的水滴需要多长时间才能附着在塑料杯盖上"。

②在一个剪去边缘的酸奶杯盖上喷洒一些水，用另一个剪去边缘的酸奶杯盖与之相贴合。教师引导儿童进行实验，如"试着把这两个盖子分开。你们有什么感觉？再试试把两个干燥的盖子分开。这两种感觉有什么区别？"。

③请儿童用手指蘸水，看看水滴需要多长时间才会从手指上滴落。

④带领儿童拿上一桶水和一些管子到户外，请儿童观察水能附着在操场上的哪些物体上，引导儿童体会，如"你们觉得水能紧紧地附着在别的东西上面，并且还能让我们摸到吗？"。

3）天气和气候

学前儿童应能根据可观察到的环境识别出相应的季节，并知道天气如何影响人们的日常生活，如能说出四季及特定季节可观察到的环境状况，包括落叶、下雪、下雨、树发芽、草绿；能根据季节的环境条件匹配相应的服装和活动，如下雨时应使用雨伞，室外变寒冷时应穿棉衣、戴帽子、围巾和手套；能使用温度计去测量气温；能讨论当前影响社会生活的天气事件。

2. 宇宙的起源和演变

学前儿童应能识别出白天天空中和黑夜天空中的物体，如能谈论在白天天空中和黑夜天空中发现的事物，包括月亮、太阳、星星、云朵；能区分白天天空中和黑夜天空中的物体；能观察和描述不同类型的云朵。

案例3-1-6：不是所有的岩石看起来都一样[①]

设计意图：从一定距离看一堆岩石，非常像是相同的岩石聚集在一起。但实际上，每一

[①] 温尼特，威廉姆斯，舍伍德，等.科学发现——幼儿的探究活动之二[M].刘占兰，易凌云，曾盼盼，译.北京：北京师范大学出版社，2005：52-53.

块岩石在世界上都是独一无二的。这个观察活动是使幼儿集中观察岩石的外部特征。

活动准备：

①物质准备：四块岩石，四个放大镜，纸袋，科学发现日记。

②经验准备：教师提前熟悉岩石的特性，如颜色、形状、质地、光泽等。

活动过程：

①将幼儿分组，每四人一组，要求每个幼儿选一块岩石，并向小组内的同伴描述这块岩石。

②请幼儿在科学发现日记中把他们的岩石画下来。

③提醒幼儿用放大镜仔细观察自己的岩石的颜色、形状等特征。

④要求幼儿把每一块岩石放进纸袋里，轻轻地摇晃。

⑤邀请每组中的一名幼儿把岩石倾倒在桌子上。提问："你能找到你的岩石吗？你怎么知道这块岩石是你的？"请幼儿相互交流："告诉你们小组中的同伴你怎么知道这是你的岩石。"

⑥请幼儿找一个同伴，要求两人有差不多大小、同样颜色或具有其他可比较的特征的岩石，并比较两块岩石。

⑦发放岩石和土壤单元的家庭联系活动卡。

(四)环境和生态领域

1. 生态素养

1）周围环境

学前儿童应能识别出周围环境中的生命体与非生命体，如能按照生命体和非生命体来对周围环境中的事物进行分类，如将公园的池塘、树等划分为一类，将健身设施、房屋等划分为另一类；应知晓周围环境的特点，如生活在海边的儿童察觉到大海的涨潮退潮规律，能合理避开环境中的危险因素。

2）能量流

学前儿童应知道植物需要阳光，动物需要食物；初步认识能量的传递，如动物吃植物可以获取能量。

2. 流域、湿地和水生生态系统

1）流域

学前儿童应能识别出各种水域，如能识别出本地的水体，包括河流、湖泊、小溪、池塘等；能区别流动的水和静止的水，初步理解水循环。

2）湿地

学前儿童能知道湿地是地球生态系统的一部分，如能知道生态系统主要指生物及其周围事物所构成的共同体；能理解湿地是一种生态系统，湿地的生物需要依靠大量的水来生存；能在活动室进行有关湿地的活动。

3）水生生态系统

学前儿童应能理解水里和陆地的栖息地,如能理解栖息地是某种生物获取基本生存条件的场所,如白鹭通常栖息于湖泊、河流、沼泽等地带,以当地的小鱼、黄鳝、蛙等为食物;能说出动物可以生活的不同地方;能按照水栖和陆栖将动物进行分类匹配;能通过绘画、口述等描述一个特定的栖息地。

3. 自然资源

1）自然资源的使用

学前儿童应能知道环境是如何满足人们日常生活需求的,如能理解人们使用的东西都是由环境中发现的物体所制成的;能将人们使用的简单物品与自然资源进行匹配,如牛奶对应奶牛、建筑木材对应树木、羊毛对应羊群。

2）自然资源的获取

学前儿童应能识别出人们日常生活中可以获取的自然资源,如能知道自然资源是来自环境的材料,并能被人类所使用;能讨论和使用来自周围环境的自然物品。

4. 农业与社会

农业与社会素养有一个指标维度,即技术对农业的影响,指学前儿童应能认识家庭和幼儿园园艺中所使用的基本工具,如能讨论和回答有关农业种植方面的问题;能认识并使用一些简单的劳动工具。

5. 人类与环境

1）维持性

学前儿童应能识别出维持人类生存所需要的东西,如能知道人类是一种生命体,能说出人类需要空气、食物、水源、住所、衣服来生存。

2）害虫管理

学前儿童应能识别出自然环境中对人类、宠物以及其他生命体有害的东西,如能识别并避开周围环境中的不安全事物及情况;能讨论有害的植物、昆虫和动物,并能分享相关的个人经验。

3）污染

学前儿童应能识别出人类污染环境的方式,如能知道废弃物对环境会产生负面的影响;能进行实验以了解废弃物是如何影响环境的;能知道废弃物处理的方式。

4）垃圾管理

学前儿童应能识别出人类每天活动所产生的废弃物,如能根据可回收利用和不可回收利用来将垃圾进行分类;能将垃圾回收作为日常生活的一部分。

案例3-1-7:垃圾分类

爱护环境,人人有责!为了让孩子们从小树立环保意识,了解垃圾对环境的危害,也了解如何对垃圾进行分类,珍爱地球,倡导低碳生活,某幼儿园中班开展了"小小环卫士"科学活动。教师首先让幼儿依次观看优美环境与恶劣环境的对比图片,激发幼儿保护环境的欲望,然后告诉他们垃圾分类的方法(可回收的垃圾包括废纸、塑料、玻璃、金属、布料等,不可回收的垃圾包括烟头、果皮、菜叶、鸡毛、煤渣、建筑垃圾、油漆颜料、食品残留物等),如图 3-1-6 所示,又向幼儿介绍了两种环保垃圾桶,紧接着开展了垃圾分类的比赛,巩固幼儿对垃圾分类的认识,最后在《小小环卫士》歌曲声中结束活动。(见图 3-1-7)

图 3-1-6　教师在讲解垃圾分类①

图 3-1-7　幼儿在给垃圾分类②

(五)计算机和信息技术领域

1. 新兴技术的影响

学前儿童应能识别出各种在幼儿园和家里所使用的信息技术,如能在使用或展示相关技术时用正确的词汇加以说明,包括电话、电脑、电视、相机、电子阅读器;能围绕信息技术主题讨论相关的个人经验。

2. 数字公民

学前儿童应能负责任地使用信息技术和设备,如能使用信息技术设备完成基本的任务,包括打开计算机、使用数码相机拍照、使用录音机录音;能根据自己的目的运用信息技术;能根据既定规则运用信息技术,包括时间限制、安全规范等;能根据既定的任务选择相关的信息技术。

3. 硬件

学前儿童应能在提示和支持下,识别出电脑系统的外围设备,包括输入和输出设备;能

---

① 此图片是湖南幼儿师范高等专科学校学前教育专业学生粟梦霞在常德市美麟幼儿园拍摄的。
② 此图片是湖南幼儿师范高等专科学校学前教育专业学生粟梦霞在常德市美麟幼儿园拍摄的。

使用适宜的术语命名电脑的组件,包括鼠标、键盘、打印机、屏幕等。

4. 输入技术

学前儿童应能正确地使用简单的输入技术,包括鼠标、触摸屏、麦克风等;能根据自己的预期目的使用输入技术;能按照制定的规则使用输入技术。

5. 软件

学前儿童应能在成人的帮助和支持下,根据预期的目的选择和使用各种软件,如能描述出软件的某个使用目的;能根据活动目的在活动室软件库中选择相应的软件。

6. 数字媒体

学前儿童应能在成人的帮助和支持下,识别出文本、图形、音频、视频等之间的相似性和差异性,如能描述各种类型的媒体,知道这些媒体使用什么技术传播信息,以及它们都由什么组件构成,如词语、图像等;能描述出各种媒体中自己喜欢的类型。

7. 技术研究

学前儿童应能在成人的帮助和支持下,使用网络浏览器查找特定内容的网站,如能生成或选择一个主题进行学习;能在教师或同伴的引导下使用网络浏览器查找相关主题的信息。

8. 职业中的新兴技术

学前儿童应能在成人的帮助和支持下,识别出工作场所使用的各种技术,如能在医生扮演游戏中,尝试使用真正的医学设备或模型;能识别出建筑工作中各种类型的工具和材料;能谈论工作场所使用的各种交通工具,如工程车、消防车、船只、飞机等;能在建构区使用锤子和钉子、螺丝刀和螺丝进行活动;能运用3D打印技术进行自己动手制作(do it yourself,DIY)活动。

> **案例 3-1-8:金鱼失窃案**
>
> 在"金鱼失窃案"活动中,王老师首先导入警察破案的故事,激发幼儿的探索兴趣;接着,介绍紫外线手电筒,并引导他们认识指纹,尝试记录和比较斗形指纹、弓形指纹和箕形指纹的不同;而后,让他们分组寻找并记录斗形指纹、弓形指纹或箕形指纹,使他们进一步感知指纹的细微差异;最后,教师引导幼儿根据指纹的位置尝试进行有依据的分析、推理,寻找"嫌疑人"。

任务二 学前儿童科学教育内容的选择

> **小组建构活动:翻转课堂——科学教育内容的编排**
>
> 1. "创办"一所幼儿园
>
> 以3~5人为一组"创办"一所幼儿园,选好地址,取好名字。

2. 设计科学教育内容

小组成员合作讨论,为本组"创办"的幼儿园设计一个学期的科学教育内容,可任选年龄段。

3. 代表分享

请每组派代表介绍本组讨论结果,并解释这样设计的理由。

4. 评价与总结

各组间互评,教师总结。

一、学前儿童科学教育内容选择的依据

学前儿童科学教育内容是学前儿童科学教育的组成部分,是学前儿童科学教育目标的具体化,也是学前儿童科学教育目标能否实现的关键所在。学前儿童科学教育内容十分丰富,在选择内容时,不仅要根据《纲要》和《指南》的主要精神,结合儿童认知发展的特点,也要考虑学前儿童科学教育的目标,同时还要体现科学本身的特点和规律。

(一)依据《纲要》和《指南》的主要精神

学前儿童科学教育内容的选择要根据《纲要》和《指南》的精神。《纲要》是幼儿园开展一切教育活动的指南,其中提出了3~6岁儿童科学教育的内容和要求。《指南》中没有明确规定学前儿童科学教育的内容,但在每个年龄阶段的发展目标中都对相关内容进行了体现,为我们选择学前儿童科学教育内容提供了参考。《纲要》和《指南》是广大幼儿教育工作者开展学前儿童科学教育活动的重要依据。幼儿园教师要充分领会《纲要》中的主要精神,同时结合《指南》来指导自己的教育实践工作。

> **知识宝库**
>
> **《纲要》中对科学领域的内容与要求**
>
> 1. 引导幼儿对身边常见事物和现象的特点、变化规律产生兴趣和探究的欲望。
>
> 2. 为幼儿的探究活动创造宽松的环境,让每个幼儿都有机会参与尝试,支持、鼓励他们大胆提出问题,发表不同意见,学会尊重别人的观点和经验。
>
> 3. 提供丰富的可操作的材料,为每个幼儿都能运用多种感官、多种方式进行探索提供活动的条件。
>
> 4. 通过引导幼儿积极参加小组讨论、探索等方式,培养幼儿合作学习的意识和能力,使幼儿学习用多种方式表现、交流、分享探索的过程和结果。
>
> 5. 引导幼儿对周围环境中的数、量、形、时间和空间等现象产生兴趣,建构初步的数的概念,并学习用简单的数学方法解决生活和游戏中某些简单的问题。
>
> 6. 从生活或媒体中幼儿熟悉的科技成果入手,引导幼儿感受科学技术对生活的影响,培养他们对科学的兴趣和对科学家的崇敬。
>
> 7. 在幼儿生活经验的基础上,帮助幼儿了解自然、环境与人类生活的关系。从身边的小

事入手,培养幼儿初步的环保意识和行为。

注意:《纲要》中科学领域包括科学探究和数学认知,这里的第5点指的是数学认知方面的内容与要求,其他的6点指的是科学探究方面的内容和要求。本书专门阐述科学探究方面。

(二)适合学前儿童认知发展的特点

要确保学前儿童科学教育内容的科学性、可行性、实效性,在选择学前儿童科学教育活动时就需要从3~6岁儿童身心发展的特点出发。这阶段的儿童正处于由直觉行动性思维向具体形象性思维过渡、抽象逻辑思维开始萌芽的阶段,他们对周围世界充满好奇心与求知欲,总是爱问"这是什么?""那是什么?""为什么?",他们只能理解一些简单的科学现象。所以,选择科学教育内容时要考虑学前儿童的身体状况、年龄特点、思维特点,从他们身边的事物与现象中选择他们能够理解和体验到的内容。

(三)符合学前儿童科学教育的目标

教育目标指明了教育要达到的标准或要求,是开展教育活动的依据。学前儿童科学教育内容是学前儿童科学教育活动目标的细化、具体化,是实现学前儿童科学教育活动目标的重要载体。根据目标选择活动内容时需要注意的是,一项目标可以通过多种内容来实现,如"学会运用多种感官感知物体的外部特征",就可以选择动物、植物和科技产品等教育内容来达成目标。所以,教师在选择学前儿童科学教育内容时必须以学前儿童科学教育目标为依据,这样才能确保目标得以实现。

(四)遵循科学自身的特点和规律

科学是反映客观事实和规律的知识体系,同时也是人们探索世界、获取知识的过程,还是看待世界的方法和态度。它特别强调尊重客观事实,反对个人主观臆断,重视获取科学知识的过程、方法和态度,这是科学本身的特点。教师选择学前儿童科学教育活动内容时要体现科学自身的特点和规律。

二、学前儿童科学教育内容选择的原则

(一)科学性和启蒙性原则

科学性是指学前儿童科学教育的内容应符合科学规律与科学原理,不违背科学事实。启蒙性则是指学前儿童科学教育内容应该符合学前儿童的年龄特征。

科学教育首先必须具有科学性,这种科学性不仅表现在科学知识上,还表现在儿童探索科学知识的方法与途径上。此外,学前儿童受自身认知发展水平和理解能力的制约,只能接受和理解较为粗浅的科学教育内容,因此科学教育还必须具有启蒙性。

作为学前教育工作者,幼儿园教师选择科学教育内容时必须处理好科学性和启蒙性之间的关系。没有科学性,就无法称之为科学教育;而没有启蒙性,则不适用于学前儿童。要兼顾科学性与启蒙性原则,就是要求幼儿园教师在选择内容时考虑科学性,在内容的范围和深度上遵循启蒙性原则。

表3-2-1是某幼儿园科学教育活动安排表,从一定程度上反映了幼儿园在科学教育内容

选择上的科学性和启蒙性。

表 3-2-1　某幼儿园科学教育活动安排表

周　次	小　班	中　班	大　班	备　注
第二周		放大与缩小	自然界中的放大镜	第五周为国庆放假期间,各班没有安排活动;刚入园(第一周)、小班前九周没有安排科学活动
第三周		水中悬蛋	悬浮的奥秘	
第四周		生鸡蛋与熟鸡蛋	有趣的虹吸现象	
第五周				
第六周		水果大变身	放到水中的东西	
第七周		筷子的神力	油水分离	
第八周		吹泡泡	瓶子赛跑	
第九周		音乐水杯	吸管比重计	
第十周	光滑与粗糙	纸杯风车	怎样熄灭蜡烛	
第十一周	认识软硬	会跳的纸杯	巧移乒乓球	
第十二周	闻一闻,尝一尝	纸团搞怪	大力士——纸	
第十三周	生活中的声音	水去哪儿了	让风车转起来	
第十四周	变色水	带电的报纸	不倒翁	
第十五周	玩风车	带电的气球	净水器	
第十六周	摩擦起电	筷子圆圈舞	灯泡亮了	
第十七周	大蒜发芽了	神奇的磁铁	纸中钻人	
第十八周	会发声的线	纸杯垒高	病毒来了	
备选	美丽的梅花	奇妙的影子	落下来	

说明:自然科学涉及丰富多样的内容,如动植物知识、化学现象等,存在于学前儿童日常生活中的各个领域,学前儿童可以通过适当的方式随时随地进行探索,但也不是什么内容都可以选用,应根据儿童的需要、兴趣与年龄特点来安排。

(二)广泛性和代表性原则

广泛性指的是选择学前儿童科学教育内容时要尽量覆盖社会生活的方方面面,确保科学教育活动能让学前儿童获得广泛的科学经验。代表性指的是选择学前儿童科学教育内容时要反映某一科学领域最基础、最典型的知识经验。

科学所涵盖的内容是丰富多样的,涵盖生物科学、自然科学、地球和空间科学、环境和生态、计算机和信息技术五大领域。幼儿园教师所选择的科学教育内容不能局限于某一个或几个方面,要让学前儿童认识到世界的多样性与多变性,帮助他们积累丰富的科学经验,培养广泛的科学兴趣。同时,在选择科学教育内容时,应该选择那些具有所在领域典型特征的基础知识,为学前儿童今后更深入、系统地学习该领域知识打下基础。

广泛性和代表性是相互联系、密不可分的。广泛的科学教育内容涵盖极具代表性的科学教育内容,而有代表性的科学教育内容构成了一个广泛而多样的科学教育内容体系。

中国"四大发明"

"四大发明"是中国古代创新的科学技术和智慧成果,包括造纸术、印刷术、火药和指南针,对中国古代的政治、经济、文化等方面的发展都起到了推动作用。"四大发明"的说法,源自英国汉学家李约瑟,之后被中国人所接受。

一、造纸术

纸的出现可以追溯到西汉时期,那个时候尽管已经出现了造纸术,但是制造工艺比较复杂,造纸材料也比较难找,并且制作出来的纸张也没那么好用,所以,西汉时期用纸进行书写并没有流行起来。东汉元兴元年,蔡伦改进了造纸术。他用树皮、麻头、敝布及渔网等原料,经过挫、捣、炒、烘等工艺制造的纸,是现代纸的原型。这种纸,原料容易找到,又很便宜,质量也提高了,逐渐被普遍使用。为纪念蔡伦的功绩,后人把这种纸叫作"蔡侯纸"。

二、印刷术

印刷术最早从唐代开始被发明,那时候的印刷术是雕版印刷。雕版印刷虽然可以印刷日历、佛经、诗歌,但每印刷一个新作品,就要重新雕刻印版,需要的时间成本和精力成本也比较高。直到北宋的时候,毕昇发明了活字印刷术。活字制版正好避免了雕版的不足,只要事先准备好足够的单个活字,就可随时拼版,大大地节省了制版时间。活字版印完后,可以拆版,活字可重复使用,且活字比雕版占用的空间小,容易存储和保管。这样活字印刷的优越性就表现出来了。活字印刷术的出现比欧洲早了400年,为中国文化乃至世界文化的发展做出了巨大的贡献。

三、火药

火药的发明可以说是偶然的,和古代的修仙炼丹家是分不开的。炼丹家炼制长生不老药,结果把火药给炼制出来了。火药的出现,改变了战争的原始形式。北宋时火药已在军事上广泛使用,东京设立"广备攻城作",制造火药和火器。宋仁宗时成书的《武经总要》记载了许多火器的制作方法。南宋时发明了"突火枪",管形火器的出现,开创了人类作战史的新阶段。

四、指南针

指南针的出现,最早可以追溯到战国时期,那个时候叫司南。随着劳动人民生活的慢慢改善,到了北宋人们已会使用磁针指南,后来人们把磁针装在罗盘上,制成指南针用于航海。南宋时指南针传到印度、阿拉伯、波斯等国,促进了各国航海事业发展,并为新航路的开辟和实现环球航行提供了重要条件。

(三)地方性和季节性原则

地方性是指学前儿童科学教育内容的选择应以学前儿童所在区域的自然资源、社会资源为主,做到因地制宜。季节性是指学前儿童科学教育内容的选择与编排应考虑季节特征,做到因时制宜。

学前儿童的思维以具体形象思维为主,这就决定了他们在认识事物时主要依赖直接经验,因而在选择科学教育内容时从学前儿童的身边环境中寻找他们经常看得见、感受得到的事物,更能引发他们的兴趣。每个季节都有着不同的特征,春华秋实,雨雪露霜,与此同时,动植物也随着季节而发生变化,如果要让儿童以亲身经历的方式了解大自然的季节变化,那么选择的科学教育内容就必须符合季节变化的规律。

地方性和季节性也是相互关联的,不同地域季节的特征完全不同,如云南昆明别称春城,该地气候温和,四季如春,而黄河中下游城市四季分明,这就决定了不同地域学前儿童科学教育内容的选择与编排各具特色。

表3-2-2中的主题反映了幼儿园科学教育内容选择上的季节性。

表3-2-2 幼儿园中班主题:春天来了

发展线索	感知积累	听(综合)
		走进春天(综合)
		在希望的田野上(社会)
		春天的花儿(综合)
		树叶的故事(综合)
	表现表达	春天的交响乐(科学)
		云与风的悄悄话(语言)
		春天的色彩(综合)
		多彩的春天(综合)
		温暖的春天到了(健康)
		百变树叶(科学)
		美丽的公园(美术)
		春天的美食(综合)
		春种(音乐)

说明:以季节为主线选编学前儿童科学教育内容是较为科学的,也是当前普遍采用的方法,可以让学前儿童通过对春天的真实体验和观察掌握一些自然科学知识。

(四)计划性和生成性原则

计划性是指在组织学前儿童科学教育活动前拟定科学教育计划,有了学前儿童科学教育工作计划,科学教育工作就有了方向。生成性是指教育内容脱离了事先的计划,在即时的情境、突发事件中,根据学前儿童在活动中提出的问题、所体现出的需要和兴趣做出临时调整,更改既定教学内容。

教学是一个有着严格计划的过程。对于幼儿园而言,首先要制订各年龄班的年度科学教育计划,明确全年科学教育工作的思路,提出年度科学教育的内容,然后根据年度计划制订出各年龄班科学教育的学期计划,明确学期科学教育内容,最后再制订出科学教育的月计划、周计划,最终形成一个完整的计划体系。学前儿童有自己的需要、兴趣和关注点,围绕学前儿童感兴趣的事物和想要探究的问题展开活动,并不断拓展科学教育的内容,有利于学前儿童积极主动地学习,真正内化其所接触到的科学知识与经验。

在学前儿童科学教育活动中,计划性和生成性是辩证统一的。计划性更强调教师的设计与安排,突出了教师在活动中的主导性;生成性更强调学前儿童的参与与表现,突出学前儿童的主体性。计划性要有弹性和开放性,给生成性腾出时间和空间,让师幼共同营造出无限的可能;生成性体现的是教育活动的动态性和开放性,意味着日常的教学活动不是简单地执行教育活动计划的过程,而是教育活动计划的再创造过程。由此可见,计划性是生成性的基础,生成性是对计划性的补充与超越。

技能实训

设计练习:幼儿园科学教育活动内容安排

(一)实训目标

1.掌握幼儿园科学教育内容安排的原则与方法。

2.能根据幼儿园的具体情况,结合幼儿年龄特点合理安排学前儿童科学教育内容。

3.通过课堂讨论感受学前儿童科学教育内容的严谨性与逻辑性。

(二)实训内容

以 3~6 人为一组,修改项目三任务二小组建构活动中完成的科学教育内容计划,完善一个学期的科学教育内容。

(三)实训过程

1.根据学前儿童科学教育内容的范围与选择原则,为项目三任务二小组建构活动中所"创办"的幼儿园修改、设计一个学期的科学教育内容。

2.每组派代表介绍为幼儿园设计的科学教育内容,并解释这样设计的理由。

3.全班投票表决,选出设计内容最为合理的一组,师生共同讨论、总结学前儿童科学教育内容的要点。

**项目考核**

一、选择题

1.在教育实践中,学前儿童科学教育内容的启蒙性应体现在( )。

A.选择儿童不熟悉的内容　　　　B.向儿童介绍当前先进的科学技术

C.儿童在教师指导下进行探索活动　　D.选择儿童可以理解的内容

2.注意内容必须符合科学原理,不能违背科学事实,这是学前儿童科学教育内容选择的( )要求。

A.科学性　　　B.启蒙性　　　C.地方性　　　D.计划性

3.下列选项中不符合学前儿童科学教育内容选编原则的是( )。

A.科学性　　　B.启蒙性　　　C.计划性　　　D.环境性

4.注意选编的内容必须符合学前儿童的知识经验和认知发展水平,这是学前儿童科学教育内容选择的( )原则。

A.科学性　　　B.启蒙性　　　C.计划性　　　D.生成性

5.学前儿童年龄小,科学教育的内容要体现( ),坚持激发他们学科学的兴趣和积极性,培养他们的科学素养和科学探究精神,而不过分强调科学知识本身。

A.科学性　　　B.启蒙性　　　C.计划性　　　D.代表性

6.下列关于学前儿童科学教育内容的叙述中,表述不正确的是( )。

A.学前儿童探索火与温度的内容可结合他们的日常经验

B.我们不能因用电危险就禁止学前儿童对电进行探究

C. 声音是无形的,因此学前儿童不能通过游戏或实验来探索

D. 力虽然无处不在,但却非常抽象,只能使学前儿童感觉到或看到力的作用,无法使他们直接看到力

7. 幼儿教师选择教育教学内容最主要的依据是(　　)。(2014年上半年教师资格考试"保教知识与能力"真题)

  A. 学前儿童发展需求　　　　　　B. 社会需求

  C. 学科知识特点　　　　　　　　D. 教师特长

二、简答题

1. 简述学前儿童"生态素养"的科学教育内容。

2. 阐述选择学前儿童科学教育内容的依据。

3. 如何理解学前儿童科学教育内容的范围？你认为还可以怎样划分学前儿童科学教育内容？

项目四

学前儿童科学教育的方法与途径

1.知识目标：了解观察法、实验法、游戏法、展示法、制作法、讨论法等学前儿童科学教育方法的内涵及运用要点等，掌握学前儿童科学教育的途径。

2.技能目标：能运用不同的科学教育方法，多渠道、多途径地组织、指导与评价科学活动。

3.思政目标：富有爱心和耐心，灵活掌握、综合运用幼儿园科学教育的各种方法，从情感上认同科学教育方法的精神实质，树立科学的教育观。

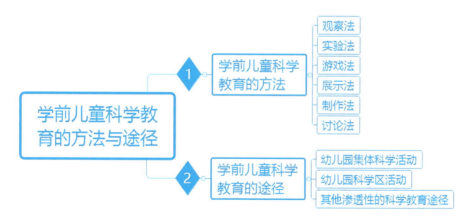

在一个阳光明媚的早晨，我（幼儿园教师）带着孩子们在操场上做操，发现"小捣蛋"一帆又出现状况了，他不好好做操，却在兴奋地手舞足蹈。刚想提醒他认真做操，只见一帆拉拉身边的同伴，用手指指地面，随后动作变得更加夸张。哦，原来他是边做操边在看自己的影子，身边已经有好几位同伴受他影响了。于是我不失时机地请一帆告诉大家他发现的"秘

"密",很快孩子们都开始兴奋地对着自己的影子做操。"老师,我的影子在这里。""这个最长的是老师的影子。""我动影子也动,我停影子也停。"今天的早操俨然变成了孩子们的"影子舞动大会"。

在接下来的几天中,孩子们依然对有关影子的话题保持着浓厚的兴趣:饭后散步时,有的孩子发现影子变短了;回家路上他们又发现影子越变越长;在树荫下游戏时,他们发现自己的影子不见了;在"影子躲猫猫"的游戏中,他们终于发现了影子和光的关系……在我的帮助下,他们发现了一天里什么时候影子会变长,什么时候影子会变短,等等。孩子们在好奇心的驱动下,通过我的支持、鼓励与引导,发现了好多关于影子的"秘密"。

请思考:

1. 如何对这个活动中教师的做法进行评价?
2. 本案例中,教师使用的是科学教育中的什么方法?
3. 学前儿童是通过哪些途径学习科学的?

知识概述

学前儿童的思维特点和学习方式与其他年龄段的儿童不同,学前儿童科学教育的目标与内容也具有独特性,因此,学前儿童科学教育的方法与途径有别于其他年龄段,也有别于幼儿园其他领域。学前儿童科学教育的方法是指学前儿童在现实生活的情境中或教师创设的情境中,通过发现问题、调查研究、动手操作、表达与交流等活动,获得对未知事物的完整理解的学习方式和学习过程。幼儿园科学教育的常用方法有观察法、实验法、游戏法、展示法、制作法、讨论法等。学前儿童的科学学习更多是在生活中进行的。学前儿童科学教育应积极倡导探究式科学教育,采取灵活多样的途径,渗透到学前儿童的生活中。学前儿童科学教育的途径主要包括幼儿园集体科学活动、幼儿园科学区活动及其他渗透性的科学教育途径。

任务一 学前儿童科学教育的方法

小组建构活动:幼儿园科学教育方法的讨论与分享

1. 观摩幼儿园科学活动

以全班或小组为单位网上观摩3~5个幼儿园科学活动,边观摩边记录活动过程。

2. 分析与讨论

以小组为单位,分析与讨论幼儿园科学活动中的教育方法。

3. 分享与总结

小组派代表分享小组结论,教师总结。

一、观察法

>>> |名人名言|……

观察、试验、分析是科学工作常用的方法。

——李四光

(一)观察法的内涵

认识始于经验,科学始于观察。观察是认识事物的主要方法,也是学前儿童需要养成的一种基本的学习技能。幼儿园科学教育中的观察法是指教师有目的、有计划地组织和启发学前儿童运用多种感官,去感知客观世界的事物与现象,使之获得具体的印象,并在此基础上逐步形成概念的一种方法。观察法是幼儿园科学教育活动最常用的方法之一,是其他科学方法运用的基础。

观察不只是看看而已,而是涉及以下过程:运用所有的感官;指出事物之间的相似和差异;观察事物和现象中的图样;指出所观察现象及周围世界中的结果和事件;解释观察结果。① 学前儿童可以通过看、听、闻、触、尝等方式观察。

第一,看。通过看,学前儿童可以观察物体的颜色、形状和大小等特征,观察物体的现象、运动和变化等。如在"认识树叶"的活动中,教师可以引导学前儿童对树叶进行观察(见图 4-1-1):"我们来看一看这些树叶是什么颜色、什么形状的,它们一样大吗?""秋天的时候,树叶还是现在的样子吗? 我们到时候再去看一看!"

图 4-1-1　观察树叶②

第二,听。通过听,学前儿童可以对声音进行辨别,包括自然界中动物的声音(如小狗的叫声、蚕吃桑叶的声音等)、植物的声音(如竹子生长的声音、风吹树叶的声音等)和其他自然

---

① 约翰斯顿.儿童早期的科学探究[M].朱方,朱进宁,译.上海:上海科技教育出版社,2008:30.
② 此图片为河南省新乡市吾幼幼稚园提供。

现象的声音(如流水的声音、下雨的声音等),也包括人在不同情绪下的声音、歌声等,还包括科技产品的声音、乐器演奏的声音等。

第三,闻。通过闻,学前儿童可以感知和辨别物体的气味特征,包括:自然界中的气味,如花香、果香、雨后泥土的芬芳等;生活中的气味,如饭菜的香味、醋的气味等。

第四,触。通过触摸,学前儿童可以进一步感知物体的特征,包括:有生命物体的特征,如有毛的狗、猫等和没毛的鱼、蜥蜴、蜗牛(见图 4-1-2)等摸上去分别是什么感觉;无生命物体的特征,如铁、木头、塑料、泡沫、布、纸等摸上去分别是什么感觉。

图 4-1-2　触摸蜗牛①

第五,尝。通过尝,学前儿童可以深入感知物体的味道,如酸、甜、苦、辣等特征。"认识大白菜"的活动中,学前儿童在通过看和触感知白菜的外部特征之后,在教师的鼓励下还品尝了白菜的味道,进而全方位了解白菜。"各种各样的水果"活动中,学前儿童从颜色、气味等方面感受各种水果的不同之后,还品尝了苹果、柠檬、西瓜等水果,感知各种水果的味道。

案例 4-1-1:用听觉进行观察的活动②

年龄:3～5 岁。

目的:倾听不同物体落到桌面上时发出的声音。

收集落到桌面上发出不同声音的物体若干。建议这些物体可以包括硬币、纸夹、橡皮擦、橡皮圈、棍子、钥匙、铅笔、空心粒子、书、糖果、岩石、空罐、铃铛、塑料杯等。让幼儿手拿每一个物体,并使物体保持距离桌面 5 厘米左右的高度,然后松开物体使之落下,并用一个或更多的词汇描述物体落在桌面上时发出的声音(叮当作响、砰的一声、轰然一声、撞击声等)。

让幼儿说说声音是响亮的还是柔和的。让他们尝试将物体从不同的高度落下,听听物体的声音是否受高度的影响。

案例 4-1-2:用触觉进行观察的活动③

年龄:3～6 岁。

目的:观察不同织物的质地。

---

① 此图片为河南省新乡市吾幼幼稚园提供。
② 马丁.建构儿童的科学——探究过程导向的科学教育[M].杨彩霞,于开莲,洪秀敏,译.北京:北京师范大学出版社,2006:43.
③ 马丁.建构儿童的科学——探究过程导向的科学教育[M].杨彩霞,于开莲,洪秀敏,译.北京:北京师范大学出版社,2006:43-44.

用不同质地(如丝、法兰绒、毡布、缎带、灯芯绒、毛巾布、粗麻布、人造毛皮等)的织物各剪出两个正方形,以形成两套材料。让幼儿触摸其中的一套,并说出触摸每种织物的感觉(是柔软的、光滑的还是粗糙的等)。将另一套材料放入一个纸袋中。当幼儿熟悉了每种织物的手感之后,教师出示一种织物,请幼儿将手伸进纸袋里,凭触觉找出与之相同的织物。

(二)观察法的类型

从不同的角度,观察法可以分为多种类型。这里主要介绍在学前儿童科学活动指导中的三种重要的观察方法,即顺序观察法、比较观察法、典型特征观察法。

第一,顺序观察法就是根据观察对象外部结构的特点,有顺序地进行观察,如从整体到局部或从局部到整体,从左到右或从右到左,从上到下或从下到上,从明显特征到不明显特征或从不明显特征到明显特征等。例如,观察植物一般按照根→茎→叶→花→果实的顺序,也可以按照果实→花→叶→茎→根的顺序;观察动物一般按照头→身→尾→四肢的顺序。观察顺序不是机械的,可根据具体情况灵活处理,但不能杂乱无章地观察。

第二,比较观察法就是同时观察两种或两种以上的事物,对其不同因素进行对照和辨别。可提供对比物将观察对象与其他事物进行比较,如认识水是无色的,可将水与牛奶、豆浆、果汁进行对比;可将眼前的事物与过去认识的事物进行比较,如观察柚子时,可与曾吃过的橘子、橙子进行比较;也可从观察对象自身比较,如比较兔子的前腿和后腿长短的差异,知道兔子走路一蹦一跳的特点。因为事物的不同点易被观察到,而事物的相同点却要经过比较、概括才能被发现,所以,一般引导学前儿童先观察、比较事物的不同点,再观察、比较事物的相同点。

第三,典型特征观察法就是从事物的明显特征入手,再引导学前儿童对物体的全部进行观察。如认识兔子从红眼睛、长耳朵、短尾巴开始;认识大象从大耳朵、长鼻子开始;认识猫从"喵喵"的叫声开始。

(三)观察法的运用

在运用观察法时,教师要注意以下几点:第一,尽量为学前儿童提供实物、实景,以便学前儿童获取真实的经验;第二,调动学前儿童多种感官,便于使学前儿童形成对观察对象的全面认识;第三,引导学前儿童从多角度观察,对事物形成完整的认识;第四,"授之以渔",引导学前儿童学会观察的方法。

案例 4-1-3:饭后散步时的邂逅①

饭后去草地上散步,孩子们对山坡上的小草产生了兴趣。

幼儿A:老师你发现没,小山坡两边的草长得不一样!

幼儿B:呵呵,这边是春天,那边有点光秃秃的是冬天!

师(我):这是什么原因呢?

幼儿A:是不是踩的人太多了,小草都钻不出来了、长不高了呀?

幼儿B:老师我知道,这边的小草雨淋得多,太阳晒得多,那边小草的雨和阳光都被大树

---

① 案例作者为江苏省无锡市泰伯实验幼儿园集团园邵燕萍老师。

遮住了。

师(我):有可能哦!

于是,我带他们参观了种在活动室门口的向日葵,他们发现,同一时间种下的向日葵,有的长得又高又粗,有的却又短又细。

幼儿B:肯定是有的向日葵偷懒了!不肯好好"吃饭"才长不高的吧!

幼儿C:老师,我发现这边的阳光被大树遮住了。

幼儿B:怪不得长不高,营养不够了!

随后的几天里我们一起观察,发现光照充足的向日葵都长得较好,那些阳光很少照到的向日葵长得又细又短。我们还发现,幼儿园的大树,向阳的一面长得特别茂盛;植物角的植物都是朝着阳光的方向生长的……孩子们对植物生长和生长环境的关系产生了浓厚的兴趣。

互动探究

秋天到了,树叶黄了,天气凉了,王老师想设计一个以"秋"为主题的观察活动。如果你是王老师,你会从哪些角度来设计?

二、实验法

名人名言

行动生困难;困难生疑问;疑问生假设;假设生试验;试验生断语;断语又生了行动,如此演进于无穷。

——陶行知

(一)实验法的内涵

实验是科学实践的重要形式,是获取信息和检验理论的基本手段。幼儿园科学教育中的实验法是在人工控制条件下,教师或学前儿童利用一些材料、仪器或设备,通过简单演示或操作,对周围常见的科学现象加以验证的一种方法。实验能充分调动学前儿童参与的主动性、积极性,有利于学前儿童理解一些简单的科学现象和知识,体验科学探究的本质,还能培养学前儿童对科学的兴趣,锻炼其动手操作能力和思维能力,使其养成实事求是的科学态度。

幼儿园科学教育中的实验与研究自然科学的实验法不同,其特点在于:幼儿园科学教育中的实验仅是重复前人的实验,不要求有新的科学发现,往往是一些有关事物明显的、表面的因果关系;实验内容和操作方法以及对变量的操纵和控制比较简单,学前儿童在较短的时间内就能见到实验结果;实验常采用游戏的形式进行(如平衡土豆,见图4-1-3),学前儿童是在有趣的活动中生动活泼地进行科学探索的。

(二)实验法的类型

学前儿童科学实验的分类标准有两种:一是依据实验目的的不同,可以分为探索性实验

图 4-1-3　平衡土豆[1]

和验证性实验;二是依据实验操作者的不同,分为教师演示实验和学前儿童操作实验。

第一,探索性实验和验证性实验。探索性实验是人们根据一定的目的创造一定的条件,探索前所未知的自然现象或物质现象的实验。验证性实验是指对研究对象有一定了解,已经形成了一定认识或提出了某种假说,为验证其是否正确而进行的一种实验。

第二,教师演示实验和学前儿童操作实验。教师演示实验是由教师操作实验的全过程,学前儿童观察实验的过程、现象、变化和结果的实验形式。这种实验一般是在实验难度较大,学前儿童操作困难的情况下采用的。这类实验的优点是实验目的明确,实验步骤条理有序,便于学前儿童科学教育活动的组织开展;缺点是会限制学前儿童的思维,影响学前儿童的自主探究。例如,"火山爆发""静电"等就属于教师演示实验。学前儿童操作实验是由学前儿童自己动手操作,并参与实验全过程的实验形式。这类实验步骤简单、易行,实验材料充足、安全,实验过程生动、有趣,可以让学前儿童充分观察实验过程中的现象和变化,通过反复操作和尝试,满足学前儿童的好奇心和求知欲,提高实验兴趣,使其掌握的科学概念和知识更加牢固。例如,"会变的颜色""沉与浮"等就属于学前儿童操作实验。

(三)实验法的运用

在运用实验法时,教师要指导学前儿童使用工具和材料,交代实验规则并保证学前儿童安全。教师演示实验时注意:第一,要做好预备性实验,有条件的还可以多做几遍,以免演示时发生意外;第二,要注意桌子的摆放、仪器的大小、演示的速度等,以便使每个学前儿童都能看到,并且能看清楚;第三,要注意将演示和讲解、提问相结合。

案例 4-1-4:蜡笔会下沉还是上浮?[2]

年龄:5~6 岁。

目的:预测特定的蜡笔会上浮还是下沉。

---

[1] 此图片提供者和活动实施者为湖南省常德市石门县蒙泉镇中心幼儿园刘倩老师(副园长)。

[2] 马丁.建构儿童的科学——探究过程导向的科学教育[M].杨彩霞,于开莲,洪秀敏,译.北京:北京师范大学出版社,2006:118.

为儿童准备各种蜡笔和一盆水。请他们每次选择一支蜡笔并预测它会下沉还是上浮。然后,请他们拿每支蜡笔都实验一下,看看将会出现什么情况。

当儿童把蜡笔放到水盆里面,可能会发生这样的情况:有的蜡笔下沉,有的蜡笔浮在水上。请儿童想想:为什么有些蜡笔下沉而有些却漂浮着?是因为蜡笔的颜色还是因为蜡笔上的包装纸?是因为蜡笔的长度还是因为蜡笔的厚度?请儿童探究每一个原因并排除掉其他一些无关的因素。例如,他们可以撕掉包装纸,看一下包装纸是否对蜡笔沉浮有作用;也可以把蜡笔弄断使它们变得一样长,看一下长度是否对蜡笔沉浮有作用。

互动探究

幼儿园中班挂镜子的钉子掉了,教师就把镜子随手放到了窗台上。中午的时候,阳光照在镜子上,天花板上出现了一个光斑。这引起了孩子们的兴趣。孩子们的兴致非常高。假设你是这个班的教师,请设计一个小实验,与孩子们一起对光与影的知识进行探究吧!

三、游戏法

名人名言

游戏是儿童最正当的行为,玩具是儿童的天使。

——鲁迅

(一)游戏法的内涵

游戏是学前儿童最喜欢的活动。学前儿童科学教育中的游戏法是指学前儿童利用自然界的物质材料、科技玩具、图片等,进行具有游戏性质的操作活动,它是学前儿童科学启蒙的一种有效方法。科学游戏让学前儿童成为活动的主人,实现"玩中学",保持必要的"张力",在自由、愉悦、轻松的心态中学习科学。

(二)游戏法的类型

学前儿童科学游戏的内容丰富,形式多样,包括感官游戏、操作游戏、情景性游戏、运动性游戏等。

第一,感官游戏,主要是让学前儿童运用感觉器官,感知、辨别自然物体的属性和功能。依据参与感知的感官的不同,感官游戏分为视觉游戏、听觉游戏、嗅觉游戏、触摸觉游戏等。感官游戏需要在一种心平气和的心境下进行,否则,会因心浮气躁影响感知的效果。幼儿园通常在小班会进行一些感官游戏。如"黑箱"(或"摸箱")游戏就是一种训练触摸觉的游戏;而"气味瓶"游戏则可以训练嗅觉。

第二,操作游戏,指的是通过提供操作玩具或实物材料,让学前儿童在自由的操作过程中(有时教师也要订立一定的操作规则)获得有关科学经验的游戏。操作游戏一般是学前儿童的个别游戏,在游戏内容和游戏材料的提供上和区域活动类似,但是教师的指令性要求及干预指导更少。以光学游戏为例,万花筒、三棱镜、放大镜、望远镜、潜望镜等都是有趣的玩具,学前儿童都需要通过操作的方式游戏。

第三,情景性游戏。这种游戏是教师根据一定的意图,随机或创设特定的情景,让学前儿童观察、思考，从中发现事物之间的联系，让他们运用已有的知识经验，反映、再现或表演对事物的理解，或运用已有知识经验处理特定情景下遇到的问题等。如"堆雪人"游戏，学前儿童可以用各种创造性的方式来表现雪融化的过程，在这个游戏中，学前儿童不仅可以再现和雪有关的科学经历，而且可以获得无穷的乐趣。

第四，运动性游戏。这种游戏是寓科学教育于体育活动的游戏，适宜在室外进行，活动量较大，如捉影子、吹泡泡、玩水、玩沙、堆雪人、玩跷跷板、放风筝、玩风车、打电话等。运动性游戏十分符合学前儿童好活动的特点，可以激发他们的学习热情，发展活泼开朗的个性，还可以让学前儿童亲身感受并进一步理解事物的特性，加深对事物及科学现象所产生的因果关系的理解。

(三)游戏法的运用

在运用游戏法时，教师要考虑以下几点：第一，把握游戏的科学性，保证知识内容准确，难度适中，符合科学教育的目的要求和学前儿童学习的可能性；第二，帮助学前儿童理解游戏的规则；第三，保证充足的游戏时间；第四，注意观察学前儿童的游戏过程，并给予适时、适度的引导。

> **互动探究**
>
> 大自然中有许多不同的声音，如鸟鸣、狗吠、风吹树叶、车辆飞驰而去的声音等，为了让学前儿童辨别不同的声音是来自哪里的，请你设计一个科学小游戏吧！

四、展示法

> **名人名言**
>
> 儿童有一百种语言。
>
> ——马拉古兹

(一)展示法的内涵

展示法是教师向学前儿童展示与介绍某物品、现象，或者教师或家长创造条件，鼓励学前儿童运用各种方法充分地表述自己的作品或发现的方法。

(二)展示法的类型

学前儿童的展示主要包括实物展示和记录展示。实物展示就是将学前儿童的作品直接拿来进行展示，而记录展示则主要以照片展示、记录单展示为主。记录单的形式比较多样，有以数字为主的记录单，有以符号为主的记录单，也有以图画为主的记录单。记录单可以由教师提供，也可由学前儿童自己动手制作。教师可以根据不同活动和学前儿童的特点，选择适合活动和学前儿童的记录单形式，可以是单一的记录形式，可以是几种记录形式的综合使用，也可以由学前儿童自主选择和组合运用自己喜欢的记录形式。（见图4-1-4）

图 4-1-4　记录与展示①

(三)展示法的运用

在运用展示法时,教师要注意以下几点:第一,给学前儿童足够的时间展示自己的作品;第二,让学前儿童在展示作品的同时表达自己的发现,教师不要替代表达。

五、制作法

名人名言

应该记住,我们的事业,需要的是手而不是嘴。

——童第周

(一)制作法的内涵

制作法在学前儿童科学教育领域又称作科技小制作,是学前儿童在教师的指导下,运用一定的材料和工具,通过实际操作,制作各种简单的玩具或陈列品的方法。科技小制作是对学前儿童进行技术教育的重要方法,一方面能够锻炼学前儿童动手操作的能力,另一方面能够加深他们对相关科学现象的理解,使其获得最直接的科学经验。科技小制作示例——制作小橘灯如图 4-1-5 所示。

图 4-1-5　制作小橘灯②

(二)制作法的运用

在运用制作法时,教师要注意以下几点:第一,要为学前儿童提供适当的制作材料,以便学前儿童

---

① 图片提供者为湖南省常德市石门县蒙泉镇中心幼儿园刘倩老师(副园长)。
② 此图片提供者和活动实施者为湖南省常德市石门县蒙泉镇中心幼儿园刘倩老师(副园长)。

顺利完成制作；第二，要让学前儿童探索制作的方法和技巧，而不是向学前儿童灌输制作技巧。

六、讨论法

(一)讨论法的内涵

讨论法是在教师的指导下，学前儿童以一个班或一个组为单位，围绕学习的核心问题，各抒己见，通过讨论或辩论活动，获得知识以及巩固知识的一种教学方法。其优点是能充分调动学前儿童积极性，活跃气氛，对培养思维敏捷性和灵活性以及提高语言表达能力有独特的作用。其缺点是难以组织，学前儿童的积极性一旦调动起来不易控制，讨论问题较费时，教师工作量大且应有丰富的知识，而且要有相当的教学机制，否则难以实现应有的效果。

(二)讨论法的运用

在运用讨论法时，教师要注意以下几点：第一，活动开始时要提出讨论的内容和具体要求；第二，讨论中要善于启发和引导，既要使学前儿童大胆发表意见，又要抓住问题的中心；第三，讨论后不仅要总结讨论的问题，还要正确评价学前儿童的表现，对学前儿童的表现给予引导和鼓励。

任务二　学前儿童科学教育的途径

> **小组建构活动：学前儿童科学教育途径的调研**
>
> **1. 幼儿园观摩与调研**
>
> 以组为单位去幼儿园观摩各类科学活动，并与幼儿园教师交谈，以了解幼儿园科学教育的途径，记录与总结。
>
> **2. 分享**
>
> 各小组派代表分享各组观摩与调研的结果。
>
> **3. 讨论与总结**
>
> 第一，全班开展讨论：除了幼儿园的这些途径，学前儿童科学教育的途径还有哪些？
> 第二，教师总结。

一、幼儿园集体科学活动

集体科学活动是幼儿园科学教育活动的一种重要组织形式。学前儿童科学教育中的集体科学活动是指教师根据学前儿童科学教育的目标，有计划、有目的地选择教学内容，提供相应的材料，面向全体学前儿童开展的专门活动。这是一种高结构的科学活动，主要包括观察认识活动、实验探究活动、技术制作活动和讨论交流活动四大类型。

(一)集体科学活动的特点

1. 活动内容、材料统一

对于学前儿童来说,每一次集体科学活动的内容、材料都是统一的、固定的,每名学前儿童学习的内容、面对的材料都是相同的。这些内容和材料都是由教师事先选择和确定好的。集体科学活动的内容一般是由教师根据科学教育的总目标和教育内容,结合本地、本园的具体情况,同时充分考虑本班学前儿童的兴趣特点而选择和确定的。在集体科学活动中,教师会根据自己确定的内容,为学前儿童设计并提供丰富的材料,让他们通过亲自操作学习科学。

2. 活动主导、主体明确

一方面,由于集体科学活动的高结构化,活动目标的制定、活动内容的选择、活动环节的创设、活动材料的准备与投放等均体现了教师较强的主导作用;另一方面,学前儿童在集体科学活动中仍享有充分的自由,仍可以通过自己的操作活动来学习,所以学前儿童在集体科学活动中处于主体地位。

3. 活动时间、空间有限

幼儿园集体科学活动一般都在活动室内进行,空间比较有限。同时,幼儿园集体科学活动的时间也是有限的。因此,集体科学活动的主题、材料的选择往往会受到时间和空间的限制。

(二)集体科学活动的价值

1. 全体学前儿童都能获得基本的科学知识和方法技能

学前儿童的遗传因素和后天生活环境的不同会导致其个人经验范围和探究能力的差异,而科学教育内容范围的广泛性需要学前儿童进行多方面、多维度的探究学习。学前儿童若仅仅通过个人的探索和发现去学习科学,很难掌握基本的科学知识和方法技能。在幼儿园,教师会根据学前儿童的年龄特点和总体的认知能力选择和设计集体科学活动的主题,将科学领域基本的或者有代表性的知识提供给学前儿童学习,这样可以弥补学前儿童独自学习的不足,从而保证全体学前儿童都能获得基本的科学知识和方法技能。

2. 教师的直接指导提高了学前儿童的学习效率

幼儿园的科学探究是在教师的直接指导下进行的。活动室中的集体科学活动可以帮助学前儿童在较短的时间内较快地获得基本的科学知识和方法技能,而不至于走很多弯路。教师可以通过提供适宜的材料和适合的环境,让学前儿童进行积极有效的探索。同时,教师一般都能预设学前儿童在探索过程中遇到的问题,并有解决预案。在教师直接指导下学习是一种高效的学习途径。

3. 促进学前儿童之间的交流讨论和相互启发

集体科学活动的主体是全体学前儿童。当学前儿童参与集体科学活动时,会置身于一种特定的学习氛围,自然地与同伴进行交流讨论。同伴语言行为的影响和启发会进一步促进他们对科学知识和技能方法的学习。此外,学前儿童也会与同伴一起合作探索、共同学习,这有利于培养他们的集体意识和合作精神。

二、幼儿园科学区活动

幼儿园科学区活动是指学前儿童在专门的科学区自主选择活动内容、活动方式、活动材料、活动伙伴,并按照自己个性化的兴趣和原有水平,进行各种科学探索和科学游戏活动。它属于一种低结构的科学活动,主要包括班级科学区、公共科学区和专门的科学活动室内开展的活动。

(一)科学区活动的特点

1. 由学前儿童自主发起,自由探究

建构主义者认为,儿童的学习是通过把新经验结合到原有经验之中进行的,而新经验与个体的原有经验之间有很大差异。① 每个儿童也有适合自己学习的经验方式,比如视觉学习者通过视觉刺激进行学习的效果最好,听觉学习者通过听觉刺激进行学习的效果最好,运动觉学习者通过一个或更多方面的触摸觉进行学习的效果更好。有些学习者也可能适合几种混合的学习方式。②

对于集体科学活动,教师需提前准备科学活动内容,设计科学活动方案,准备科学活动材料等,再进行相应的科学教育活动;而科学区活动主要是由学前儿童自主发起,自己选择材料,自由进行科学探究的,它更能让学前儿童结合自己原有的学习经验、选择自己喜欢的学习方式个性化地学习科学。如某幼儿园中班科学区设置了探索声音的材料,有各种乐器、各种材料,学前儿童可以自主选择相关材料进行探究。

2. 学前儿童动手操作,强调"做"科学

探究是学前儿童科学教育的核心,学前儿童只有在探究中才能增加科学兴趣、增强能力,获得科学知识经验。③ 对学前儿童来说,探究更多的是动手操作的过程。动手操作是学前儿童学习科学的一个主要环节。学前儿童在动手操作、探究的过程中会主动思考,获得科学知识。在科学区活动中,教师为学前儿童提供了大量的材料,比如磁铁材料。他们可以通过各种操作来探究磁力,在操作的过程中思考磁力是如何产生的,怎样会有磁力,在生活中有没有磁力,等等,从而获得科学经验。

3. 以环境为载体,注重与环境进行互动

在科学区,学前儿童首先看到的是活动区的环境与材料。在科学区活动中,学前儿童主要与环境、材料进行互动,在其不断操作、探究的过程中,获得科学知识经验。比如在科学

---

① 马丁.建构儿童的科学——探究过程导向的科学教育[M].杨彩霞,于开莲,洪秀敏,译.北京:北京师范大学出版社,2006:232.
② 马丁.建构儿童的科学——探究过程导向的科学教育[M].杨彩霞,于开莲,洪秀敏,译.北京:北京师范大学出版社,2006:233-239.
③ 侯素雯,张世唯.学前儿童科学教育[M].北京:北京出版社,2014:70.

区,幼儿对赛车跑道玩教具感兴趣,一连几天一直在观察小汽车在高低不同的跑道上滑动,后来探究出"坡道越陡,小汽车滑动的速度越快"的知识经验。

4. 学前儿童"显性探究",教师"隐性指导"

在科学区活动中,主要是学前儿童自己选择材料操作,教师是一位隐性的支持者、指导者。教师在为学前儿童提供探究的环境及材料后,退居"幕后"。在学前儿童探索时,教师在一旁观察,如果看到他们需要指导,教师应及时出现,科学指导。

(二)科学区活动的价值

1. 促进学前儿童自主探究学习与整体发展

科学区为学前儿童提供自由活动的时间、空间,让他们有自由选择的权利,通过环境与材料的刺激,引发学前儿童自主学习,主动与环境、材料互动,并学会思考、合作与探究,促进学前儿童主动学习与整体发展。

2. 注重学前儿童的个体差异,促进个性化学习

在集体科学活动中,教师预设的活动无法兼顾到所有儿童,很难真正地做到因材施教;而在科学区活动中,区域活动的设计与材料的投放都会考虑不同儿童的兴趣需要,每个儿童可以选择自己喜欢的科学材料和科学探究方式,可促进学前儿童个性化的学习。

3. 注重学前儿童与环境的互动,生成自己对科学现象的认识

科学区活动特别注重学前儿童与环境、材料的互动。教师为他们提供可观察、可探究、可实验的材料,让他们结合自身经验不断与科学区环境、材料发生互动,提出科学问题,实践操作、记录等,让他们在科学实践中生成自己对科学现象的认识。

三、其他渗透性的科学教育途径

除了上述科学教育途径外,还可以通过单元主题活动、其他领域活动、一日生活活动、家庭活动等途径渗透科学教育。渗透性的科学教育以一种"润物细无声"的方式影响着学前儿童的发展。

(一)单元主题活动中的科学教育

单元主题活动是指在一段时间内围绕事先选择的主题组织的教育活动。单元主题活动往往围绕一个主题,打破学科之间的界限,将各种学习内容有机地联系在一起。单元主题活动强调整合,因此,单元主题活动目标可能包含多个领域的教育目标。每个单元主题活动所涉及的科学经验的多少不尽相同,教师要在组织单元主题活动时,尽可能充分地挖掘其中的科学教育价值。

案例 4-2-1:"美丽家园"① 单元主题活动

"美丽家园"主题网络图如图 4-2-1 所示。

---

① 刘洪霞.儿童科学教育主题活动创意设计[M].北京:中国轻工业出版社,2015:226-227.

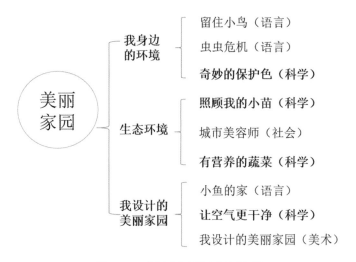

图 4-2-1 "美丽家园"主题网络图

主题目标：
(1)培养幼儿讲卫生、爱清洁、爱护环境的良好习惯。
(2)营造积极愉快的生活环境,与幼儿平等交流,注意培养幼儿活泼开朗的性格。
(3)使幼儿感受环境与人类、动物的关系。

单元内容：
(1)社会:城市美容师。
(2)语言:留住小鸟。
(3)科学:奇妙的保护色。
(4)科学:让空气更干净。

关键经验：
(1)优美的环境是靠大家共同的努力所创造的。
(2)珍惜他人的劳动成果,维护身边的环境。
(3)环保应从每个人做起,节约各种能源与资源。对于废旧物要充分地利用,变废为宝。
(4)人类和动物所需要的环境是不同的。
(5)人类和动物为了适应环境,都会有自我保护的方法。

生词解释:"生态环境""保护色"。

主题环境：
(1)家长专栏提示家长同幼儿共同观察周围的环境,寻找"我身边的优美环境",通过照片主题墙进行展示。
(2)家长配合引导幼儿观察环卫工人的劳动,进行"学做城市美容师"的活动,拍摄环卫工人工作的照片及幼儿学做"城市美容师"的活动照片。
(3)创设"美丽的风景"主题墙,从而使每个幼儿感受到大自然的美。幼儿可将自己去过的风景区照片、下载的自然风景照进行展示。
(4)收集环境被破坏的照片,通过主题墙展示环保的重要性,使幼儿了解环境对人类及动物的影响。

(5)创设环保角,可进行旧物制作。引导幼儿爱护周围环境,不乱扔杂物。创设"动物的家"主题环境。家长、教师同幼儿共同了解动物的环境,了解生态平衡,并将下载或收集的图片进行展示。

游戏融合:

(1)角色区:开展"环境小卫士"的角色游戏。

(2)美工区:投放各种废旧材料,幼儿可以利用这些材料进行创作,从而变废为宝。

(3)图书区:投放关于优美的环境、破坏后的环境给人类、动物带来影响的书籍、图片。幼儿可以大胆地交谈如何保护环境。

(4)大小建构区:搭建、拼插以"动物之家""美丽家园"为主题的建筑。

(5)置物区:布置环保角"爱护小动物"。

(二)其他领域活动中的科学教育

《纲要》中明确指出,幼儿园的教育内容是全面的、启蒙性的,可以相对划分为健康、语言、社会、科学、艺术五个领域,也可做其他不同的划分。各领域的内容相互渗透,从不同的角度促进幼儿情感、态度、能力、知识、技能等方面的发展。这说明幼儿园教育是促进学前儿童全面发展的教育,学前儿童的发展是整体的、和谐的、充实的发展,各发展领域是有机联系、相互关联和相互支持的,幼儿园各领域的教育内容也必然是有机联系、相互渗透的。因此,幼儿园健康、语言、社会、艺术活动都可以渗透科学教育的内容。如一些儿歌、散文诗和故事(例如《乌鸦喝水》《猴子捞月亮》《月亮姑娘做衣裳》)等都包含了一定的科学教育内容。幼儿园教师必须站在"整个教学"理念高度上,抓住各种契机对学前儿童进行渗透性的科学教育,才能减少领域活动割裂发展的整体性带来的危害。

案例4-2-2:秋娃娃的信[①]

凉爽的秋天来了,秋风忙着唱歌,秋叶忙着跳舞,秋娃娃忙着用树叶写信。

一封寄给了灵巧的小燕子,让它快快飞到温暖的南方,路上当心别着凉;一封捎给了机灵的小松鼠,让它赶快多采点松子,准备好过冬的粮食;还有一封寄给了可爱的小朋友,告诉他天凉了,晚上睡觉盖好被子……

秋娃娃写了一封又一封,树上的叶子少了一片又一片。

评析:这篇散文用拟人的手法描绘了一幅秋天的景色:秋风唱歌、秋叶跳舞、秋娃娃写信。其中蕴含了有关秋天的科学知识,如树叶从树上落下来了,燕子要飞到温暖的南方去了,松鼠要采集松子准备过冬的粮食了,小朋友晚上要盖好被子防止着凉了。

(三)一日生活活动中的科学教育

一日生活是学前儿童科学探究的重要途径之一。在学前儿童真实的生活情境中,作为值日生"工作"常规的天气预报活动,以及在一日生活中利用各种时机进行的随机科学教育、远足、郊游和采集等活动,都是生动而有意义的科学教育的途径。一日生活活动中的科学教

---

① 刁凤,朱燕平,殷敏,等.散文《秋娃娃的信》教法提示[J].早期教育,1995,(10):38.

育具有三个特点。

第一,多样性。活动形式和内容灵活多样,既可以是全体学前儿童参加的远足和散步活动,也可以是小组自发的探究,或个别学前儿童自发的探究。内容可涉及动植物、物理、天文气象等广泛领域。

第二,随机性、偶发性和突发性。一日生活活动中的科学教育可以发生在任何时间,许多教育过程发生时甚至没有被教师意识到,更谈不上有目的、有计划的事先准备。

第三,不可预测性。一日生活活动中的科学教育不一定都能对学前儿童发生积极影响,学前儿童往往由于认知局限而将一些非科学的观念组织到自己的认知结构中。

案例 4-2-3:蔬菜采摘①

教师与农村家长联系,带幼儿们来到田地里采摘茄子和辣椒。在采摘的前一天,教师引导幼儿们猜一猜"茄子、辣椒长在什么地方?长得怎么样?怎样摘?",然后组织幼儿们将自己的猜想画出来,贴在主题墙上。在采摘的当天,幼儿们小心翼翼地采摘着茄子和辣椒,并不时地与农村家长进行简单的沟通。回来之后,教师引导幼儿们说说自己的发现,并对比采摘之前的猜想,把新发现、新经验画下来,讲给同伴听。在这一过程中幼儿们更深刻地了解了茄子和辣椒的果实有的长、有的短,有不同形状;有些幼儿还知道田地里铺薄膜是为了保持土里的水分,让蔬菜吸收更多的水分,从而茁壮成长。这一系列的活动加深了幼儿对蔬菜的认识,帮助他们积累了有关蔬菜生长的生活经验。

(四)家庭活动中的科学教育

俗话说,家长是孩子的第一任老师。孩子的一大半时间都是和家长度过的,家长对孩子的教育影响着孩子的一生。所以,家长在要求孩子成为一个"科学小主人"的同时,也应该以一个"科学人"的标准要求自己,多阅读一些有关科学的书籍,如《十万个为什么》《探索与发现》《生命的奥妙》等。家里有很多事物及科学现象可以探究,如电器、水、水管、网络、垃圾的收集与处理以及其他日常事务。所有这些,都是发展儿童科学学习和探究能力的潜在资源。② 家长可以鼓励学前儿童运用他们所有的感官,仔细观察周围的所有环境,猜测可能会发生什么,检验不同的解释,想一想他们怎样才能够获得更多的信息,以及从哪里可以获得这些信息。例如,让学前儿童观察木耳、银耳等食物的泡发;鼓励他们揉面,感受面粉遇到水后发生的变化等。家庭中的科学探究活动可以由孩子独立完成,也可以由孩子在家长的协助下完成。家长若能抓住契机,巧妙利用,会为孩子的科学探究增添乐趣,拓宽孩子的知识面。

案例 4-2-4:葡萄干跳舞③

在这个活动中,儿童要弄清楚为什么在一杯水里放了醋和发酵粉之后,水里的葡萄干就

---

① 中国教育科学研究院早期教育研究中心.农村幼儿园乡土资源利用的实践与探索[M].北京:教育科学出版社,2015:147-148.

② 马丁.建构儿童的科学——探究过程导向的科学教育[M].杨彩霞,于开莲,洪秀敏,译.北京:北京师范大学出版社,2006:314.

③ 马丁.建构儿童的科学——探究过程导向的科学教育[M].杨彩霞,于开莲,洪秀敏,译.北京:北京师范大学出版社,2006:315-316.

会漂在杯子中的水面上。

工具箱里提供的材料:葡萄干,高高的透明塑料杯,发酵粉。

家里应提供的材料:醋。

指导说明:

在塑料杯里装上大半杯自来水。把葡萄干放到水里,然后观察发生了什么事情(葡萄干沉到水底)。把一大勺发酵粉放到水里使其溶解,再加两大勺醋,搅拌。这时,葡萄干会怎样呢?葡萄干先是上升到水面处,然后沉下去,好像在跳舞一样。

对家长的解释说明:

醋和发酵粉反应产生二氧化碳气体,形成小气泡附着在葡萄干褶皱的表面,从而使得葡萄干上升到水的表面。当葡萄干上升到水面处的时候,葡萄干表面的气体就释放到大气中,这样,葡萄干就又重新沉到水底。这种现象会一直持续下去,直到醋和发酵粉之间的反应完全停止。

多样性探索:

尝试用不同剂量的醋和发酵粉;尝试用汽水或其他高浓度碳酸饮料代替发酵粉和醋;尝试用不同温度的水;尝试家长和儿童想到的其他不同的情况。

知识宝库

跨学科整合[①]

科学在本质上是跨学科的。科学要广泛地利用数学进行测量和数据解释,运用语言技能进行交流,同时它又与技术及社会问题密不可分地交织在一起。

标准化课程方案常常将学习分成单个学科,每个学科都有自己的时间安排、自己的教材以及自己的课程。这种分科方式使儿童深刻地感受到,每个学科都有自己的领地,都独立于其他学科,而建构主义的教师则从分科学习方式转向整合学习方式。这种方式被称为整合课程或跨学科主义。跨学科主义是指在一个学习领域中包含多个学科。

跨学科整合之雏菊模式(见图4-2-2):主要学习领域用花心表示,其他学习领域作为花瓣被添加进来。每个学科都保留自身的鲜明特色,教师和儿童能够很容易地识别出来。尽管每个学科都与中心主题相关,但是它们仍是被单独对待的。这种模式与标准化课程分科的方式的主要区别在于,雏菊模式下材料具有主题性质。幼儿园活动室的区域通常遵循雏菊模式。

跨学科整合之玫瑰模式(见图4-2-3):学科领域失去了它们自身的鲜明特色,代表了真正的跨学科主义。所有的花瓣都紧紧地包裹在一起,可以看见整朵花,而不用考虑单片的花瓣。同时,儿童的学习可集中关注一个专门的问题,或者一个有意义的、儿童感兴趣的情境,而且任何对儿童建构个人理解十分必要的内容,儿童都可以学习。在这种模式下的整个单元活动都会帮助儿童填补空虚时间,建构新知识和欠缺的知识,以及帮助他们学习如何学

[①] 马丁.建构儿童的科学——探究过程导向的科学教育[M].杨彩霞,于开莲,洪秀敏,译.北京:北京师范大学出版社,2006:379-390.

习,而后者也许是最重要的。

图 4-2-2　雏菊模式:主要学科位于中心,其他学科作为花瓣在周围

图 4-2-3　玫瑰模式:所有学科包裹在一起

技能实训

一、实地观摩:幼儿园科学教育的方法

(一)实训目标

1.了解幼儿园科学教育的方法。

2.能认真观看科学活动,分析其中的科学教育方法。

3.喜欢幼儿,愿意观看科学活动,并能客观地进行分析。

(二)实训内容

去幼儿园观摩科学教育活动。

(三)实训过程

1.观摩与记录幼儿园集体科学活动。

2.分析该活动中的科学教育方法。

3.相互讨论与总结。

二、访谈与分享:学前儿童科学教育的途径探索

(一)实训目标

1.通过与学前儿童沟通,了解学前儿童的认知特点。

2.能与学前儿童进行有效沟通,并能根据学前儿童的特点探索学前儿童科学教育的新途径。

3.喜欢学前儿童,愿意与学前儿童沟通。

(二)实训内容

访谈学前儿童并分析。

(三)实训过程

1.访谈几名学前儿童,记录他们对于周围世界的认识。

2.分析学前儿童的认知特点,并针对其特点,探索学前儿童科学教育的新途径。

3.小组分享与总结。

一、选择题

1. 幼儿园科学教育中的观察活动有多种方式,最适宜于全班集体开展的观察活动是( )。(2012年上半年教师资格考试"保教知识与能力"真题)

   A. 观察自然角中植物的生长变化

   B. 观察月亮的圆缺变化

   C. 观察蜘蛛的生活习性

   D. 观察溶解现象

2. 幼儿园集体科学活动的特点是( )。(2012年新乡招教考试真题)

   A. 学习过程以教师直接指导为主,时间、空间有限

   B. 学习过程以教师间接指导为主

   C. 目的性、计划性不强

   D. 主要是以学前儿童自主操作为主

3. 下列有关学前儿童科学实验的说法中,正确的是( )。(2013年原阳招教考试真题)

   A. 实验的内容应为大众生活中常见的科学现象

   B. 实验的设备和条件应达到实验室的标准

   C. 实验的结果应是得出新的科学结论

   D. 实验的操作应简单,且具有游戏性

二、简答题

1. 简述观察法、实验法的含义、类型和运用要求。
2. 简述科学区活动的价值与意义。
3. 幼儿园集体科学活动和科学区活动有何区别?
4. 渗透性的学前儿童科学教育途径有哪些?

项目五
幼儿园集体科学活动

1.知识目标:了解幼儿园集体科学活动的内容和分类,掌握四种类型集体科学活动的设计思路和指导要点。

2.技能目标:能运用集体科学活动设计的基本原理和方法设计不同类型的集体科学活动,能组织、指导与评价科学活动。

3.思政目标:在设计、组织集体科学活动的过程中感受幼儿园科学教育的重要性,意识到人类与其他地球生物命运休戚与共的关系、生命与健康的宝贵,尊重生命,相信科学与专业的力量。

在大班科学活动"生活中的空隙"中,教师让幼儿把核桃、黄豆和大米装到瓶子里,感受空隙,并利用空隙解决问题。操作前,教师给幼儿提要求:"一定要一样一样地装。"操作时,教师继续向每组幼儿强调这个规则。按规则装的幼儿完成了任务,没按规则装的几组幼儿失败了。有一组幼儿装不下所有的材料,教师走过去,说:"装不下了要怎么办呀?到底要先装什么?应该先把什么倒出来?老师说了要一样一样地装,你听明白要求没有?"[①]

请思考:

1. 如何看待这个活动中教师的做法?

2. 这个活动属于集体科学活动的哪个类型?在设计这种类型的集体科学活动时需要注意什么?

3. 在科学探究活动中,幼儿什么时候需要教师的指导?教师该如何指导呢?

当前,集体科学活动是幼儿园科学教育最普遍的教学组织形式之一。在集体科学活动中,教师根据幼儿园科学教育的目标,有计划、有目的地选择内容,准备相应的活动材料,面向班级所有幼儿展开活动。教师是活动的主导,幼儿是活动的主体,教师对幼儿进行统一指导或个别指导,每个幼儿通过自身的活动经历学科学的过程,获取相关的科学经验,实现在原有水平上的提高。在幼儿园集体科学活动中,较为典型、普遍使用的科学活动类型主要包括观察认识活动、实验探究活动、技术操作活动及科学讨论活动四种。当然,还有主题式科学活动、项目式科学活动等综合性科学活动。我们这里主要介绍四种典型的集体科学活动。

任务一 观察认识活动

小组建构活动:观察石头

1. 收集石头

第一,学生分组外出寻找石头,每组收集10种以上不同的石头。

第二,采用多种方式在石头上做记号,尤其要编号,以防小组间混淆。

第三,将大小不同的石头用不同的容器盛装,如大的放在托盘里,小的放在塑料瓶或透明袋里。

[①] 罗竞.幼儿科学探究活动中的"六大解放"[J].教育导刊,2020,(2):43-47.

第四,可以考虑以展览的形式展示各组的石头。

2. 观察石头

第一,用放大镜观察石头。

第二,将观察结果记录在石头观察记录表(见表5-1-1)中。

表 5-1-1　石头观察记录表

石头编号	颜色	质地	形状	大小	花纹	重量	气味	杂质	其他
1									
2									
3									

3. 描述石头

学生间相互交流,描述一下自己最喜欢的石头,可以写下来。

4. 思考

第一,观察时用了哪些感官?不同的感官分别获得了对石头的哪些方面的认知?

第二,通过观察可以获得什么?使用了哪些观察方法?

5. 说说你知道的故事

学生间相互交流自己知道的有关科学家观察事物的故事。

一、观察认识活动概述

名人名言

观察对于儿童之必不可少,正如阳光、空气、水分对于植物之必不可少一样。在这里,观察是智慧的最重要的能源。

——苏霍姆林斯基

在幼儿科学教育中,观察不仅存在于幼儿的观察认识活动中,幼儿实验探究、技术操作、科学讨论等活动也离不开观察。这里我们讨论的观察认识活动是指专门的观察活动,即幼儿运用各种感官观察事物,认识各种事物的特征,以获取感性经验的科学活动。在我国的幼儿园科学教育实践中,观察认识活动是最为重要、运用最为普遍的科学活动类型。

在观察认识活动中,幼儿不仅直接与周围世界接触,获得最直接、最具体的科学经验,学会科学的观察方法与技能,还能提高感觉器官的机能,促进智力的发展,培养实事求是的科学态度和严谨认真的科学精神。

> **名人故事**

爱石头的科学家[①]

我国著名的地质学家李四光,从小就喜欢观察研究。小时候,在他上学的路上,横卧着一块大石头。大家都从旁边经过,谁也没注意它。李四光对这块石头却很感兴趣:周围没有大山,这石头是从哪儿来的呢?问爸爸,爸爸也不知道。

后来,李四光去英国学地质,考察了很多山脉。他回故乡后,又研究这块大石头,终于明白了:是古代巨大的冰川把它从高山上带下来的。

李四光的研究室里,摆满了他收集来的各种石头,他把这些石头当成珍宝。有一次,他发现少了一个石头标本,难过得吃不下饭,后来找到了,他高兴得合不拢嘴巴。因为这些石头能告诉人们:我国地下有各种丰富的矿藏呀!

过去,一些外国专家说中国是"贫油国"。新中国成立后,李四光带领地质工作人员,爬高山,攀绝壁,到处去勘探,提出了一个新的理论:我国有丰富的石油储藏。地质工作者按照李四光的理论,找到了大庆油田,后来又找到了更多的大油田。

二、观察认识活动的内容选择

观察认识活动的对象范围很广,既包括对具体物体的观察,也包括对自然和科学现象的观察。幼儿园教师可根据幼儿园科学教育内容选择的原则和范围,综合考虑幼儿的兴趣、经验、年龄特点、认知发展水平以及季节、时间等因素,为不同年龄班选择合适的观察内容。

一般来说,小班以观察个别事物、现象为主,主要是运用各种感官感知物体的明显外部特征和简单现象,以获取感性经验。中班、大班以比较性观察(同时对两种或两种以上物体进行观察、比较,发现共同点和不同点)和长期系统性观察活动为主。长期系统性观察活动由于时间持续较长,要求比较高,且常常需要进行记录、操作等,所以在大班开展此类活动比较合适。

不同年龄班观察内容举例如表 5-1-2 所示。

表 5-1-2 不同年龄班观察内容举例

小 班	中 班	大 班
好吃的饼干	鲫鱼和泥鳅	种子的旅行
好吃的西瓜	常绿树和落叶树	动物的伪装
有趣的西瓜虫	大蒜、葱和韭菜	昆虫保安队
可爱的小乌龟	各种各样的菊花	水仙花生长记
多样的石头	沙子和泥土	土壤的秘密
镜子	电话展览会	蝌蚪变青蛙
神奇彩虹糖	草长在哪里	纸的再生
会喝水的胡萝卜	种子发芽了	蚕宝宝的一生

[①] 摘自青夏教育精英家教网:http://www.1010jiajiao.com/xxyw/shiti_id_d3070d544c35b7b643e7637-9335d023b。

三、观察认识活动的目标设计

观察认识活动的主要目的是借助于感官观察的方法，实现对客观事物特征的了解，增强对观察对象外部特征和变化规律的认识，加强对不同观察对象的比较和辨别。通常观察认识活动的核心目标主要有：①观察兴趣与态度；②观察与表达技能；③有关观察对象的科学认识。对于不同的活动内容和不同年龄阶段的幼儿，教师要根据幼儿科学教育的总目标和幼儿年龄阶段目标，结合观察认识活动的具体特点，提出全面、具体的观察认识活动目标，如表 5-1-3 所示。

表 5-1-3 观察认识活动目标

	核 心 目 标	适用年龄班	举 例
观察兴趣与态度	喜欢观察，对观察对象产生兴趣，积极参与观察活动	小班及以上	对溶解现象产生好奇，并愿意思考"糖不见了"的问题（小班活动"神奇彩虹糖"）
观察与表达技能	**观察技能** 能运用多种感官感知事物特征	小班及以上	通过看、摸、闻、尝等感知西瓜的特征（小班活动"好吃的西瓜"）
	能对不同的事物进行比较观察	中班及以上	能比较大蒜、葱和韭菜的叶子、茎的形状和颜色（中班活动"大蒜、葱和韭菜"）
	能有顺序地观察事物的特征	中班及以上	观察柳树的各个部分及其特征、结构，感知功能（中班活动"柳树"）
	能对事物进行长期系统的观察	中班及以上	学习观察并记录水仙花的生长过程（大班活动"水仙花生长记"）
	能观察事物的变化和现象的发生	小班及以上	感知糖在水中溶解的过程及所发生的变化（小班活动"神奇彩虹糖"）
	表达技能 能运用语言大胆讲述自己在观察中的发现	小班及以上	会用"光光的""硬硬的""凉凉的"等词语或简单的句子描述自己的发现（小班活动"多样的石头"）
	能运用语言完整地讲述并交流自己在观察中的发现	中班及以上	能使用一些词语完整表达自己对各种气味的认识（中班活动"有趣的气味"）
	能用图画、数字等记录自己观察的结果	中班及以上	能用图画的方法表现自然角中蝌蚪的成长变化（大班活动"蝌蚪变青蛙"）

续表

	核心目标	适用年龄班	举 例
有关观察对象的科学认识	认识观察对象的显著特征	小班及以上	观察饼干的形状、颜色、花纹等明显的特征(小班活动"好吃的饼干")
	认识观察对象的多样性	小班及以上	知道水果是多种多样的,不同季节有不同的水果(小班活动"各种各样的水果")
	认识各个观察对象的不同点和相同点	中班及以上	通过观察大蒜、葱和韭菜,发现它们的相同点和不同点(中班活动"大蒜、葱和韭菜")
	探寻观察对象的变化规律	中班及以上	了解种子发芽和水的关系(中班活动"种子发芽了")

表 5-1-3 只是就幼儿发展的一般情况而言的,教师可以作为参考,结合具体情况进行目标的确定。其中,"能对事物进行长期系统的观察"往往不能在一个活动中实现,不适合作为完成性目标出现在活动设计中,而需要引导幼儿在一定时期内、在一日生活中安排适合的时间进行观察,才能取得良好的效果。

四、观察认识活动的准备工作

观察前的准备工作直接影响着观察的结果,决定观察的成败。活动材料的准备是开展观察认识活动的重要环节,是实现活动目标的关键,因此,在活动准备过程中,幼儿园教师要认真筛选材料,保证活动材料符合以下特点:第一,要符合活动内容的需要;第二,应具有典型的特征,便于幼儿观察;第三,要有充足的数量,满足幼儿观察的需要;第四,要摆放适宜,便于幼儿观察;第五,要保证卫生与安全。表 5-1-4 所示为小班、中班、大班三个观察认识活动的准备内容。

表 5-1-4 观察认识活动的准备

活动准备	小班:多样的石头	中班:大蒜、葱和韭菜	大班:土壤的秘密
经验准备	教师、家长与幼儿一同收集多种石头,请家长给幼儿讲讲石头的故事	幼儿见过并吃过大蒜、葱和韭菜	幼儿已接触过土壤
物质准备	1.课件"多种多样的石头"。 2.各种石头。 3.积塑、木块、小木棒、土块、核桃、水、盆、笔、颜料、黏合剂、抹布等若干。 4.盛物筐若干。 5.轻快的音乐。 6.展览场景	1.大蒜、葱和韭菜若干。 2.菜筐、小花盆每组一个。 3.种植工具每组一套。 4.观察记录表每组一份	1.课件"土壤的秘密"。 2.小杯子人手一个。 3.用透明器皿装的水、大盘子,每组一份。 4.颜色不同、干湿不同、软硬不同的土若干。 5.烧杯一个,酒精灯一盏。 6.陶瓷器皿、用土捏的物体若干

五、观察认识活动的设计思路

根据观察对象的不同特点,观察认识活动的过程设计可以采用不同的思路。一般来说,幼儿园观察认识活动包括四种,即物体观察活动、现象观察活动、户外观察活动、长期系统性观察活动。

物体观察活动和现象观察活动的观察对象和目的不同,前者是认识个别物体的特征,后者是观察现象及其变化的发生。户外观察活动既有物体观察又有现象观察。户外观察活动的优点在于,贴近生活,便于理解,可以观察在活动室内不容易展示的事物或现象。长期系统性观察活动主要用于观察动物和植物的生长过程,以及气象的变化,以帮助幼儿直观地了解自然界各种因素间的相互关系、因果关系和自然界的发展规律。这四种观察认识活动不是严格意义上的分类。下文中所列举的这四种活动的设计思路仅仅是对应活动的典型设计,幼儿园教师在运用时不能被模式化,要根据观察内容的不同灵活运用。

(一)物体观察活动

物体观察活动是最常见的观察认识活动,包括个别物体观察活动、同类物体观察活动、比较性观察活动等。在物体观察活动中,教师可引导幼儿在观察的基础上进行表达和交流,引导幼儿认识物体的显著特征,或比较物体间的共同点和不同点,或总结物体间的共同属性。

物体观察活动的基本设计思路如下:

(1)教师出示观察对象,导入活动。
(2)幼儿自由观察与交流,初步感知观察对象。
(3)教师引导幼儿观察与交流,了解观察对象的基本特征。
(4)教师引导幼儿思考与观察对象相关的其他内容,扩展幼儿的经验。
(5)教师总结提升,结束活动。

小班个别物体观察活动"好吃的西瓜"(见表5-1-5)、小班同类物体观察活动"多样的石头"(见表5-1-6)与中班比较性观察活动"大蒜、葱和韭菜"(见表5-1-7)虽然有各自的特点,但总的设计思路类似,都遵循了"出示观察对象→幼儿自由观察与交流→教师引导观察与交流→幼儿思考与拓展相关经验→教师总结提升"的模式。

表5-1-5 小班科学活动:好吃的西瓜

小班科学活动:好吃的西瓜	个别物体观察活动
活动目标: 1.知道西瓜是夏季的水果,通过看、摸、闻、听、尝等感知西瓜的特征。 2.能用连贯的语言表达对西瓜的认识和喜爱。 3.喜欢吃西瓜,愿意和别人分享西瓜	1.知识与经验目标; 2.方法与技能目标; 3.情感与态度目标
活动准备: 1.经验准备:幼儿见过西瓜、吃过西瓜。 2.物质准备: (1)完整西瓜及西瓜不同切面的图片; (2)西瓜(有籽或无籽)每组一个,供幼儿品尝	1.经验准备; 2.物质准备

续表

小班科学活动:好吃的西瓜	个别物体观察活动
活动过程: 1.谈话导入,引出西瓜。 教师:"小朋友,在炎热的夏天,我们可以吃什么防暑降温呢?"(西瓜是一种可以解暑的夏季水果) 2.幼儿观察认识西瓜,相互说一说。 每组发一个西瓜,让幼儿观察,自由说西瓜是什么样子的。 3.教师引导幼儿观察西瓜的表面,说说西瓜的外形。 (1)教师结合图片,提问引导幼儿观察。 教师:"西瓜是什么颜色的?什么形状的?摸起来怎么样?敲一敲会怎么样?推一推会怎么样?" (2)教师小结西瓜的外部特征。 教师:"西瓜有圆的,有椭圆的。瓜皮有的是深绿色的,有的是浅绿色的,有好看的花纹。西瓜是滑滑的、凉凉的、硬硬的,敲一敲会'砰砰'地响,推一推还会滚动。" 4.教师引导幼儿观察西瓜里面。 (1)教师提问,让幼儿猜测。 教师:"西瓜里面是什么样子的?" (2)教师出示有籽和无籽西瓜的切面图片,引导幼儿观察。 (3)教师小结。 教师:"西瓜有的有籽,有的没有籽,西瓜瓤大多是红红的,也有黄黄的,水分很多。" 5.幼儿品尝西瓜,说说对西瓜的感受。 (1)幼儿吃西瓜,感受西瓜的味道。 (2)教师提问,让幼儿分享。 教师:"你喜欢吃西瓜吗?为什么?" 6.教师总结,结束活动。 教师:"西瓜水分多,甜甜的,很好吃,能解渴,能祛暑,还能防止生痱子。"	1.谈话导入; 2.自由观察与交流; 3.观察外部 4.观察内部; 5.品尝; 6.总结结束

活动分析:

这个活动属于个别物体观察活动。对于小班幼儿来说,认识事物的典型特征是重要的目标。活动开始,以谈话方式导入,引起幼儿对西瓜的关注;接着,给每组幼儿发一个西瓜,让他们自由观察与交流,再集中引导他们仔细观察、交流、小结西瓜的外形特征,随后切开西瓜,让幼儿观察、交流、小结西瓜内部的特征;最后以总结西瓜的特征结束。活动中,教师引导适时,方式恰当,让幼儿通过看、摸、闻、听、尝等方式感知了西瓜的特征

表 5-1-6　小班科学活动:多样的石头

小班科学活动:多样的石头	同类物体观察活动
活动目标: 1.初步感知石头的多样性,了解石头的用途。 2.尝试用多种办法探究石头的特点,会用"光光的""硬硬的""凉凉的"等词语或简单的句子描述自己的发现。 3.喜欢观石、玩石,感受探究石头的乐趣	1.知识与经验目标; 2.方法与技能目标; 3.情感与态度目标
活动准备: 1.经验准备:活动前教师、家长与幼儿一同收集多种石头,请家长给幼儿讲讲石头的故事。 2.物质准备: (1)课件"多种多样的石头"。 (2)各种石头。 (3)积塑、木块、小木棒、土块、核桃、水、盆、笔、颜料、黏合剂、抹布等若干。 (4)盛物筐若干。 (5)轻快的音乐。 (6)展览场景	1.经验准备; 2.物质准备
活动过程: 1.幼儿参观展览,感知石头的外形特征。 (1)带幼儿跟随轻快的音乐来到"石头城",让幼儿相互介绍自己收集的石头。 (2)幼儿自由地观察石头,选一块自己最喜欢的石头,说说其颜色、形状、大小、花纹等。 2.幼儿观察比较,探究石头的主要特性。 (1)教师引导幼儿归纳几种石头的外形特点。 教师:"这些石头是什么颜色的? 什么形状的? 摸一摸,觉得怎么样?" (2)教师让幼儿用积塑、木块、小木棒等敲打石头,并说说发现。 教师:"用这些东西敲一敲、打一打石头,看看会怎么样? 用石头敲敲石头、土块、核桃,看看(说说)什么被敲碎了? 把石头、木块、积塑放入水里,说说发现了什么?" (3)教师总结石头的主要特性。 教师:"石头有不同的颜色,有黑的,有白的,有黄的,还有灰的和彩色的;有的石头上有花纹,很漂亮。石头也有不同的样子,有的尖尖的,有的圆圆的,有的方方的,有的像人头,有的像大饼,有的像小动物。这些石头摸起来光光的、硬硬的、凉凉的。" 3.幼儿送石头"回家",根据外形特征将石头分类。 (1)教师出示盛物筐,请幼儿根据石头的外形特征讨论如何分类。 (2)幼儿按要求将石头"送回家"。	1.参观展览; 2.观察比较主要特征; 3.分类;

小班科学活动:多样的石头	同类物体观察活动
4.幼儿观看课件,进一步感知石头的多样性。 (1)教师提问,引导幼儿回忆见过的石头。 教师:"你还见过哪些不一样的石头?它是什么样的?" (2)教师让幼儿观看课件,引导幼儿感知石头的多样性。 教师:"这是些什么石头?在哪里见过?" 5.分享经验,了解石头的作用。 (1)看看、找找生活中石头做的东西。 (2)教师演示课件,梳理总结幼儿的发现	4.感知石头的多样性; 5.了解石头的作用

活动分析:

在地质学上,岩石可以按照其成因分为三大类,即沉积岩、变质岩和火成岩,但对于幼儿来说,不需要理解这么复杂的分类。幼儿常见的石头有鹅卵石、毛岩等。小班幼儿一般按照形状、颜色、大小等外部特征将石头分类,所以,要准备各种形状、颜色、大小的石头。这个活动属于同类物体观察活动,将观察渗透于收集展品、布置展览和参观展览的过程中。活动开始,幼儿参观展览,感知石头的外形特征;随后,幼儿归纳几种石头的外形特点,再给石头分类,并通过观看课件感知石头的多样性;最后以探讨石头的作用结束。活动注重幼儿的观察,通过分类帮助幼儿巩固对石头外部特征的认识,用课件加强幼儿对石头多样性的感知,思路清晰,环环相扣

表 5-1-7　中班科学活动:大蒜、葱和韭菜

中班科学活动:大蒜、葱和韭菜	比较性观察活动
活动目标: 1.知道大蒜、葱和韭菜的作用,根能吸收营养,帮助植物生长。 2.能比较大蒜、葱和韭菜的叶子、茎的形状和颜色,说出它们的异同点。 3.喜欢吃大蒜、葱和韭菜	1.知识与经验目标; 2.方法与技能目标; 3.情感与态度目标
活动准备: 1.经验准备:幼儿见过并吃过大蒜、葱和韭菜。 2.物质准备: (1)大蒜、葱和韭菜若干。 (2)菜筐每组一个。 (3)小花盆每组一个。 (4)种植工具每组一套。 (5)观察记录表每组一份	1.经验准备; 2.物质准备

续表

中班科学活动:大蒜、葱和韭菜	比较性观察活动
活动过程: 1.教师出示大蒜、葱和韭菜,让幼儿分类。 教师:"妈妈买了大蒜、葱和韭菜,可是小红把三种菜都混在了一起,很着急,想请你们帮忙把这些菜分开并放在各自的筐里。"	1.分类;
2.幼儿观察、比较、记录、讨论大蒜、葱和韭菜,感知外形特征。 (1)教师提问引发幼儿思考。 教师:"你是怎样把大蒜、葱和韭菜分开的?它们有什么不同的地方?有什么相同的地方?可以边观察边记录下来。" (2)幼儿记录并讨论。 (3)师幼小结。 教师:"大蒜、葱和韭菜不同的地方在叶子:大蒜的叶子上面小下面大,又宽又扁;葱的叶子圆圆的,中间空空的,像根管子;韭菜的叶子(除了最顶上)从上到下几乎一样粗,是扁扁的、窄窄的。它们相同的地方有很多,比如叶子都是绿的,叶子的顶端有点尖,都有白白的茎和长长的须根,根在地下生长。"	2.感知外部特征;
3.教师提问引发幼儿讨论,了解大蒜、葱和韭菜的用途。 (1)教师提问,引发幼儿对大蒜、葱和韭菜用途的思考。 教师:"大蒜、葱和韭菜在我们的生活中有什么作用?" (2)幼儿回答。 (3)教师小结。 教师:"大蒜、葱和韭菜都可以做菜吃,其中大蒜和葱主要作为调味品,韭菜一般只做菜吃。"	3.讲述大蒜、葱和韭菜的用途;
4.种植大蒜、葱和韭菜。 教师取部分大蒜、葱、韭菜,切下下半段,开展园内种植活动	4.种植大蒜、葱和韭菜

活动分析:

大蒜、葱和韭菜是幼儿生活中常见的蔬菜,但由于它们长得很像,很多幼儿难以区分。这个活动通过观察、比较帮助幼儿区分三者的外部特征,属于比较性观察活动。活动开始,以情境创设的方式让幼儿分类,逐步观察、比较、记录、讨论,感知大蒜、葱和韭菜的外部特征;然后再使幼儿了解三者的作用;最后以种植活动结束。活动中让幼儿充分观察与比较,分析三者的异同,这样的设计容易达到活动目标。当然,这种活动也可以在户外进行——一开始就到有大蒜、葱和韭菜的种植园里开展

(二)现象观察活动

现象观察活动的重点在于观察变化发生的过程。在活动中,教师可以将观察、指导、交流相结合,根据实际情况,在观察之后引导幼儿对观察到的现象进行讨论、总结,找出同类现象的共同点。现象观察活动与后文涉及的实验探究活动有类似之处。观察是在实验探究活

动中也会运用的方法,但实验探究活动目的不仅在于发现现象本身,还在于探究其原因。这里所说的现象观察活动是以发现现象本身的目的为主,一般不涉及原因的探究。

现象观察活动的基本设计思路如下:

(1)教师提出问题或直接引出观察对象,导入活动。

(2)幼儿自由观察与交流,初步感知现象的变化过程。

(3)教师组织幼儿讨论,进一步理解现象。

(4)教师引导幼儿思考相关内容,扩展经验。

(5)教师总结,结束活动。

小班现象观察活动"神奇彩虹糖"(见表5-1-8)基本遵循了上述思路。

表5-1-8 小班科学活动:神奇彩虹糖①

小班科学活动:神奇彩虹糖	现象观察活动
活动目标: 1.知道糖能溶解在水里。 2.感知糖在水中溶解的过程及所发生的变化,并能用语言大胆讲述自己的发现。 3.感受色彩变化带来的惊喜,对溶解现象产生好奇心。	1.知识与经验目标; 2.方法与技能目标; 3.情感与态度目标
活动准备: 1.经验准备:幼儿吃过彩虹糖。 2.物质准备: (1)塑料杯每人一个,杯中有温水。 (2)彩虹糖若干。 (3)用于搅拌的汤匙每人一把。 (4)白纸盘一个	1.经验准备; 2.物质准备
活动过程: 1.教师以魔术的形式出示彩虹糖,提问引导幼儿观察与思考。 (1)教师出示彩虹糖,让幼儿观察彩虹糖的颜色。 教师:"老师今天要变一个魔术,看看变出什么。变!变!变!哇!是什么?"(出示彩虹糖) 教师:"你吃过吗?你吃的彩虹糖是什么颜色的?彩虹糖有哪些颜色?" (2)教师提问引导幼儿思考。 教师:"如果把彩虹糖放到水里去会怎么样呢?今天请大家试一试,仔细看看,彩虹糖到水里会怎么样?" 2.幼儿自由观察彩虹糖在水中溶解的过程,自由交流。 (1)教师给每人发一颗彩虹糖,让幼儿把彩虹糖放到水里。	1.提出问题; 2.自由观察与交流;

---

① 案例作者为湖南省怀化市沅陵县五强溪镇中心幼儿园张巧露老师。

小班科学活动:神奇彩虹糖	现象观察活动
(2)教师引导幼儿自由观察与交流彩虹糖在水里的变化。 教师:"你手里的彩虹糖是什么颜色的?将彩虹糖放入水中,轻轻地搅一搅,看看水有什么变化?再把彩虹糖舀上来看看,它变成了什么颜色?和你的小伙伴说一说。" 3.教师引导幼儿观察与讨论溶解现象。 (1)教师提问引导幼儿思考。 教师:"彩虹糖放到水里最后怎么不见了?它真的没有了吗?到哪里去了呢?现在又变成什么样了呢?" (2)幼儿讨论、交流、思考、讲述。 小结:原来彩虹糖上的颜色到水里去了。	3.引导观察与讨论现象;
4.教师操作,引导幼儿观察与思考,拓展幼儿经验。 (1)教师操作,引导幼儿观察色彩变化。 教师:"如果把好多彩虹糖在白纸盘中摆成一个圆圈再倒水,会出现什么?这看起来像什么?" 教师:"原来彩虹糖溶解后还可以变出这么多美丽的东西,可真神奇!" (2)引导幼儿联想其他溶解现象,扩展幼儿的经验。 教师:"你还知道有什么东西像糖一样,在水里会化掉呢?"	4.联想、交流与拓展;
5.幼儿品尝彩虹糖,感受彩虹糖的味道。 教师:"今天我们发现了一个有趣的现象:彩虹糖放到水里就不见了。你们回家以后再试一试,还有哪些东西也是这样的。现在我们尝尝神奇的彩虹糖吧,说不定还有神奇的发现。"	5.品尝彩虹糖

活动分析:

彩虹糖是幼儿常见并喜欢的一种食物。用彩虹糖作为观察对象,能调动幼儿的已有经验,激发幼儿活动兴趣,让幼儿有话可说。同时,溶解也是幼儿在生活中常见并感兴趣的科学现象。幼儿通过观察,可以感受彩虹糖在水中溶解的神奇变化,体验科学活动的有趣。活动开始,教师提问引导幼儿观察彩虹糖的颜色,并思考彩虹糖放到水里的变化;随后,教师让幼儿将彩虹糖放到水里,观察、交流与讨论溶解现象,连续用几个提问引导幼儿思考;然后,幼儿观察一圈彩虹糖溶解后的神奇景象,拓展经验;最后,以幼儿品尝彩虹糖结束活动。活动环环相扣,层层推进,幼儿通过操作、观察、交流、讨论等初步了解溶解现象,为以后的科学学习奠定一定的基础

(三)户外观察活动

户外观察活动是在实地进行的观察,一般与散步、参观等活动相结合。通常,户外活动需要经历从室内到室外,再从室外到室内的空间转换过程,因此,幼儿比较分散,难于组织,教师在活动中要尽量采用分组教学,在活动设计的环节减少集中指导,注重个别指导,回到活动室后注意让幼儿谈论感受,与其他幼儿分享。

户外观察活动的基本设计思路如下:

(1)教师提出问题,引出观察对象。

(2)幼儿分散观察,教师个别指导;或在不同角度与距离观察,按顺序观察。

(3)幼儿分享和表达,了解观察对象的基本特征。

(4)活动总结。

中班户外观察活动"常绿树和落叶树"(见表5-1-9)基本遵循了上述思路。

表5-1-9　中班科学活动:常绿树和落叶树

中班科学活动:常绿树和落叶树	户外观察活动
活动目标: 1.认识几种常绿树和落叶树,知道它们的名称。 2.能通过多感官区分常绿树和落叶树的显著特征,并能用正确的词汇表达出来。 3.喜欢去树林中玩耍,乐意观察和认识常绿树和落叶树	1.知识与经验目标; 2.方法与技能目标; 3.情感与态度目标
活动准备: 1.经验准备:幼儿见过很多树。 2.物质准备: (1)课件"常绿树和落叶树"。 (2)常绿树和落叶树的树叶若干。 (3)装树叶的小篮子每人一个	1.经验准备; 2.物质准备
活动过程: 1.带领幼儿去户外捡落叶,感知树叶的特征和多样性,提出问题。 (1)教师带幼儿去户外,引导幼儿观察与交流树叶的特征。 教师:"秋天来了,外面有些什么变化呢?很多树叶掉下来了,捡起来看看,你的树叶是什么样的?什么形状?什么颜色?相互说一说,也可以和老师说一说。" (2)教师小结树叶的特征,引导幼儿重点关注树叶的颜色。 教师:"树叶有不同的形状和颜色。有的树叶是绿色的,有的是黄色的,有的是红色的……" 2.教师引导幼儿观察与讨论树叶的变化,引出常绿树和落叶树的相关讨论与分享。 (1)教师提问引发幼儿对树叶的思考。 教师提问:"冬天到了,树叶有什么变化?树上的叶子都掉了吗?为什么有些树的叶子掉得很多,有些树的叶子掉得很少,甚至不掉呢?" (2)幼儿根据已有经验进行讨论。 (3)教师小结。 教师:"原来有的树是常绿树,一年四季都是绿色的;有的树是落叶树,一到秋天,树叶就会开始变黄,落到地面,到春天才长出新叶。" 3.幼儿试着寻找幼儿园内的常绿树和落叶树。 (1)教师提问引导幼儿寻找常绿树和落叶树。 教师:"我们幼儿园有哪些是常绿树?哪些是落叶树呢?"	1.提出问题; 2.幼儿去室外分散观察,教师个别指导; 3.引导幼儿观察与讨论分享;

续表

中班科学活动:常绿树和落叶树	户外观察活动
(2)引导幼儿说说自己找到的常绿树和落叶树。 教师:"你找到了哪些常绿树？哪些是落叶树？对不对呢？" 4.幼儿带着树叶回到活动室,借助图片认识常绿树和落叶树。 (1)教师出示常绿树的图片,引导幼儿感知常绿树的特征。 教师:"常绿树的叶子是什么样子的？什么颜色？看看你捡的树叶,哪些是常绿树的叶子？" (2)教师出示落叶树的图片,引导幼儿感知落叶树的特征。 教师:"落叶树的叶子是什么样子的？什么颜色？看看你捡的树叶,哪些是落叶树的叶子？" (3)师幼共同小结常绿树和落叶树叶子的特征。 小结:常绿树的叶子是硬硬的、光滑的、厚厚的,有水分,表面有蜡质;落叶树的叶子是软软的、粗糙的、薄薄的,没有水分。 5.教师出示一些常绿树和落叶树的图片,丰富幼儿的认知	4.回室内观察总结; 5.出示图片,拓展经验

活动分析:

知道常绿树和落叶树知识的幼儿并不多,但生活中落叶现象很明显。在秋天让幼儿观察落叶,思考落叶现象,容易帮助其认识常绿树和落叶树。要观察落叶就得在室外开展活动。这个活动属于户外观察活动。活动开始,教师带幼儿去户外,提问引导幼儿关注树叶的颜色;随后,教师引导幼儿观察与讨论树叶的变化,引出常绿树和落叶树的相关讨论与分享;然后,教师让幼儿寻找幼儿园内的常绿树和落叶树,并带着树叶回到活动室,借助图片进一步认识常绿树和落叶树;最后,教师出示一些常绿树和落叶树的图片,拓展幼儿的经验,丰富幼儿的认知。这个活动经历了由室内到室外,再由室外到室内的空间转换过程。幼儿在户外观察过程中感受了季节的变化,认识了常绿树和落叶树,在室内图片观察过程中进一步拓展了认知

(四)长期系统性观察活动

长期系统性观察活动重点引导幼儿对物体和现象在质与量两方面的发展有完整的认识,对幼儿的知识经验、认知水平要求较高,一般在中班才开始采用,主要在大班进行。

长期系统性观察活动的基本设计思路如下:

(1)集体活动引出观察对象。

(2)熟悉观察对象,了解观察对象最后的结果。

(3)掌握观察要点、方法。

(4)师幼共同设计观察记录表。

(5)日常观察,做好观察记录。

(6)展示结果,全面系统梳理观察经验。

长期系统性观察活动"蝌蚪变青蛙"(见表5-1-10)基本遵循了上述思路。

表 5-1-10　大班科学活动:蝌蚪变青蛙

大班科学活动:蝌蚪变青蛙	长期系统性观察活动
活动目标: 1.通过观察了解蝌蚪的外形特征和动态,了解蝌蚪的成长变化过程。 2.能说说自己看到的关于蝌蚪的一些趣事。 3.对蝌蚪及其成长变化感兴趣,愿意长期观察蝌蚪	1.知识与经验目标; 2.方法与技能目标; 3.情感与态度目标
活动准备: 1.经验准备:幼儿听过蝌蚪变青蛙的故事,见过青蛙。 2.物质准备: (1)每人一个放大镜和一个观察记录本。 (2)蝌蚪若干,放置在透明玻璃器皿内。 (3)青蛙成长动画和图片资料	1.经验准备; 2.物质准备
活动过程: 1.教师与幼儿谈论蝌蚪,引出活动主题。 教师:"春天的池塘里突然多了许多可爱的小动物,小朋友们知道是什么动物吗?它长什么样子?" 2.幼儿观察、记录,初步了解蝌蚪的外部特征。 教师:"请大家认真观察蝌蚪,把观察结果记录到观察记录本上。" 3.教师引导幼儿分享自己的观察结果和记录方式。 教师:"你的蝌蚪是什么样子的? 你是怎么记录的?" 4.教师提问引发幼儿思考,使幼儿了解蝌蚪变青蛙的成长过程。 (1)教师提问引导幼儿思考,幼儿交流想法。 教师:"蝌蚪长大后变成了什么? 蝌蚪是怎么变成青蛙的?" (2)教师播放蝌蚪变青蛙的动画资料,幼儿说说变化过程。 (3)制作蝌蚪变青蛙的成长图,巩固知识。 5.布置观察与记录任务	1.谈论蝌蚪; 2.观察记录外部特征; 3.分享观察结果和记录方式; 4.了解变化过程; 5.布置长期系统性观察与记录任务
活动延伸: 进行长期系统性观察,定时记录,观察蝌蚪的成长过程	日常观察与记录

活动分析:

蝌蚪变青蛙一般需要 50~78 天,所以这个过程需要幼儿长期观察。这个活动属于长期系统性观察活动,需要将集体观察活动和日常观察活动有机结合。在这里,活动过程只能写出当次集体观察活动的内容,日常观察活动用活动延伸的形式写出。实际上,在日常观察与记录之后,还需要展示结果,通过集体活动全面系统梳理观察经验。所以,长期系统性观察活动难以用一次活动设计完成,是多个集体活动和日常活动的结合

表 5-1-11 是以上四种观察认识活动的对比,展现了各自的设计要求与思路。

表 5-1-11　四种观察认识活动的对比

类　　型		设 计 要 求	举　　例	设 计 思 路
物体观察活动	个别物体观察活动	重点引导幼儿观察个别物体的特征，在观察的基础上表达与交流	小班活动"好吃的西瓜"	1. 教师出示观察对象，导入活动。 2. 幼儿自由观察与交流，初步感知观察对象。 3. 教师引导幼儿观察与交流，了解观察对象的基本特征。 4. 教师引导幼儿思考与观察对象相关的其他内容，扩展幼儿的经验。 5. 教师总结提升，结束活动
	同类物体观察活动	重点引导幼儿观察认识物体的多样性	小班活动"多样的石头"	
	比较性观察活动	重点引导幼儿比较、交流物体或现象间的异同，在此基础上分类，观察、比较、讨论相结合	中班活动"大蒜、葱和韭菜"	
现象观察活动		重点引导幼儿观察变化的发生，然后对现象加以讨论	小班活动"神奇彩虹糖"	1. 教师提出问题或直接引出观察对象，导入活动。 2. 幼儿自由观察与交流，初步感知现象的变化过程。 3. 教师组织幼儿讨论，进一步理解现象。 4. 教师引导幼儿思考相关内容，扩展经验。 5. 教师总结，结束活动
户外观察活动		尽量减少集中指导，注重个别指导和个人体验	中班活动"常绿树和落叶树"	1. 教师提出问题，引出观察对象。 2. 幼儿分散观察，教师个别指导；或从不同角度与距离观察，按顺序观察。 3. 幼儿分享和表达，了解观察对象的基本特征。 4. 活动总结
长期系统性观察活动		重点引导幼儿对物体和现象质与量两方面发展有完整的认识	大班活动"蝌蚪变青蛙"	1. 集体活动引出观察对象。 2. 熟悉观察对象，了解观察对象最后的结果。 3. 掌握观察要点、方法。 4. 师幼共同设计观察记录表。 5. 日常观察，做好观察记录。 6. 展示结果，全面系统梳理观察经验

六、观察认识活动的指导要点

观察认识活动是在教师的指导下进行的。教师在活动中的指导,不仅要体现在活动方案的设计中,更要真正落实到幼儿身上。为了使活动达到既定的目标,获得最佳效率,教师应在活动中更多地关注幼儿,根据幼儿的表现,随时调整自己的角色,有效地指导幼儿的观察,确保每个幼儿在活动中都能积极学习。

(一)激发幼儿观察兴趣,明确观察目的

观察认识活动中要注重激发幼儿观察的兴趣,并且要在观察前明确提出观察任务,以帮助幼儿明确观察目的。对于小班幼儿来说,简单的语言描述就能把他们带入有趣的游戏情境中,教师可以创设游戏情境吸引幼儿的注意力。如在小班科学活动"认识柚子"中,为了调动幼儿的观察兴趣,教师首先出示一个盖着布的盘子,说:"老师给小朋友们带来了好吃的东西,放在盘子里了,你们想知道是什么吗?"展示柚子后,教师提出游戏任务即观察任务:"柚子宝宝想和我们捉迷藏,请你们用小眼睛、小手、小鼻子和它玩一玩。"对于中班、大班幼儿来说,他们已经有了问题意识和任务意识,可以创设简单的问题情境或任务情境调动他们观察的兴趣和热情。如在中班科学活动"大蒜、葱和韭菜"中,教师提问:"如何把大蒜、葱和韭菜分开呢?"

(二)引导幼儿运用多种感官进行观察

观察不只是用眼睛看,而是多种感官协调活动。在观察认识活动中,要让幼儿充分发挥感官的作用,在看、听、闻、尝、摸等过程中,全面获取观察信息,整体感知事物。如小班科学活动"好吃的西瓜"中,教师就要让幼儿看一看西瓜切开前的形状、颜色、花纹,摸一摸西瓜的皮,闻一闻西瓜的气味,再切开西瓜,让幼儿看一看西瓜里面是什么样子的,尝一尝西瓜的味道,全面把握西瓜的特征。

案例5-1-1:用多种感官进行观察的活动[①]

年龄:3~6岁。

目的:观察每日的天气情况。

询问幼儿在来园的路上所观察到的天气情况,然后带幼儿到户外观察,可以提问:"你感觉天气怎么样?你看到了什么?听到了什么?闻到了什么?"请幼儿特别留意某些天气方面的指示物,如云、雨、露珠、雪或水坑、冰块、人们的穿着、旗帜或树枝与树叶的飘动,等等。为了帮助幼儿观察户外的风,可以在幼儿透过窗户能看到的空旷处放置一架风车,然后让幼儿说说风车的转动情况。可以在一张大表上用图画或文字(或图文并茂)记录幼儿的观察情况。有时,也可以让幼儿在自己的科学日志上记录观察结果。坚持每天观察,并让幼儿说说天气的变化情况。4岁的幼儿能画出或涂画出天气情况,并且说给教师听,以便教师添加文字说明。大一些的幼儿也许能自己用文字记录天气情况。

---

① 马丁.建构儿童的科学——探究过程导向的科学教育[M].杨彩霞,于开莲,洪秀敏,译.北京:北京师范大学出版社,2006:44-45.

天气观察记录表如表 5-1-12 所示。

表 5-1-12　天气观察记录表

星期日	星期一	星期二	星期三	星期四	星期五	星期六
多云	阴	阴	晴	晴	晴	多云

(三)帮助幼儿掌握观察的方法

幼儿年龄小,对事物的观察比较笼统,不够精确,不能对观察对象进行全面系统的观察,往往忘记观察对象的特点,因此,教师应有意识地引导幼儿学习观察的方法,根据观察对象的特点,有目的、有计划地教幼儿一些最基本的观察方法。幼儿阶段,主要学习顺序观察方法、比较观察方法和典型特征观察方法。

(四)鼓励幼儿用语言表达观察中的发现

语言是思维的体现,是幼儿整理自己观察结果的过程。教师要鼓励幼儿用语言描述自己的观察过程和结果,大胆表达自己的看法和观点,积极与同伴、教师交流与分享信息。对于不能完整、连贯表达的幼儿,要通过引导、示范的方式进行帮助。

幼儿在观察过程中和表达交流时会有许多新发现,对于这些新发现,教师要在倾听的基础上做出有效、积极的回应,善于捕捉幼儿语言中的闪光点,表扬其发现中的合理之处,纠正其表达的问题,提醒幼儿继续思考不合理的地方。

(五)指导幼儿学习采用各种方法记录观察结果

记录是观察认识活动的一个重要环节,是观察结果形式化的体现,是整理分析信息、获得发现的手段。幼儿的观察记录能反映出他们的观察水平以及观察内容的正确与否,是重要的评价手段,也是培养幼儿科学态度和良好习惯的方式。

对于初学记录或不能完成记录的幼儿,教师应先教他读懂记录符号,指导他用绘画、卡片、符号等方式记录自己的观察发现。例如,在中班"神奇的绿豆"活动中,教师先请幼儿将观察到的绿豆当前的样子画在观察记录本的第一页上,并写上日期,再交代观察任务,要求幼儿每天在区域活动时观察绿豆的变化,并记录(画出)自己的观察结果。

案例 5-1-2:大班科学活动:空气[①]

活动目标:

1.对空气感兴趣,愿意观察空气。

[①] 案例作者为新疆喀什地区叶城县友谊路第十五幼儿园徐瑞新老师,该活动是他在湖南省常德市武陵区三一翡翠湾幼儿园实习时组织实施的。

2.能认真观察实验过程,发现实验现象,并大胆表达。

3.通过多种感官感知空气的基本性质,知道空气对于现实生活的重要作用。

活动准备:

1.经验准备:幼儿知道火的安全使用知识。

2.物质准备:

(1)学具:大小2种玻璃杯(每个幼儿1个玻璃杯)、水盆(每2个幼儿1个)、水、蜡烛(每个幼儿1支)。

(2)教具:大小玻璃杯(1组)、塑料杯(2个)、水盆(2个)、水、纸巾(1包)、箱子(1个)、蜡烛(2支)、打火机(1个)。

(3)活动场地布置(见图5-1-1):

教师在讲桌上摆放教具,讲桌前是幼儿的座位,座位后面是幼儿的操作台。讲桌上摆放两个水盆,水盆里面装适量的水,水盆里面放两支蜡烛(幼儿操作时请教师提前点燃),水盆边各有一个大玻璃杯、一个小玻璃杯。

图5-1-1　活动场地布置

活动过程:

1.情境导入,激发幼儿的兴趣。

创设情境:来到了科学实验室。

教师:"我有一个实验宝箱,我们一起来看一看宝箱里面都有什么吧。"(宝箱里面有塑料杯、纸巾、蜡烛、打火机)

2.幼儿观察实验现象,证实空气的存在。

(1)实验1"不湿的纸巾",激发幼儿的探索兴趣。

①教师将一张纸巾团成团,塞入塑料杯底,倒扣压入水盆里(纸巾不掉下来),幼儿猜测实验结果。

教师请一名幼儿取出纸巾,其他幼儿观察实验结果。

教师:"纸巾直接放到水里面会不会湿?如果我将纸巾放到塑料杯里,然后倒放入水盆里,纸巾会不会湿?"

②幼儿猜测:为什么纸巾没有湿?

③教师第二次将纸巾放入塑料杯底,将塑料杯倾斜放入水盆里,请幼儿观察杯子里面水

与纸巾的变化。

教师:"这次我是怎么放的?这次的纸巾会不会湿?为什么(湿了)?"

④幼儿讲述实验现象,并讨论:到底是什么"保护"了纸巾?

教师示范纸巾实验如图 5-1-2 所示。

图 5-1-2　教师示范纸巾实验

(2)实验2"有孔的容器",验证塑料杯中所含的特殊的东西是空气。

①教师取出前面实验中没有湿的纸巾的器材,对干的塑料杯进行扎孔。

②教师引导幼儿观察实验中的气泡现象(见图 5-1-3),并观察纸巾是否打湿。

教师:"你看到了什么?"

③教师引导幼儿讲述本次实验中纸巾湿的原因。

教师:"为什么这次的纸巾湿了,有什么东西跑出来了?"

(3)教师总结。

教师:"纸巾没有湿的秘密,就是杯子里面有空气。"

图 5-1-3　幼儿观察气泡现象

3.幼儿直观感知,了解空气的性质。

(1)教师引导幼儿闻、尝、看。

教师:"请你们用鼻子闻一闻,用舌头舔一舔。"

(2)教师总结:空气是无色无味,并确实存在周围生活中。

4. 幼儿探究人体，明白人与空气的关系。

(1)幼儿猜测身体里面是否含有空气。

(2)教师请所有幼儿深吸一口气，将嘴巴闭紧，尽可能长时间捏住鼻子。(如果幼儿还不能够理解空气对身体的重要作用，建议给每个幼儿发一张展开的纸巾，让他们把纸巾放在鼻子附近，进一步感知吸气与呼气时纸巾的变化，或者请幼儿躺在地板上观看自己呼吸时起伏的胸口)

(3)教师进行适当的小结，并进行安全教育。

教师："发生了什么事情？你们为什么要松开鼻子？好像我们身体迫切需要某种东西让你不得不松手。原来我们自己的身体也需要空气，当我们长时间没有呼吸到新鲜的空气时，身体就会感到不舒服。"

5. 实验操作"杯中的蜡烛"，使幼儿知道空气的作用。

(1)教师分发材料，说明实验要求，幼儿动手操作实验。

实验要求：幼儿不能碰到蜡烛，要使蜡烛被扣在玻璃杯中；观察实验中蜡烛燃烧的现象(见图 5-1-4)以及玻璃杯里面发生的现象。

(2)幼儿表达自己观察到的实验现象。

(3)教师针对现象进行实验。

实验现象：玻璃杯中蜡烛的火焰会熄灭，不同大小的玻璃杯，蜡烛燃烧时间的长短不同；蜡烛熄灭后，会有一些水进入倒扣的玻璃杯中。

图 5-1-4　幼儿观察蜡烛燃烧现象

(4)教师小结。

教师："空气中有一种帮助火焰燃烧的东西，名字叫作氧气，氧气在帮助火焰燃烧的时候，自身也会被消耗。当氧气被火焰用完，杯子里面的氧气就用尽了，所以蜡烛火焰也就熄灭了。大小不同的杯子，火焰熄灭的时间不同，这是因为不同体积的容器含空气量不同。火焰熄灭后，玻璃杯里的气压就小于外界气压，为了保持气压一致，水就流入杯中了，这就像我们肚子饿了要吃饭一样。但也不是所有的空气都叫氧气。你们看杯子里面是不是还有一些其他的没有用完的'空气'？这些'空气'也有它们的作用,放学回去以后可以和爸爸妈妈一起了解空气里面还有哪些不同的气体。"

6.回归生活,使幼儿保持探索的兴趣。

教师创设环境:一包薯片,一包真空包装的食品,活动室里面还有一些篮球。

教师带领幼儿找一找活动室中有哪些物品里面含有空气,思考它含的空气有什么作用。

活动延伸:

1.科学区活动"神奇的气压"。

准备:塑料罐、吸管、打孔器。

步骤:

(1)塑料罐底部凿开一个可以插入吸管的小洞。

(2)将塑料罐装满水,会出现一股水从洞中涌出。

(3)快速拧紧塑料罐盖子,水流不再涌出。

2.家园共育:家长和幼儿一起查阅有关空气的知识。

活动反思:

1.本次活动的优点:

(1)活动符合幼儿的年龄特点,并与幼儿的生活紧密联系,具有一定的难度,符合幼儿的发展需求。

(2)活动中,教师不断通过提问的方式引导幼儿思考,提问以开放性问题居多,让幼儿自由描述观察对象的特征。

(3)幼儿事先猜测,再通过实验反复尝试与验证,充分观察到了实验过程中的现象与变化,实现了"做中学"。

2.活动的不足之处:

(1)导入环节过于简单。

(2)在"杯中的蜡烛"这个环节中关于压力与压强的解释超出了幼儿的接受范围,教师解释得也不够清楚。

(3)活动即将结束时,教师提供了一包薯片和一包真空包装的食品,可能导致幼儿对空气的认知不够清楚。薯片里面有空气,是为了保护薯片,真空包装的食品里面没有空气,也是为了保护食品。

3.如果以后开展这一类活动,可以在以下方面做一些改进:

(1)尽可能给每个幼儿提供大小不同的两个杯子,方便观察。

(2)导入环节给幼儿提供充好气的球和已漏气的球。

(3)在"不湿的纸巾"这一环节,给幼儿提供实际操作的机会。

(4)即将结束活动时,让幼儿进一步讨论:对于易碎食品,如果是真空包装会发生什么事情?另外,一些卤制食品,如果包装里面充满空气又会怎样?

(5)可开展关于空气的系列活动,使幼儿获得有关空气的更多经验,如表5-1-13所示。

表 5-1-13　幼儿可获得的有关空气的经验

空气相关特性	可直接感知的体验	
	皮肤可以察觉的现象	视觉、嗅觉器官的感知
空气呈现气态； 空气是由多种物质混合形成的一种混合物； 空气无处不在； 空气占据空间； 空气对任何物体的所有面都施压； 空气可移动物体； 空气有阻力； 空气有温度； 空气可以传导声音； 暖空气上升； 暖空气需要更多的空间； 动植物都需要在空气中活动； 飞机、火箭可以在空气中飞行	强弱气流的对比； 冷热空气的感受	空气无色无味； 不同的芳香类事物可以改变气味

任务二　实验探究活动

小组建构活动：糖的溶解

1. 准备材料

全班学生以 3～5 人为一组，每组准备以下材料：三个塑料杯、三个勺子、一杯散红糖、一块方糖、热水、温开水、冷水。

2. 思考与分享

第一，各组列出自己认为的会影响糖溶解的所有因素。

第二，各组分享自己列出的因素，讨论。

3. 溶解实验

每个小组研究一个变量，完成实验。

4. 讨论与分享

第一，怎样才能发现真正影响糖在水中的溶解度的因素？如何设计实验？

第二，通过实验，可得出什么结论？

第三，实验中需要注意什么？

第四，成功完成一个科学实验可以体现出人的一些什么品质？

一、实验探究活动概述

《纲要》中强调:"要尽量创造条件让幼儿实际参加探究活动,使他们感受科学探究的过程和方法。"不同于成人的科学实验,幼儿的实验探究往往实验过程比较简单,能直观地看到实验现象的变化和结果,所揭示的是事物之间明显的、可见的、表面的相互关系。幼儿园科学活动一直强调幼儿的操作,多用参与性强的实验探究活动。尤其是"探究型学习"和"做中学"等思想的传播,引发了强烈的学习和实践热潮。

实验探究活动是指幼儿在一定目标和问题的引导下,通过对实物材料进行操作,探究对象的变化过程,发现其中存在的各种因果联系的科学活动。在这类科学活动中,幼儿能体验科学探究的本质,提高学习科学的主动性和积极性,培养尊重事实的科学态度和思维能力及执着、不畏困难的科学精神。

"两弹元勋"邓稼先[①]

中国研制原子弹正值三年困难时期,尖端领域的科研人员虽有较高的粮食定量,却因缺乏油水,仍经常"饥肠响如鼓"。邓稼先从岳父那里能多少得到一点粮票的支援,却都用来买饼干之类,在工作紧张时与同事们分享。就是在这样艰苦的条件下,他与同事们日夜加班。"粗估"参数的时候,要有物理直觉;昼夜不断地筹划计算时,要有数学见地;决定方案时,要有勇进的胆识和稳健的判断……邓稼先不仅在秘密科研院所里费尽心血,还经常到飞沙走石的戈壁试验场。他冒着酷暑严寒,在试验场度过了整整 8 年的"单身汉"生活,有 15 次在现场领导核试验,从而掌握了大量的第一手材料。1964 年 10 月,中国成功爆炸的第一颗原子弹,就由他最后签字确定了设计方案。他还率领研究人员在试验后迅速进入爆炸现场采样,以证实效果。此后,他又同于敏等人投入对氢弹的研究。按照"邓-于方案",最后终于制成了氢弹,并于原子弹爆炸后的两年零八个月试验成功。这同法国用 8 年、美国用 7 年、苏联用 10 年的时间相比,创造了世界上最快的速度。

二、实验探究活动的内容选择

幼儿园常见的实验探究活动的内容大致包括物理实验、化学实验、植物实验、动物实验四大类,如表 5-2-1 所示。

表 5-2-1　幼儿园常见的实验探究活动的内容分类

范　围	举　例
物理实验	水的三态、沉与浮、光和影子、磁铁的两极、奇妙的斜坡、奇妙的蛋壳、配色游戏、力的平衡、电的功能、地球引力、太阳发热
化学实验	神奇的紫甘蓝、淀粉遇碘变色、好喝的饮料
植物实验	变弯的牵牛花茎、黄豆发芽
动物实验	乌龟爱吃什么?小白兔爱吃什么?

---

① 摘自快资讯网:https://www.360kuai.com/pc/9e1e1eb295b463102?cota=4&tj_url=so_rec&sign=360_57c3bbd1&refer_scene=so_1.

尽管实验探究活动非常符合幼儿的学习特点,但学前期的儿童还不能在逻辑的基础上理解事物之间的因果关系,他们的操作、实验并不具备什么严密的逻辑。实验需要一定的仪器、设备和材料,幼儿要动手操作,这对幼儿知识经验、操作技能、动手能力有一定的要求。因此,教师要根据科学教育目标,幼儿的兴趣、需要、理解水平与接受能力,以及幼儿园实际条件等,恰当选择实验内容,主要考虑以下几点:第一,每个实验都要有一个研究的问题,实验现象明显,幼儿容易观察,变量控制较简单,揭示表面关系;第二,实验内容有利于幼儿亲历探究过程,贴近幼儿生活,符合幼儿经验,不同年龄班幼儿实验探究的难度、要求有差异;第三,材料易于组织,适合幼儿操作;第四,实验操作带有游戏性质,程序简单,能激发幼儿的兴趣,满足幼儿的好奇心和求知欲。表5-2-2是不同年龄班幼儿实验探究活动内容示例。

表5-2-2　不同年龄班幼儿实验探究活动内容示例

小班	中班	大班
静电	沉与浮(探索物体在水中的沉浮状态)	沉浮的变化(探索如何改变物体在水中的沉浮状态)
鸡蛋站起来了	沙中找铁(探索磁铁吸铁的现象)	水的张力
吹泡泡	磁铁的两极	影子的变化
	不怕水的纸(探索纸的吸水性)	发光的物体
	配色游戏	瓶子吹气筒
	神奇的紫甘蓝	好玩的沙摆
	雪的变化	运沙
	转动的陀螺	神奇的蛋壳

三、实验探究活动的目标设计

实验探究活动强调让幼儿自己动手操作,自主探索,亲历探究的过程,发现事物的变化及其相互联系。在制定活动目标时,教师应优先考虑幼儿科学精神的培养与科学研究方法的获得,在此基础上重视科学知识的积累。通常实验探究活动的核心目标有:①科学好奇心;②科学探究能力;③科学经验。在进行活动设计时,可以提出更为具体的目标,如表5-2-3所示。

表5-2-3　实验探究活动的具体目标

	核心目标	适用年龄班	举例
科学好奇心	注意到新异的事物或现象	小班及以上	注意到有些东西放在水里会浮起来,有些会沉下去(小班活动"沉与浮")
	愿意探究新异的事物或现象	中班及以上	发现物体在水中会出现沉浮现象,愿意用不同的物体做实验(中班活动"沉与浮")
	对新异的事物或现象提出问题并进行探究	大班	尝试改变物体的沉浮状态(大班活动"沉与浮")

续表

	核心目标	适用年龄班	举例
科学探究能力	能通过自己的观察操作获得发现	小班及以上	能通过观察发现不同物体在水中的沉浮状态（小班活动"沉与浮"）
	能对问题提出假设并用自己的经验加以检验	中班及以上	能预测物体在水中的沉浮变化，并通过实验检验（中班活动"沉与浮"）
	能根据已经获得的资料合理推断、得出结论	中班及以上	能总结实验中物体的沉浮状态（中班活动"沉与浮"）
	能根据过去的经验或逻辑推断对现象进行解释和预测	大班	能根据已有经验解释潜水艇的沉浮变化（大班活动"潜水艇的沉浮"）
科学经验	能感知和发现常见材料的溶解、传热等性质或用途	中班及以上	了解糖能溶解在水里(小班活动"神奇彩虹糖")
	能感知和发现简单物理现象，如物体形态或位置变化等	中班及以上	感知物体沉浮现象并将物体按沉浮分类（中班活动"沉与浮"）
	能探索并发现常见的物理现象产生的条件或影响因素	大班	感知纸的承重与纸的状态之间的关系，及施力大小与物体受力点的关系（大班活动"纸的魔力"）

四、实验探究活动的准备工作

幼儿园教师要根据实验内容选择适宜的材料，材料必须为实现活动目标而服务。为了使实验操作达到预期的结果，必须做好经验准备和物质准备。实验探究活动开始前，幼儿必须掌握一些相关知识与技能，对操作的物质材料的名称、特征有初步的认识，同时，教师应对投放的材料亲自进行尝试，以此来确定材料是否适宜，是否能实现教育目标。材料数量要充足，结构要完整，摆放要适宜，保证卫生与安全。表 5-2-4 所示为小班、中班、大班三个实践探究活动的准备内容。

表 5-2-4　实验探究活动的准备

活动准备	小班：鸡蛋站起来了	中班：摩擦起电	大班：装沙石
经验准备	幼儿认识鸡蛋，吃过鸡蛋	幼儿在生活中看到过摩擦起电的现象	幼儿玩过沙石
物质准备	1. 熟鸡蛋人手一个，活动前请幼儿和家长一起装饰鸡蛋，涂成彩蛋或粘贴图案等。 2. 材料筐每组一个，内有小沙盘、小瓶、小碗、瓶盖、小塑料盒、积木、彩泥、沙包、米、报纸、小毛巾等操作材料	1. 塑料小棒或塑料尺，人手一份。 2. 细小、干燥的纸屑若干	1. 相同大小的广口瓶每组一个，用于填充的大石头、小石头、沙子每组一份（能全部放入广口瓶中）。 2. 记录工具和记录表每组一份。 3. 装好沙石的瓶子一个

五、实验探究活动的设计思路

幼儿的亲自操作和实验是实验探究活动中最重要的环节。根据幼儿年龄的不同及实验内容上的差异,实验探究活动可采用不同的设计思路,这里提供三种典型的设计思路以及基本设计思路。

(一)三种典型的实验探究活动设计思路

1. 演示-探究式

演示-探究式是传统的实验探究活动最常用的设计思路,这种思路下开展的实验属于探索性实验。这种设计思路是:教师出示材料,先对实验内容进行演示,幼儿掌握操作方法,然后幼儿按照教师演示的方法实验操作,并进一步观察,获得发现,即出示材料→教师演示→幼儿实验操作→幼儿观察与交流→获得发现→总结提升。

演示-探究式设计思路的优点是幼儿探究的目的明确,便于教师组织活动,易于达到预期目标;但也存在着限制幼儿思维和行动的缺陷,不能充分体现幼儿的自主探究。这种设计思路一般在两种情况下使用:一是幼儿年龄较小,无法独立探究;二是所提供材料的操作方式不易被幼儿理解,需要教师演示和引导。

例如,中班科学活动"摩擦起电"(见表 5-2-5)采用的就是演示-探究式设计思路。

表 5-2-5　中班科学活动:摩擦起电①

中班科学活动:摩擦起电	演示-探究式
活动目标: 1.感知摩擦起电的现象,初步了解摩擦起电现象。 2.通过实验能发现塑料小棒摩擦的次数、用力程度和吸起纸屑数量之间的关系。 3.对摩擦起电现象感兴趣,愿意与同伴分享自己的发现	1.知识与经验目标; 2.方法与技能目标; 3.情感与态度目标
活动准备: 1.经验准备:幼儿在生活中看到过摩擦起电的现象。 2.物质准备: (1)塑料小棒或塑料尺,人手一份。 (2)细小、干燥的纸屑若干	1.经验准备; 2.物质准备
活动过程: 1.魔术导入活动,激发幼儿活动兴趣。 (1)教师将已摩擦过的塑料小棒靠近纸屑,让幼儿观察纸屑被吸起来的过程。 (2)教师提问,引发幼儿思考。 教师:"老师用了什么办法？你的小棒能把纸屑吸起来吗？" (3)幼儿用手中的塑料棒进行尝试。	1.魔术导入;

---

① 案例作者为湖南幼儿师范高等专科学校 1706 班学生周姣。

续表

中班科学活动:摩擦起电	演示-探究式
2.教师示范实验,幼儿观察与交流。 (1)教师示范将塑料小棒在毛衣上来回多次摩擦,然后靠近纸屑,将纸屑吸起来。 (2)教师提问引发幼儿思考。 教师:"老师用了什么方法?"	2.教师示范,幼儿观察与交流;
3.幼儿尝试实验,初步感知摩擦起电现象。 (1)幼儿尝试按照教师的方法操作。 (2)教师小结。 教师:"把塑料小棒或塑料尺在毛衣上来回摩擦后,小棒或尺上产生了静电,能够把纸屑吸起来。"	3.幼儿尝试,初步感知;
4.幼儿再次尝试并分享,感知摩擦对象、摩擦次数、力度与吸起纸屑数量间的关系。 (1)教师提问,引发幼儿思考摩擦对象、摩擦次数、力度与吸起纸屑数量间的关系。 教师:"怎样才能吸起更多的纸屑呢?摩擦什么物体、摩擦多少次、用多大的力摩擦更好?" (2)幼儿自由尝试,教师巡回指导。 (3)请纸屑吸得多的幼儿分享经验。 (4)教师总结:原来把塑料小棒或塑料尺在毛衣、头发等上来回摩擦的次数越多、力度越大,产生的静电就越强,吸起来的纸屑就越多。	4.幼儿再次尝试,获得发现,教师总结提升;
5.幼儿继续自由玩摩擦起电的游戏	5.游戏

活动分析:

摩擦起电是生活中的物理现象,但幼儿关注不多,也不容易理解。针对这种情况,本次活动采取了演示-探究式的设计思路。教师先示范,将塑料小棒在毛衣上来回多次摩擦,靠近纸屑,将纸屑吸起来,以吸引幼儿探究兴趣,并以提问引发幼儿思考,然后让幼儿尝试实验,初步感知摩擦起电现象,并使幼儿通过再次尝试与分享,感知摩擦对象、摩擦次数、力度与吸起纸屑数量间的关系

2. 自由-引导式

自由-引导式是幼儿科学实验活动中应用最广泛的一种思路,这种思路下开展的实验也属于探索性实验。这种设计思路是:教师通过材料引发幼儿的探究兴趣,幼儿先自由探究,然后教师在组织幼儿交流各自经验的基础上,引导其进行有目的、有计划的探究活动,即出示材料→幼儿自由探索与交流→教师引导幼儿进行有目的的探索→师幼表达、交流、分享→总结提升。

自由-引导式设计思路的优点是,能较好地将幼儿的自主探究和教师的引导结合起来,并将教师的指导建立在幼儿自由发现的基础上。习惯上,我们把科学探究过程分为三个阶段:①瞎忙阶段(表现为无目的地摆弄物体);②探究阶段(表现为尝试性地摆弄物体);③领

悟阶段(表现为验证性地摆弄物体)。自由-引导式设计思路体现了在教师指导下幼儿从"瞎忙"到"领悟"的过程。在幼儿开始有目的、有计划地探究后,教师要组织好讨论、交流的环节。在集体科学活动结束以后最好能将部分操作材料和工具继续投放至区域,让幼儿在区域中继续探索。

例如,小班科学活动"鸡蛋站起来了"(见表5-2-6)采用的就是自由-引导式设计思路。

表 5-2-6 小班科学活动:鸡蛋站起来了[①]

小班科学活动:鸡蛋站起来了	自由-引导式
活动目标: 1.通过观察了解鸡蛋的外部特征。 2.能通过尝试找到让鸡蛋站起来的方法。 3.对鸡蛋感兴趣,愿意在同伴面前分享自己的经验	1.知识与经验目标; 2.方法与技能目标; 3.情感与态度目标
活动准备: 1.经验准备:幼儿认识鸡蛋、吃过鸡蛋。 2.物质准备: (1)熟鸡蛋人手一个(活动前请幼儿和家长一起装饰鸡蛋,涂成彩蛋或粘贴图案等)。 (2)材料筐每组一个,内有小沙盘、小瓶、小碗、瓶盖、小塑料盒、积木、彩泥、沙包、米、报纸、小毛巾等操作材料	1.经验准备; 2.物质准备
活动过程: 1.教师请幼儿摸箱子,导入活动主题。 教师:"今天老师给你们带来了一份礼物,请一个小朋友上来摸一摸,猜一猜这个箱子里是什么。" 教师:"原来是鸡蛋,鸡蛋今天要和我们做游戏呢。" 2.幼儿玩鸡蛋,感知鸡蛋的特点。 (1)教师分发鸡蛋,幼儿玩鸡蛋。 教师:"现在老师将给每一位小朋友发一个鸡蛋,请你和旁边的小朋友一起玩一玩。" (2)教师引导幼儿了解鸡蛋的特征。 教师:"小朋友们,刚刚我们玩了鸡蛋,你们知道鸡蛋是什么样子的吗?是什么颜色的?摸上去又是什么感觉的呢?" (3)教师小结。 教师:"原来鸡蛋是圆圆的、白白的,表面摸上去是滑滑的。" 3.教师提出任务,引导幼儿分组探索让鸡蛋站起来的方法。 (1)教师提出任务。 教师:"老师想给鸡蛋办一个展览,但是鸡蛋站不起来,这可难办了。小朋友们有办法帮帮它吗?"	1.摸箱子导入; 2.玩鸡蛋; 3.分组探索;

---

① 案例作者为湖南省常德市临澧县实验小学幼儿园陈金菊老师。

续表

小班科学活动:鸡蛋站起来了	自由-引导式
(2)幼儿自由讨论和发言。 (3)幼儿分组尝试借助材料让鸡蛋站起来,教师巡回指导。 4.引导幼儿介绍自己的好办法,试试别人的好办法。 (1)幼儿介绍自己的好办法。 教师:"小朋友们,你们都想出办法了吗？谁来向大家介绍一下你是用什么办法让蛋宝宝站起来的?" (2)幼儿试试别人的好办法。 教师:"小朋友们自己想出了办法,想试试别人的办法吗?" 5.布置"鸡蛋展览会",结束活动。 教师:"小朋友们都非常棒,让鸡蛋都站起来了,现在,一起去布置'鸡蛋展览会'吧。"	4.介绍好办法; 5.布置展览会

活动分析:

鸡蛋是幼儿熟悉的,多数幼儿都吃过鸡蛋,甚至玩过鸡蛋,因此,这个活动采取了自由-引导式的设计思路,让幼儿体验到了从"瞎忙"到"领悟"的探究过程。首先是瞎忙阶段(开始无目的地摆弄物体)——玩鸡蛋,幼儿刚开始接触材料,并不了解材料的性质、特点、功能、原理等,对材料的摆弄也没有明确的目的。当幼儿熟悉材料的属性后,教师便引导他们进行有目的的探索——"蛋宝宝怎么站起来",幼儿也就进入了探究阶段,开始尝试性地摆弄物体。在探索的过程中,幼儿慢慢对所发生的现象得出了基本的结论,就进入了领悟阶段,开始验证性地摆弄物体,分享自己的好办法

案例5-2-1:"浮"蛋①

年龄:3～6岁。

目的:识别和控制影响鸡蛋是否会浮在水中的变量。

幼儿两人一组,给每组幼儿准备半杯水、三分之一杯的食盐、一个汤匙和一个鸡蛋(生鸡蛋或熟鸡蛋都可以)。请幼儿将鸡蛋小心地放入水中,观察鸡蛋浮起来了没有(鸡蛋沉下去了),然后请幼儿往水里加盐,每次加入一勺盐,并搅拌均匀。如果水是热的,盐溶解得会更快。请幼儿继续往水中加盐,每次一勺直至所有盐都加完。这时,鸡蛋是沉还是浮?(鸡蛋浮起来了)

问幼儿是什么使鸡蛋浮起来了。往水里加盐就可称为一个变量。

请幼儿用糖代替盐来进行上述活动,看看会发生什么。

请幼儿说出他们认为的其他可以影响鸡蛋在水中浮或沉的因素,然后每次用一个因素进行实验,看看结果如何。(教师提示:往水里加盐可以增加水的浮力——物体浮起来的力的程度。在海里游过泳的人们很容易理解这种现象,因为在海中游泳比在淡水中游泳更容易浮起来且浮得更高)

---

① 马丁.建构儿童的科学——探究过程导向的科学教育[M].杨彩霞,于开莲,洪秀敏,译.北京:北京师范大学出版社,2006:146.

3. 猜想-验证式

猜想-验证式是当前幼儿园科学教育实践中出现的一种新的设计思路,是目前比较提倡的一种科学活动设计思路。这种设计思路是:针对某一问题,教师不是让幼儿先去探索,而是让其先猜想一下可能会得到什么结果,然后进行实际的探究活动,来验证原先的猜想是不是正确,即提出问题→幼儿猜想(记录结果)→教师提供材料,幼儿操作验证(记录)→交流总结→迁移方法,继续探索。

猜想-验证式设计思路的优点有:第一,与科学发现过程中的"提出假设—验证假设"过程异曲同工,使幼儿先动脑思考、后动手操作,了解科学探究的基本过程,可以教会幼儿科学探究的基本过程和方法,让幼儿亲历科学知识的获取过程,体验科学发现的过程;第二,可以让幼儿学习做科学记录,用数字、符号、标记乃至图画等方式表达他们的想法和发现,这本身就是一种重要的科学技能;第三,操作前的猜想可以大大增加幼儿操作的目的性,使他们更加专注,同时,幼儿通过实验来检验自己的猜想,更容易意识到假想和事实之间的差别,更容易形成尊重事实的科学态度。这种思路一般在两种情况下使用:一是幼儿已有类似生活经验;二是答案不明确。问题是否适合猜想取决于幼儿有没有类似的生活经验,因为幼儿猜想的实质,就是幼儿以自身的生活经验,用自己的思维方式,对问题进行自主思考。如果学习的内容是幼儿不熟悉的,甚至是超越他们理解能力的,猜想也就失去了意义。

例如,中班科学活动"有趣的油和水"(见表5-2-7)采用的就是猜想-验证式设计思路。

表 5-2-7 中班科学活动:有趣的油和水①

中班科学活动:有趣的油和水	猜想-验证式
活动目标: 1.了解生活中油和水分离的科学现象,感知什么是乳化现象。 2.能够用语言和记录的方式表达自己观察的结果。 3.乐意并积极参加科学实验活动,体验活动的乐趣	1.知识与经验目标; 2.方法与技能目标; 3.情感与态度目标
活动准备: 1.经验准备:幼儿认识油和水。 2.物质准备: (1)食用油、牛奶每人各一小杯,清水各两小杯。 (2)筷子若干。 (3)记录表、铅笔、橡皮擦、白纸每组一份。 (4)毛巾、洗衣液、洗洁精等若干	1.经验准备; 2.物质准备
活动过程: 1.教师做牛奶和水的实验,引出活动主题。 (1)让幼儿猜一猜杯子里有什么。 教师:"小朋友们,你们面前有四个杯子,猜一猜杯子里都有什么?"	1.提出问题;

---

① 案例作者为北京大风车长房西郡幼儿园段金秀老师。

续表

中班科学活动:有趣的油和水	猜想-验证式
(2)教师做牛奶和水的实验,引出主题。 教师:"我把1号杯的牛奶倒入了2号杯的水里,牛奶很快融到了水里。那3号杯的油和4号杯的水混在一起会怎样呢?" 2.实验前引导幼儿预测实验结果,讨论记录方法。 (1)教师提问引导幼儿思考。 教师:"想一想,水和油放到一起会产生什么样的结果?先把猜测的结果记录下来,可以怎么记录呢?" (2)幼儿分组,猜测实验结果,讨论记录方法。 教师:"下面3个人一组,讨论记录方法,并把你们猜想的结果记录下来。" (3)幼儿分享讨论结果,教师小结。 教师:"刚刚小朋友们分享了记录方式,并用自己的方式把猜想的结果记录了下来,实验的时候也用这种方式来记录。"	2.猜测、讨论与记录;
3.幼儿分组实验,教师巡回指导。 (1)教师讲解实验要求。 教师:"大家做两次实验,第一次,把油倒入水里,第二次,把水倒入油里,观察现象,然后做好记录。" (2)幼儿分组实验与记录,教师巡回指导。	3.操作与记录;
4.幼儿分享实验结果,教师引导幼儿讨论。 (1)幼儿分享实验结果,教师提出疑问。 教师:"刚刚小朋友们展示了实验结果,不管是把油倒入水里,还是把水倒入油里,油和水都不能相互融合,这是为什么呢?" (2)幼儿讨论,教师小结。 教师:"油和水不相互融合的原因是油比水的重量轻,我们把这种现象解释为'分离现象'。水重一些,它就沉在了下面一层;油轻一些,它就浮在了水面上。"	4.分享、讨论与小结;
5.迁移方法,继续探索,感知乳化现象。 (1)教师引导幼儿思考清洗油的方法,记录猜想结果。 教师:"如果我们的手上不小心沾到了油怎么办呢?猜猜油遇到洗洁精会发生什么?把你的想法记录下来。" (2)幼儿分组实验与记录,验证猜想。 教师:"老师为小朋友们准备了洗洁精,请小朋友们放到装有水和油的杯子里,看会发生什么有趣的事情吧。" (3)幼儿分享实验结果。 (4)教师小结。 教师:"油和水中放入洗洁精之后,油不见了,杯中的液体融合到了一起。这种现象叫作乳化。洗洁精将不能融合的水和油融合到了一起。在生活中,我们可以用洗洁精或洗衣液的乳化作用来清洗带有油渍的衣物。"	5.继续探索

续表

| 中班科学活动:有趣的油和水 | 猜想-验证式 |

活动分析:

油和水是幼儿生活中非常熟悉的物质,但是对于油和水的特性,它们之间混合后会发生什么,幼儿很少关注。这个活动采用猜想-验证式的设计思路让幼儿了解生活中油和水分离的科学现象,感知什么是乳化现象。活动开始,教师以牛奶和水的实验引出活动主题,提出问题,引发幼儿思考;随后,幼儿开始猜测油和水混合后发生的事情,讨论与记录下来,并开始分组实验、记录、分享、再讨论;最后,幼儿进一步实验,教师让幼儿继续探索,迁移拓展,升华了内容。这样的设计思路能帮助教师顺利达成活动目标

案例 5-2-2:我们怎样加快沙子流出漏斗的速度?[①]

年龄:3~5 岁。

目的:识别和控制影响沙子流出漏斗的速度的变量。

这个活动将在沙盘上进行,为儿童提供各种直径大小不同的漏斗。

首先,让儿童用手指堵住漏斗的尖嘴,往里填沙子。然后,儿童松开手指,观察沙子从漏斗中流出的现象并注意其流出的速度。再请儿童想想怎样才能使沙子流出得更快。在纸上记下儿童的回答,如"用更大的漏斗""用更长的瓶颈""用湿沙""用干沙""在漏斗底部放一根软管""在漏斗底部放一根粗点的软管",等等。

请儿童尝试验证自己的想法,一次只验证一个变量(如果有些变量儿童提到了,但没有准备必要的材料,可以把活动延至第二天,这样就有足够的时间来收集必要的材料)。在表格上每个变量的旁边依次记录实验结果,并在全班讨论所有实验结果。

(二)实验探究活动的基本设计思路

三种典型的实验探究活动设计思路的划分并不是绝对的,在幼儿园科学教育实践中,这三种形式的活动设计思路经常被有机地整合在一起。例如,在大班活动"有趣的瓶子"中,幼儿不断地积极探索在瓶子上扎孔后不同情况下所发生的现象,但是因为在瓶子上扎孔有难度,需要教师演示方法,该活动体现了演示-探究式和自由-引导式设计思路的融合;在中班活动"水球魔音"中,给气球装水需要教师的演示,而幼儿在操作前先猜测装有空气的气球和装有水的气球传出的声音是否不同,该活动体现了演示-探究式和猜想-验证式设计思路的融合;在大班活动"沉与浮"(见表 5-2-8)中,幼儿先猜测和验证物体的沉浮,再自由探索如何使沉下去的物体浮起来,该活动体现了猜想-验证式和自由-引导式设计思路的融合。

---

① 马丁.建构儿童的科学——探究过程导向的科学教育[M].杨彩霞,于开莲,洪秀敏,译.北京:北京师范大学出版社,2006:145.

表 5-2-8　大班科学活动:沉与浮①

大班科学活动:沉与浮	混合式
活动目标： 1.知道物体在水中具有不同的沉浮状态,沉下去的物体也能通过一定的方法浮起来。 2.能按照要求有序地完成实验,用简单的符号记录观察和探索的结果。 3.乐意参加实验,主动与同伴交流合作	1.知识与经验目标； 2.方法与技能目标； 3.情感与态度目标
活动准备： 1.经验准备:幼儿有玩水和把东西丢到水中玩的经验。 2.物质准备： (1)透明盆、毛巾每组一份。 (2)橡皮泥、石头、雪花片、树叶、KT板、铅笔、饭勺、蛋糕勺、钥匙、油画棒、橡皮擦若干。 (3)记录表每组一张	1.经验准备； 2.物质准备
活动过程： 1.情境导入,认识实验材料。 教师边说边出示各种物品,如石头、雪花片、铅笔、饭勺、蛋糕勺、钥匙、橡皮泥、树叶等。 教师:"龙王要过生日了,他举行了一个派对,邀请了许多物品宝宝,我们来看一看都有谁?" 2.幼儿预测记录,讨论记录方式。 (1)教师讲述讨论和记录要求。 教师:"龙王是生活在海里的,想要参加龙王的派对就要潜入海里,哪些物品是潜得下去的,哪些物品是漂起来的呢?请小朋友们5人一组(选出小组长1人)进行讨论。讨论前请注意,要想两个符号,一个符号代表潜下去,一个符号代表漂起来,并请小组长做好记录。" (2)幼儿讨论。 (3)幼儿分享讨论结果,教师小结。 教师:"大部分的小朋友都用了箭头的符号来表示,现在请一个小组长来说一说你的符号代表的是什么意思。向下的箭头代表的是什么呀？那向上的箭头呢？" 教师:"那我们就用向下的箭头表示潜下去,向上的箭头表示漂起来。结果真的和小朋友们预测的一样吗？我们来做个小实验验证一下。" 3.幼儿实验、记录与分享,有序完成实验并与同伴交流。 (1)幼儿动手实验,把实验的结果记在记录表上,教师巡回指导。 (2)幼儿上台分享实验结果,教师小结。	1.认识材料； 2. 猜想、讨论与记录； 3. 实验、记录与分享；

---

① 案例作者为湖南省长沙市开福区开心果花城幼稚园蒋斯燕老师。

续表

大班科学活动:沉与浮	混合式
教师:"其实我们把潜下去这种现象叫沉,漂起来这种现象叫浮。通过实验,我们知道了浮上来的东西有××,沉下去的东西有××。" 4.提升实验,幼儿探讨怎样使沉下去的东西浮起来。 (1)教师播放音乐,引导幼儿想办法。 教师:"我们要参加龙王的生日派对啦,可是在去龙宫的路上有一条河,这里还有一些物品宝宝不会游泳(浮不起来),有什么办法能帮它们过河呢?" (2)幼儿动手尝试。 教师:"小朋友们自己动手试一试,看看有什么好的办法帮助它们。" (3)请个别幼儿说说自己尝试成功的方法。 教师:"你们都成功了吗?现在请一个小朋友示范一下。" 教师:"小朋友们真聪明,都成功地帮助物品宝宝过了河。" 5.教师总结,播放音乐结束活动。 教师:"通过实验我们发现有一些东西会沉下去,有一些东西会浮起来,但是生活中其他物品是沉还是浮呢?我们下次再来探索一下。嘘,听!派对的音乐已经响起来了,小朋友们准备好了吗?我们现在去参加派对啦。"	4.自由探索与分享; 5.总结提升

活动分析:

本次活动采用的不是典型的实验探究活动设计思路类型,而是猜想-验证式和自由-引导式设计思路的结合。实际上,"沉与浮"这个活动分为两大部分:第一部分,幼儿探索物体的沉浮,采用猜想-验证式的设计思路;第二部分,幼儿探索如何使沉下去的物体浮起来,采用自由-引导式的设计思路。两种设计思路有机结合,使得整个活动不死板,不仅显得自然流畅,而且活泼有趣

虽然实验探究活动各不相同,设计思路也有各自的特点,但是总体来说,它们有共性,我们通过多种活动总结出实验探究活动的基本设计思路(见表5-2-9)。

实验探究活动的基本设计思路如下:

(1)导入活动,引起幼儿探究兴趣。

(2)介绍材料,使幼儿理解实验的规则和要求。

(3)提出思考问题,让幼儿思考、尝试操作和发现。

(4)幼儿讨论、交流实验的过程和结果,教师归纳提升。

表 5-2-9　实验探究活动的基本设计思路

类型	具体过程	案例	基本设计思路
演示-探究式	出示材料→教师演示→幼儿实验操作→幼儿观察与交流→获得发现→总结提升	中班活动"摩擦起电"	1. 导入活动,引起幼儿探究兴趣。 2. 介绍材料,使幼儿理解实验的规则和要求。 3. 提出思考问题,让幼儿思考、尝试操作和发现。 4. 幼儿讨论、交流实验的过程和结果,教师归纳提升
自由-引导式	出示材料→幼儿自由探索与交流→教师引导幼儿进行有目的的探索→师幼表达、交流、分享→总结提升	小班活动"鸡蛋站起来了"	
猜想-验证式	提出问题→幼儿猜想(记录结果)→教师提供材料,幼儿操作验证(记录)→交流总结→迁移方法,继续探索	中班活动"有趣的油和水"	

(三)实验探究活动设计思路的选择

三种典型的实验探究活动设计思路中,演示-探究式是传统的设计思路,自由-引导式是广泛应用的设计思路,猜想-验证式是目前最提倡的设计思路。我们可以通过比较发现其各自的适用性,如表5-2-10所示。从表5-2-10中可以看出,三种设计思路均有各自明显的优点,只有演示-探究式有明显的缺陷,即限制幼儿思维和行动,不能充分体现幼儿的自主探究,因此,要尽量少选演示-探究式,而优先考虑自由-引导式和猜想-验证式。如果对于相关内容幼儿已有类似生活经验,答案又不明确,说明适用猜想-验证式。如果答案不明确,但幼儿已有相关经验,就可以选择自由-引导式。如果幼儿连相关经验都没有,就只能选择演示-探究式。演示-探究式适合年龄小、无法独立探究的幼儿,另外如果操作方式不易被理解也最好选择这种设计思路。

表 5-2-10　三种典型实验探究活动设计思路的比较

类型	适用条件	优点	缺陷
演示-探究式	幼儿年龄小,无法独立探究;操作方式不易被理解	操作目的明确,便于组织,易于达成目标	限制幼儿思维和行动,不能充分体现幼儿的自主探究
自由-引导式	幼儿已有相关经验	充分尊重幼儿的自主性,幼儿有充足的自主探究的时间,较好地将幼儿自主探究和教师的引导结合起来,并将教师的指导建立在幼儿自由发现的基础之上	
猜想-验证式	幼儿已有类似生活经验;答案不明确	与科学发现过程中的"提出假设—验证假设"过程异曲同工	

六、实验探究活动的指导要点

无论采用什么样的设计思路,教师在指导幼儿开展实验探究活动时,都应注意给幼儿提供充足的材料和时间,多给幼儿思考、观察、记录、交流的机会。

(一)为幼儿提供充足的时间

在科学实验探究活动中,教师要解放幼儿的时间,耐心等待幼儿。实验探究过程中,要保证幼儿有探究的时间,不要打扰幼儿,给幼儿多次尝试的机会。总之,实验探究活动中尤其要避免过多控制,应给足幼儿时间,满足其探索的需要,才能成就幼儿。

(二)组织幼儿在实验前后开展讨论交流

实验探究活动中,教师应解放幼儿的嘴巴,组织他们交流分享,请他们描述实验的过程,分析实验中观察到的现象,解释实验现象产生的原因,鼓励他们大胆发表个人的意见,倾听他人的见解,关注同伴间的差异和分歧,养成耐心倾听、尊重事实、尊重他人的良好品质。如果是小组实验,可让幼儿先在组内交流,或预测实验结果,或讨论记录方法,或交流操作方式。在实验完成之后,可鼓励每组幼儿轮流上台展示,说说观察到的现象和操作的结果,总结成功与失败的经验,分享成功的好办法。幼儿展示的环节不仅包括操作的展示,还包括语言的解说,应鼓励幼儿边操作边解说。当幼儿表达不清或还没有表达完整的时候,一定要耐心等待,多引导他们思考,而不是代替幼儿表达。另外,幼儿间的相互质疑和争论非常宝贵,要允许他们发表自己的看法。教师的总结和评价也要改变"一言堂"的方式,应多倾听,鼓励幼儿间相互评价。

(三)鼓励幼儿思考并提出问题

发明千千万,起点是一问。

——陶行知

教师要创设自由宽松的氛围,引导幼儿努力思考并发现问题,用多种方式鼓励他们提出问题,并认真倾听和记录,对这些问题做出价值判断和选择,从而形成有探究意义和价值的问题,使这些问题成为幼儿探究的起点。教师在倾听和了解幼儿的问题之后,不用急于给出答案,以避免做超越幼儿理解能力的灌输或变相灌输,而应从幼儿的立场来思考问题,体会幼儿的疑惑,可以把他们的问题分解成几个小问题,抛回给他们,帮助他们自己发现答案,或是组织全班幼儿对问题加以讨论,结合思考得出问题的解决方法。教师如果遇到自己也不会的问题,完全可以放下面子,老老实实地把自己的困惑告诉他们,以开放的态度与幼儿一同学习。

(四)引导幼儿在实验中观察与记录

实验探究活动同样离不开观察,观察是记录的前提;而记录是幼儿科学学习的核心经验之一,是科学探究的重要方法和能力。在实验探究活动中幼儿常常需要做记录,尤其是猜想-验证式实验探究活动,猜想后、实验后的记录能满足幼儿操作的需求,发挥他们科学探索和思考的主动性。因此,教师要引导幼儿边操作边观察、边观察边记录。小班的活动可由教师协助记录,中班以上的分组活动最好由幼儿分组记录,既可避免集体记录不及时的问题,又可集思广益。当然,在实验探究活动中如果教师不能把握好记录的时机、内容和方式,记录就会成为幼儿的负担和他们不愿意做的事情。对于记录经验不足的幼儿,教师要事先设计好记录表,并告诉幼儿记录表中符号的含义以及记录的方法。对于有一定记录经验的幼儿,教师可以设计记录表,让他们用自己的记录符号和方法记录。

表 5-2-11 所示为小班活动的记录表,由教师完成记录;表 5-2-12 和表 5-2-13 是中班和大班活动的记录表,均由幼儿分组完成记录。可以看到,这些记录表基本以图片记录或以图文并茂的方式记录,这是符合幼儿特点的。

表 5-2-11　小班活动记录表(区分生鸡蛋和熟鸡蛋记录表)

方　法	生　鸡　蛋	熟　鸡　蛋
旋转		
晃动		
放到水里		

表 5-2-12　中班活动记录表(变色记录表)

实物材料	变　色	不　变　色
黄瓜		
土豆		
白萝卜		
芋头		
山药		
胡萝卜		

表 5-2-13　大班活动记录表(沉浮记录表)

物　体	原来的沉浮状态	改变沉浮的方法	改变后的状态
红枣			
树叶			
气球			
夹子			

续表

物体	原来的沉浮状态	改变沉浮的方法	改变后的状态
石头			
纸			

真题再现

请根据下列素材设计一个大班科学活动,要求写出活动名称、活动目标、活动准备、活动过程。

大班的胡老师为幼儿提供了各种吹泡泡的工具,有吸管、铁丝绕成的圈,塑料吹泡泡棒等,如图5-2-1所示,让幼儿在户外活动时自己吹泡泡玩。幼儿在吹泡泡的时候,有的能吹出很大的泡泡,有的只能吹出小泡泡,有的能一次吹出好多个泡泡,有的一次只能吹出一个泡泡……结果有的幼儿得意,有的幼儿沮丧,针对上述现象,胡老师打算组织一个科学教育活动,以引发幼儿深入探究的兴趣,并使幼儿了解不同吹泡泡工具与吹出的泡泡之间的关系。(2016年上半年教师资格考试"保教知识与能力"真题)

图5-2-1 吹泡泡的工具

参考答案如案例5-2-3所示。

案例5-2-3:大班科学活动"有趣的泡泡"①

活动目标:

1.尝试动手制作吹泡泡工具,发现圆形、三角形、正方形等不同形状的工具吹出来的泡泡都是圆的。

2.能用图表的方式记录操作结果,并能用完整连贯的语言和同伴、教师分享自己的探索过程和结果。

3.乐意参与吹泡泡的游戏,体验探索发现的乐趣。

活动准备:

1.经验准备:幼儿已能熟练使用不同的吹泡泡工具玩吹泡泡的游戏。

---

① 案例作者为重庆大学城三之三乐恩幼儿园陈佳佳老师,该活动是她在湖南省长沙市星沙当代摩码幼儿园实习时组织实施的。

2.物质准备:

(1)漏勺、铁圈、树叶、漏斗、刷子每桌各一个。

(2)泡泡机每组一个。

(3)吸管、不同形状(圆形、三角形、正方形、长方形等)的吹泡泡工具若干个。

(4)泡泡水、抹布每组一份。

(5)记录单每个幼儿一张。

活动过程:

1.抓泡泡游戏(见图5-2-2)导入,激发幼儿的兴趣。

教师:"抓泡泡时你们的心情怎样?泡泡好玩吗?老师也给大家准备了一些吹泡泡的工具,我们一起来看看。"

图 5-2-2　抓泡泡游戏

2.教师展示吹泡泡工具,引导幼儿探究吹泡泡工具的特点。

(1)教师展示吹泡泡工具,幼儿猜测这些工具能否吹出泡泡。

教师:"小朋友们,认识这些工具吗?哪些可以吹出泡泡?哪些不能吹出泡泡?用你喜欢的方式记录下来。"

(2)幼儿分组实验、验证、记录结果,教师巡回指导。

教师:"现在四人一组,试一试,看哪些工具能够吹出泡泡来,做好记录。注意吹泡泡时,嘴巴不要碰泡泡水。"

幼儿猜想与验证吹泡泡工具的特点,如图5-2-3所示。

(3)幼儿展示与分享实验结果,师幼共同总结吹泡泡工具的特点。

教师:"能吹出泡泡的工具有一个共同的特点,就是它们身上都有一个洞、有缝隙,所以只要有洞、有缝隙的材料都能吹出泡泡。"

3.幼儿体验不同工具吹出的泡泡的大小。

(1)教师出示各种吹泡泡工具和材料,引导幼儿吹出大泡泡。

教师:"现在每一组的桌子上都有不同的吹泡泡工具。小朋友们试试,怎样才能吹出大泡泡呢?"

幼儿体验不同工具吹出的泡泡的大小,如图5-2-4所示。

图 5-2-3　幼儿猜想与验证吹泡泡工具的特点

（2）幼儿分享吹出大泡泡的方法，师幼共同总结。

教师："想要吹出大泡泡，要注意两点。第一，需要使用有大洞洞的吹泡泡工具。第二，要掌握吹泡泡的基本技能：蘸泡泡液，轻轻地吹，时间吹长一些。"

图 5-2-4　幼儿体验不同工具吹出的泡泡的大小

4.实验操作，教师引导幼儿感知用不同形状的工具吹出的泡泡的形状。

（1）教师介绍各种形状的吹泡泡工具（见图 5-2-5），并用圆形工具吹一个圆泡泡。

教师："老师刚刚拿了一个什么工具？吹出了一个什么泡泡？"

（2）幼儿自由探索并记录泡泡的形状。

教师："老师用圆形工具吹了一个圆泡泡，那三角形的工具会不会吹出三角形的泡泡呢？正方形的工具会不会吹出正方形的泡泡呢？这里有很多工具，大家吹一吹，并用你的方式记录下来。"

（3）幼儿分享交流用什么形状的工具吹出了什么形状的泡泡，师幼共同总结。

教师："原来不管我们用什么形状的工具，吹出来的泡泡都是圆的。"

图 5-2-5　教师介绍各种形状的吹泡泡工具

5.提升实验,幼儿讨论怎样吹奇特的泡泡。

(1)教师提问,引导幼儿讨论怎样吹出奇特的泡泡。

教师:"刚才大家吹的泡泡都是一个一个的,那怎样才能吹出奇特的泡泡?"

(2)教师提供材料,引导幼儿探索如何吹出奇特的泡泡(见图5-2-6)。

①用两根吸管合二为一吹泡泡。

②四根吸管合在一起吹"葡萄串"泡泡。

③细吸管外套粗吸管吹泡泡。

④在桌面上吹半球形泡泡。

⑤五名幼儿在桌面上合吹"泡泡花"。

图 5-2-6　幼儿探索吹奇特的泡泡

6.教师总结评价,带领幼儿去户外玩吹泡泡游戏。

教师:"今天,我们知道了只要有洞、有缝隙的材料都能吹出泡泡,知道了吹出大泡泡不容易,不仅要选择有大洞洞的工具,还要控制吹气的力度和时间,还发现了不同形状的工具最后吹出来的泡泡都是圆形的,大家还在短短的时间里吹出了'泡泡花',那现在我们出去吹泡泡吧。"

活动延伸:

1.教师将材料投放到科学区,供幼儿再次使用,使幼儿能多次使用不同工具吹泡泡。

2.家园共育:回家后请家长和幼儿一起制作吹泡泡工具吹泡泡。

活动反思:

吹泡泡是幼儿喜欢的游戏,本次活动内容非常吸引幼儿。幼儿在动手吹泡泡的过程中,对活动产生了浓厚的兴趣。教师为幼儿提供了丰富多样的吹泡泡工具,如漏勺、漏斗、刷子、树叶、铁丝等。有的幼儿已经有经验,看见材料就知道哪些是可以吹出泡泡的。有的幼儿通过动手试一试,也能够发现可以吹泡泡的材料。很多幼儿认为树叶和铁丝吹不出泡泡,但是有的幼儿经验丰富,没有教师的指导和探索,凭借已有经验知道树叶剪洞就可以吹出泡泡,而铁丝只要弯曲出一个圈也能吹出泡泡,其他幼儿再次通过实验得出结论。

活动中也存在一些问题。第一,教师在操作前没有提出明确的要求,导致有的幼儿朝着同伴的脸吹,不小心吹到同伴眼睛里。第二,准备的抹布的吸水性不好,幼儿手上的泡泡水擦不干净,影响了活动秩序。因此,以后在开展这个活动的时候材料的卫生问题还需要进一步解决。

任务三 技术操作活动

小组建构活动:降落伞

1. 准备材料

以 3~5 人为一组,每组准备好材料:几块布;几个塑料袋;一卷绳子;多个垂吊物,如小玩具等。

2. 制作降落伞

裁剪布和塑料袋制作大小不同的正方形伞面,测量伞面的边长,通过公式"面积=边长^2"计算伞面的面积;每个降落伞需要四根长度约为伞面边长两倍的绳子,将每根绳子的一端分别绑在伞面的一个角上,然后四根绳子的另一端收在一起,绑一个垂吊物。每组多制作几个降落伞。

3. 玩降落伞

每组选一个代表站在讲台前,把降落伞提到距离地面同样高度的地方,待教师发信号。一听到信号,每组代表同时松手,让降落伞自然降落。使用不同的降落伞玩几次。

4. 思考

第一,哪一个降落伞先落到地面?这个降落伞与其他降落伞相比,有什么特点?

第二,影响降落伞降落的因素有哪些?怎样制作和玩才能得出结论?

第三,科学家的科技发明与当前的降落伞制作有什么不一样?开展科技发明与科技制作需要具备一些什么品质?

一、技术操作活动概述

提高幼儿技术操作能力是幼儿科学教育重要的目标之一,幼儿应该掌握某些科技产品的操作方法,也可以尝试设计和制作一些产品。技术操作活动是指幼儿学习使用科技产品、制作科技产品,掌握某些工具的操作方法和技能的科学活动。幼儿园技术操作活动主要涉及两种不同的技术:一种是"使用技术",即幼儿在学习使用某种科技产品或工具时要掌握的操作技巧;另一种是"设计技术",即幼儿在进行科技小制作的过程中要思考的方法。

在开展技术操作活动时,幼儿园教师应该让幼儿意识到科学技术的重要性,要培养幼儿的工匠精神。

> **大国工匠**

李万君:高铁焊接大师[①]

在乘坐动车的过程中,我们感受到的是轨道车辆的平稳和舒适,而安装在车辆底部不显眼的转向架,就是决定轨道车辆速度和安全的关键。我国的高速动车组之所以能跑出如此之高的速度,其主要原因之一就是中车长春轨道客车股份有限公司(简称中车长客)的转向架技术取得了重大突破。李万君是中车长客焊接工匠的代表人物。经过反复试验,李万君摸索出了"一套一枪"的焊接技术,他能将周长600毫米的转向架环口一气呵成焊接好,不留任何瑕疵,"李一枪"就此得名。李万君还在实践中摸索、记录下了大量数据,为时速350千米的高速动车组试制、我国首列国产化标准动车组试制提供了重要参考,他参与编制的超高速转向架焊接规范破解了转向架批量生产的难题,也定义了世界超高速转向架焊接的最高标准。

二、技术操作活动的内容选择

幼儿对客观世界的认识刚刚开始,对周围的一切都感到新鲜、好奇,但受到年龄的限制,他们还不可能理解那些抽象的科学概念、原理、内在规律等。然而,技术操作活动要求幼儿通过自身的感官与自然物质材料和科技产品相互作用来获取信息、发现问题和进行实际制作。它特别强调操作过程,对幼儿动手操作能力要求较高,而且要求幼儿有相关的知识经验。因此,在为幼儿选择技术操作活动内容时,需要考虑生活、经验和材料等几个因素。

第一,活动内容来自幼儿生活,可引导幼儿探索生活中的科技产品。所选的技术操作活动内容要符合科学教育目标,并且是幼儿感兴趣的。

第二,幼儿必须具备相关的经验,并且有能力完成操作。幼儿对工具的掌握首先要建立在对工具的结构原理的认识基础上,完成一个科技小制作也要了解一些简单的科学原理。应根据幼儿的发展水平、认知特点选择合适的内容,一般把科技小制作安排在幼儿园中班、大班进行。

第三,所提供的科技产品或制作材料容易搜集,适合幼儿探索与操作。

技术操作活动的内容如表5-3-1所示。

[①] 摘自网易政务网:http://gov.163.com/16/0505/16/BMAKK8J100234LP2.html.

表 5-3-1　技术操作活动的内容

年龄班	使用科技产品（使用技术）	科技小制作（设计技术）
小班	手电筒亮起来	捕泡器
中班	厨房小用具、测量工具、订书机	制作树叶标本、不倒翁、喷泉、喷水壶
大班	玩具、家用电器、生活工具	制作降落伞、弹簧玩具、潜望镜、万花筒

三、技术操作活动的目标设计

技术操作活动的主要目的是培养幼儿的动手能力，使幼儿学会使用简单的工具，掌握一定的制作方法，理解简单的科学原理等。在技术操作活动中，幼儿能获得对技术的直接体验，加深对有关科学现象的理解，获得一些具体的制作技能技巧，养成动手操作的习惯。与其他科学活动相比，这类活动更重视幼儿操作技能的培养。教师必须针对活动性质及各年龄班幼儿发展水平制定具体目标。通常技术操作活动的核心目标有：①使用科技产品的能力；②设计制作能力；③科学情感与态度。在进行技术操作活动设计时，可以提出更为具体的目标，如表 5-3-2 所示。

表 5-3-2　技术操作活动的目标

核心目标		适用年龄班	举例
使用科技产品的能力	掌握科技产品的使用方法	小班及以上	学习用推、按、拧等不同方法打开手电筒（小班活动"手电筒亮起来"）
	了解日常生活中的常用工具	小班及以上	知道将电池装入玩具中（小班活动"电池用处大"）
设计制作能力	设计并制作简单的物品	中班及以上	学习选择合适的材料制作降落伞（大班活动"自制降落伞"）
	理解设计要求，按程序制作	中班及以上	用精准测量的方法尝试制作吸管乐器（大班活动"吸管乐器"）
科学情感与态度	体验操作的乐趣	小班及以上	愿意探索、制作简单的乐器（大班活动"吸管乐器"）
	愿意分享自己的作品	中班及以上	愿意与教师、同伴分享自己的科技作品（大班活动"自制降落伞"）

四、技术操作活动的准备工作

开展技术操作活动主要是为了培养幼儿的动手制作能力，幼儿在制作过程中主要通过与材料的互动达到活动目标。材料的准备是非常重要的，特别是科技小制作活动，更需要丰富的材料。可以用于制作的材料来源广泛，日常生活中随处可见，只要平时注意搜集，开展技术操作活动时就非常方便。当然，知识经验准备也是必需的。在使用科技产品和进行科技小制作前，幼儿需要对产品和制作品有一定的了解，才能顺利完成活动任务。表 5-3-3 所示为小班、中班、大班三个技术操作活动的准备内容。

表 5-3-3　技术操作活动的准备

活动准备	小班:捕泡器	中班:奇妙的传声筒	大班:有趣的电动玩具
经验准备	幼儿玩过吹泡泡和捉泡泡的游戏	幼儿以前见过传声筒	幼儿在家玩过电动玩具
物质准备	镂空纸板(周围有卡槽)、实心纸板、泡泡水及吹泡泡工具、毛线、毛绒手套若干	(1)大小相同的一次性杯子人手一个。 (2)粗细不同的绳子若干。 (3)安全剪刀、透明胶布若干。 (4)其他幼儿玩传声筒的视频	各种电动玩具若干,可由幼儿从家中带来,数量超过幼儿人数,活动前将电池取出

五、技术操作活动的设计思路

在技术操作活动中,幼儿感受和正确操作科技产品,动手设计和进行科技小制作,可以萌发对科技活动的兴趣和探究的愿望,加深对有关科学现象的理解。技术操作活动分为两种:①使用科技产品的活动;②科技小制作活动。这两种类型的技术操作活动设计思路不同。

(一)使用科技产品的活动

使用科技产品的活动是用来引导幼儿学习常用工具的使用方法或技术产品的操作方法,通常采用"出示科技产品→幼儿观察→幼儿尝试操作→讨论交流→幼儿正确操作→教师总结"的设计思路,如大班科学活动"有趣的电动玩具"(见表 5-3-4)。

表 5-3-4　大班科学活动:有趣的电动玩具

大班科学活动:有趣的电动玩具	使用科技产品的活动
活动目标: 1.知道电池有各种型号,电动玩具以电池为动力。 2.能动脑筋找出不同电动玩具装电池的位置,能用正确的方法放置电池。 3.喜欢电动玩具,愿意玩电动玩具	1.知识与经验目标; 2.方法与技能目标; 3.情感与态度目标
活动准备: 1.经验准备:幼儿在家玩过电动玩具。 2.物质准备:各种电动玩具若干,可由幼儿从家中带来,数量超过幼儿人数,活动前将电池取出	1.经验准备; 2.物质准备
活动过程: 1.教师引导幼儿介绍玩具,导入活动主题。 教师:"小朋友们,今天大家带来了好多玩具,谁来给大家介绍一下自己的玩具?" 2.幼儿自由摆弄没有电池的电动玩具,教师提问引发思考。 教师:"小朋友们玩一玩这些玩具,可以玩自己的,也可以相互玩一玩,想一想,这些玩具有什么相同的地方(都是电动玩具)?怎么玩呢?它们可以动吗?为什么现在不动?怎样才能让它们动起来呢?"	1.介绍玩具; 2.自由摆弄;

续表

大班科学活动:有趣的电动玩具	使用科技产品的活动
3.教师引导幼儿观察电池,尝试给玩具"充电"。 (1)教师出示各种电池,让幼儿观察。 教师:"这些就是玩具的电池,它们一样吗?电池有不同的型号,怎么知道自己的玩具需要哪个电池呢?你的玩具哪个地方是放电池的?" (2)幼儿寻找手中玩具放电池的位置,尝试放电池。	3.观察与尝试操作;
4.讨论交流,找出玩具不动的原因。 (1)教师提问,引发幼儿思考。 教师:"你的玩具能动了吗?为什么有些玩具还是不能动?" (2)幼儿与教师一起找出玩具不能动的原因,将电池正确地放进去。 教师:"电池平的、没有凸起的一端放在电池盒中有弹簧(或有'-'号)的一端,电池凸起的一端放在电池盒另一端。"	4.讨论交流;
5.教师总结,幼儿了解让玩具动起来的办法。 教师:"电动玩具需要电池才能动起来。每个玩具放电池的位置不一样,需要电池的大小可能不同。正确地放好电池,玩具才能动起来。"	5.教师总结;
6.幼儿玩玩具,体验玩电动玩具的乐趣。 幼儿之间相互交换玩具,或者一起玩玩具	6.玩玩具

活动分析:

多数幼儿玩过电动玩具,但是他们不怎么关注如何让电动玩具动起来。这个活动就是让他们探索如何让电动玩具动起来。活动以幼儿介绍玩具开头,教师再让幼儿自由摆弄玩具,并提问引起他们对"动"的思考,接着让他们观察电池,尝试操作,给玩具"充电",最后通过讨论交流使幼儿发现电池的秘密,让玩具动起来。这样的设计过程,循序渐进,让幼儿在动手操作与思考中体验电动玩具的有趣,发现电池与电动玩具之间的关系

(二)科技小制作活动

科技小制作活动在幼儿园开展的频率比较高,因为这类活动能调动幼儿的积极性,满足幼儿探索的欲望,让幼儿能进一步发现科学现象,体验其中蕴含的原理,同时掌握制作技巧。在科技小制作活动过程的设计中,根据具体内容的难度,既可以全部由幼儿自行设计,也可以在教师演示操作后由幼儿模仿制作。一般来说,步骤相对简单的活动,可以让幼儿自由探索制作方法;有一定难度、步骤相对复杂的活动,先由教师分步骤演示和讲解。

科技小制作活动通常采用"认识制作品→讨论(或演示)做法→尝试制作→交流讨论再次制作→展示分享"的设计思路。中班科学活动"好玩的降落伞"(见表5-3-5)采用的就是这一设计思路。需要注意的是,教师应尽量选择幼儿能自由制作的内容,少选择需要演示的内容。

表 5-3-5　中班科学活动：好玩的降落伞

中班科学活动：好玩的降落伞	科技小制作活动
活动目标： 1. 知道降落伞的组成结构，并通过探索了解降落伞降落速度与垂吊物重量之间的关系。 2. 能选择材料制作降落伞，能大胆用完整的语言表达自己的发现并记录结果。 3. 对降落伞感兴趣，在制作和玩降落伞的过程中体验乐趣	1. 知识与经验目标； 2. 方法与技能目标； 3. 情感与态度目标
活动准备： 1. 经验准备：在电视里见过降落伞。 2. 物质准备： (1) 视频"降落伞"。 (2) 塑料袋、塑料纸、亮片纸若干。 (3) 玩具或实物垂吊物若干	1. 经验准备； 2. 物质准备
活动过程： 1. 教师播放降落伞视频，吸引幼儿兴趣。 (1) 教师播放视频，幼儿观察观看。 (2) 教师提问，激发幼儿制作的兴趣。 教师："降落伞是什么样子的？由哪几部分构成？什么时候会降落？它有什么用？想不想自己也做一个降落伞？" 2. 幼儿第一次尝试制作降落伞，并玩一玩。 (1) 教师介绍材料。 (2) 幼儿尝试制作。 (3) 幼儿玩一玩自己制作的降落伞。 3. 教师引导幼儿交流讨论，分享制作经验。 (1) 教师引导幼儿交流制作的困难，分享成功的经验。 教师："你是用什么做的？做得怎么样？做的时候遇到什么困难？" (2) 教师引导幼儿思考并分享玩降落伞时的发现。 教师："玩的时候发现了什么(不管它被扔得多高，总要掉下来)？你有什么其他发现？它是怎样落下的？为什么有的降落伞降得快？有的降得慢？想做一个降得慢的降落伞吗？" 4. 幼儿第二次制作降落伞，并玩一玩。 (1) 幼儿第二次制作降落伞。 (2) 幼儿玩一玩降落伞。 5. 讨论分享，教师引导幼儿感知降落伞降落速度与垂吊物重量之间的关系。 (1) 教师引导幼儿再次讨论。 教师："为什么有的降落伞落得快，有的降落伞落得慢呢？"	1. 观看视频，初步了解； 2. 观察材料，尝试制作并玩一玩； 3. 讨论交流，分享经验； 4. 再次制作； 5. 展示分享；

续表

中班科学活动:好玩的降落伞	科技小制作活动
(2)幼儿分享并展示。 (3)教师梳理小结。 教师:"挂小的轻的挂件的降落伞轻,降落伞落得慢,挂大的重的挂件的降落伞重,降落伞落得快。" 6.教师总结。 教师:"今天我们一起认识了降落伞,也知道了不同重量垂吊物影响降落伞降落的速度,还知道了降落伞在我们生活中的一些作用,回去以后和你们的爸爸妈妈一起分享吧。"	6.教师总结

活动分析:

多数幼儿在生活中难以见到降落伞,大多在电视里见过。在幼儿阶段,幼儿可以根据一般原理,自制简易降落伞。这个活动就属于科技小制作。活动开始,教师播放视频,帮助幼儿了解降落伞的结构和作用,激发幼儿制作的兴趣,接着让幼儿通过两次制作与讨论、分享,感受降落伞的有趣,了解降落伞降落速度与垂吊物重量之间的关系,让幼儿最后明白挂小的轻的挂件的降落伞轻,降落伞落得慢,挂大的重的挂件的降落伞重,降落伞落得快

上述设计思路仅供参考,并非固定模式,教师在设计技术操作活动时要根据实际情况灵活调整。同时,操作不仅是动手做,也是幼儿探索的过程。教师不管是否需要演示,都要引导幼儿动脑筋、想办法。幼儿只有通过大胆尝试,反复操作,尝试错误,实践与创造,才能增强自身分析问题、解决问题的能力。

综上所述,技术操作活动的设计思路如表 5-3-6 所示。

表 5-3-6 技术操作活动的设计思路

类型	案例	设计思路
使用科技产品的活动	大班活动"有趣的电动玩具"	出示科技产品→幼儿观察→幼儿尝试操作→讨论交流→幼儿正确操作→教师总结
科技小制作活动	中班活动"好玩的降落伞"	认识制作品→讨论(或演示)做法→尝试制作→交流讨论再次制作→展示分享

六、技术操作活动的指导要点

教师对技术操作活动的指导要符合科学教育的目标,面向全体幼儿,着重于探索过程的指导,尽可能让幼儿主动创造,努力使活动成为幼儿乐于参与的活动。

(一)要让幼儿明确制作的目的、方法和评价的标准

在技术操作活动中,教师可以通过出示、演示已制作的成品,也可以讲解或演示制作的步骤和方法,让幼儿明确制作物品的评价标准,知道自己要做什么、怎么做,但不能以教师的演示代替幼儿自己的操作。活动过程应以幼儿自己的操作为主,尽量避免演示步骤。教师应耐心、仔细地观察幼儿的操作过程,鼓励幼儿边做边思考,支持他们完成操作过程,体验操作的乐趣。对动手能力较弱或遇到困难的幼儿,给予适时的启发和帮助,促使他们通过不断的实践去解决问题。

(二)鼓励幼儿探索自己的制作方法和技巧

教师要注意将技术操作活动与美术手工活动相区别,给予幼儿主动探索的空间,放手让幼儿自己尝试,鼓励幼儿按自己的想法操作,让幼儿通过成功或失败的经验来学习,而不能简单地向幼儿教授技能技巧,把幼儿的学习变成机械的训练。要培养幼儿关注周围世界和实际生活的态度,使其学会探究实际生活中的技术,解决实际生活中的问题,而不是用那些远离幼儿生活经验的科学知识来"填充"幼儿。要重视幼儿操作技能的培养,通过具体的操作活动使幼儿拥有一双灵巧的手,形成"动手做"的学习习惯。

(三)让幼儿在分享、交流、展示中体验快乐,完善作品

分享和交流是技术操作活动不可缺少的重要环节。在制作过程中,教师要鼓励幼儿用语言表达自己的操作或制作过程,与同伴讨论各自的探索和发现,说说活动感受,遇到什么困难,如何解决问题等,听听、看看别人的想法和做法,在与同伴相互交流的过程中,梳理强化自己所获得的经验,相互学习,相互借鉴,调整和完善自己的作品。最后,教师要提供空间和时间,让幼儿展示自己的作品,与同伴相互参观或相互玩一玩作品,分享自己的收获,体验成功的快乐。

案例 5-3-1:中班科学活动"奇妙的传声筒"①

活动目标:

1. 初步感知绳子的粗细与声音大小的关系。
2. 能自由发挥想象,制作出不一样的传声筒。
3. 在操作传声筒的过程中感受科学活动的乐趣。

活动准备:

1. 经验准备:幼儿以前见过传声筒。
2. 物质准备:
(1)大小相同的一次性杯子人手一个。
(2)粗细不同的绳子若干。
(3)安全剪刀、透明胶布若干。

---

① 案例作者湖南省长沙市雨花区教育局桃花苑幼儿园沈智艳老师,该活动是她在湖南省长沙市望城区教育局直属幼儿园实习时组织实施的。

(4)其他幼儿玩传声筒的视频。

活动过程:

1.游戏导入,幼儿了解声音的传递。

(1)教师拿出一个传声筒,让幼儿观察。

教师:"这是什么?有什么用呢?"

(2)两个教师一起示范玩传声筒(见图5-3-1)。

教师:"这是一个传声筒,你们觉得它是怎么做的?你们想不想也做一个呢?"

图5-3-1　教师示范玩传声筒

2.幼儿两人一组制作传声筒。

(1)幼儿自选材料制作传声筒(见图5-3-2),教师巡回指导。

教师:"小朋友们有没有观察发现,传声筒是由两个纸杯和绳子做成的?老师给大家准备了很多纸杯和绳子,每个小朋友找一个好朋友,两个人选择材料一起制作一个传声筒吧。"

(2)幼儿制作好传声筒后,教师引导幼儿讨论。

教师:"大家做好了传声筒,有没有遇到什么困难?是怎么解决的呢?"

图5-3-2　幼儿制作传声筒

3.幼儿玩传声筒(见图5-3-3),体验与同伴一起合作的乐趣。

(1)幼儿用自己做好的传声筒与同伴自由游戏。

教师:"现在,小朋友们找自己的小伙伴一起玩传声筒吧。"

(2)幼儿试试新的玩法,体会绳子的粗细与声音大小间的关系。

教师:"讲话时,用手捏住绳子,看看声音还有没有。"

教师:"这里有很多粗细不同的绳子,请你把'电话绳'换一换,听听声音有什么变化。"

图 5-3-3　幼儿玩传声筒

4.幼儿讨论发现,教师总结与评价。

教师:"请大家说一说,你是怎么玩传声筒的?玩传声筒的过程中你有什么发现?"

教师:"原来传声筒还有很多有趣的玩法,当我们把绳子抓住,声音就听不见了,越细的绳子声音越清楚。今天,小朋友们都学会了制作传声筒,回家可以和爸爸妈妈一起玩一玩,继续探索其他有趣的玩法。"

活动延伸:

1.区域活动:在美工区装饰传声筒。

2.家园共育:和家人一起探索其他可以传声的东西。

活动反思:

本次活动顺利完成,达到了活动目标。幼儿能制作传声筒,并听到了声音的变化。用粗绳子制作的传声筒声音模糊,用细绳子制作的传声筒声音清晰,用手捏住绳子时声音就没有了。活动过程中,幼儿能与同伴相互交流,制作好传声筒后就开始"打电话"了,上台展示时大方得体。有小朋友问能不能把做好的传声筒带回家,活动结束后教师就将幼儿制作好的传声筒分发给他们当作奖品。

本次活动的不足之处主要有:第一,中班的幼儿好奇心强,在制作传声筒的过程中有些幼儿一直玩剪刀,出现了吵闹的现象;第二,在进行传声筒制作的过程中,有些幼儿没有听清楚教师的规则与要求,个别幼儿将纸杯剪坏,教师提醒过后才按照要求制作成功;第三,让幼儿将粗绳子粘在纸杯上面听声音时,有些幼儿将很多胶布粘到了桌子上,造成浪费,也不卫生;第四,教师说明游戏有两种玩法时,多数幼儿将绳子换成了细绳子,很少有幼儿用第一种方法——用手捏住绳子听一听。

这次科学活动说明,理论与实践是有差别的。幼儿的想象力非常丰富,教师需要预想多种不同的情况,才不会慌乱。为了防止幼儿出现破坏、浪费材料的现象,可以尝试用新的方式和语言来吸引他们的注意力,当他们做好成品时给予表扬,对于那些动手能力较差的幼儿,要耐心引导,让他们逐步对科学活动产生兴趣。

任务四　科学讨论活动

小组建构活动：话题讨论

1. 分组收集资料

围绕新冠肺炎疫情收集资料，主要包括以下七个主题，自由分组，每个小组选择一个主题，各小组间不重复。

第一，新冠病毒的特点与传播途径。

第二，新冠肺炎的症状与预防方法。

第三，新冠肺炎疫情下的爱与责任。

第四，动植物与人类生活、环境的关系。

第五，细菌、病毒及其与人类生活、环境的关系。

第六，新冠肺炎疫情下的国之举措、家国情怀及大国风范。

第七，新冠肺炎疫情下的科学与专业精神。

2. 整理资料，做好讨论准备

可准备文字、图片、PPT、视频等资料。

3. 分享

每组就相关主题进行分享，形式多样，每组分享时间控制在5分钟左右。

4. 思考

第一，小组是如何分工的？通过哪些方式准备材料？

第二，讨论中遇到了什么问题？是如何解决问题的？讨论中要注意什么？

第三，关于新冠肺炎话题，成人讨论与幼儿讨论有什么区别？

一、科学讨论活动概述

《纲要》指出，幼儿园科学教育应引导幼儿积极参加小组讨论、探索等，培养幼儿合作学习的意识和能力，使幼儿学习用多种方式表达、交流、分享探索的过程和结果。科学讨论活动是指幼儿在亲自探究和搜集、整理材料的基础上，通过集体的讨论交流获取科学知识的科学活动。它主要以幼儿集体的讨论交流为主。但作为集体科学活动的一种类型，它和语言的讲述活动及谈话活动不同。这种不同主要表现在活动的目标、内容与方式上，如表5-4-1所示。

表 5-4-1　科学讨论活动与讲述活动、谈话活动比较

比较范围	科学讨论活动	讲述活动	谈话活动
目标	获取关于某个主题的科学知识与经验；培养收集信息、分析信息和获取信息的能力；培养语言表达能力	有计划、有目的地培养幼儿的语言表述能力	帮助幼儿学习倾听他人谈话，学习与他人交流的方式、规则，培养人际交往能力
内容与方式	不与具体事物直接接触，在事实观察、资料收集、实际操作等之后就相关主题开展讨论，与幼儿的实际活动联系非常紧密	针对某一凭借物（图片、玩具等）进行独立构思，独自讲述	围绕幼儿感兴趣的话题进行交谈

二、科学讨论活动的内容选择

科学讨论活动是一种非探究型学习形式，主要适用于那些不易通过直接探究进行学习，但又很重要或者幼儿很想知道的科学内容，如大家一起交流自己知道的动物尾巴外形特征及其特殊用途。同时，作为一种集体研讨性的学习活动，科学讨论活动要求幼儿具备一定的交流能力，所以较为适合中班、大班幼儿。

在选择讨论交流内容时，一般要考虑幼儿比较熟悉的内容，同时又要考虑客观条件，因地制宜地开展活动。应选择幼儿感兴趣、能接受并与幼儿生活经验紧密相关的内容。总体来说，科学讨论活动可以从三个方面来选择内容（见表 5-4-2）：第一，从传统活动中选主题；第二，在幼儿身边找主题；第三，从大众传媒中找主题。

表 5-4-2　科学讨论活动的内容选择

选择思路	选择要求	举例
从传统活动中选主题	容易收集到相关信息和资料，幼儿能够理解和接受这些信息和资料的内容，避免难度大的内容，如宇宙空间、高科技等	下雨前兆，多变的天气，冬天和夏天要睡觉的动物
在幼儿身边找主题	幼儿熟悉的、可以活跃思维、发言踊跃的内容	冬天怎么让身体暖和起来，夏天开空调就凉快，食肉恐龙与食草恐龙
从大众传媒中找主题	广播、电视、音像制品等内容	新冠病毒，探月，中国高铁，火星探测

三、科学讨论活动的目标设计

科学讨论活动中，幼儿主要围绕某一主题表达交流，以达到分享知识经验的目的。通常

这类活动的核心目标有：①科学知识和经验；②表达交流能力；③搜集与整理信息；④科学情感与态度。在进行科学讨论活动设计时，可以提出更为具体的目标，如表5-4-3所示。

表5-4-3 科学讨论活动的目标

核心目标		适用年龄班	举例：中国高铁（大班活动）
科学知识和经验	增加关于活动主题的经验	中班及以上	了解中国高铁的特点
	尝试在收集和分析信息的基础上建构自己的科学知识	大班	在收集、整理和分析相关资料后，通过与同伴讨论，了解普通火车与高铁的基本构造
表达交流能力	用语言大胆表达自己的观点	中班及以上	在集体面前大胆分享自己乘坐高铁的经历，描述普通火车与高铁的区别
	倾听、理解和评价他人的观点	中班及以上	倾听其他同伴的讲述，从别人的观点中了解中国高铁的特点
	借助图画、表格、动作等表达自己的观点	中班及以上	尝试用图画等方式表现中国高铁
搜集与整理信息	知道几种常用的搜集信息的方法	中班及以上	知道如何搜集信息，如看书、上网、问别人、实地参观调查等
科学情感与态度	对讨论的问题感兴趣，体会其中的情感	中班及以上	感受中国高铁的平稳、快速，为中国高铁技术而骄傲

四、科学讨论活动的准备工作

由于科学讨论活动是非探索性的，因此，活动材料不同于一般的操作材料，而是在活动之前由教师和幼儿围绕主题收集到的各种信息和资料。这些信息和资料可以多种方式呈现。为了便于幼儿讨论和交流，科学讨论活动需要在实物、制作图片、摄制实景、调查记录图画或表格等几方面做准备，当然，也需要做好相关知识经验的准备。表5-4-4是中班、大班两个科学讨论活动的准备内容。

表5-4-4 科学讨论活动的准备

活动准备	中班：秋天来了	大班：新冠病毒来了
经验准备	幼儿与家长一起观察秋天的景色，并用照片、图画、摄像等方式记录下来	幼儿在家长的帮助下提前查找与新冠病毒相关的资料，搜集图片、视频等，做好分享准备
物质准备	(1)教师拍摄的幼儿园内秋天到来的照片。 (2)白板一个，用于粘贴照片和图画	(1)幼儿在家长的帮助下准备的图片、视频等。 (2)课件

五、科学讨论活动的设计思路

科学讨论活动不同于操作性的科学探究活动,也不同于单纯的语言讲述或谈话活动。它是一种建立在幼儿的直接或间接经验基础上的科学交流学习活动。因此,应该把幼儿的交流讨论与他们获得经验的求知活动结合起来设计。根据幼儿知识经验准备的途径不同,这类活动有两种设计方式。

(一)收集资料-共同分享式

科学讨论活动需要幼儿通过收集资料的方式积累知识经验,幼儿一般在活动之前围绕主题收集资料,在活动中与教师共同整理资料,并在教师的指导下对资料进行分析、归纳、总结。收集资料-共同分享式的基本设计思路是:幼儿前期收集资料→集体分享经验→教师总结。

大班科学活动"新冠病毒来了"(见表5-4-5)采用的就是这种设计思路。

表5-4-5 大班科学活动:新冠病毒来了

大班科学活动:新冠病毒来了	收集资料-共同分享式
活动目标: 1.初步了解新型冠状病毒的特点、危害和传播途径,知道如何预防新冠肺炎,学会保护自己。 2.能用连贯的语言分享与新冠病毒有关的知识,并能耐心倾听。 3.意识到人与动物要和谐相处,要保护野生动物	1.知识与经验目标; 2.方法与技能目标; 3.情感与态度目标
活动准备: 1.经验准备:幼儿在家长的帮助下提前查找与新冠病毒相关的资料,搜集图片、视频等,做好分享准备。 2.物质准备: (1)幼儿在家长的帮助下准备的图片、视频等。 (2)课件	1.经验准备; 2.物质准备
活动过程: 1.播放视频,导入活动主题。 教师播放新冠病毒视频,幼儿观看。 教师:"这是什么?它怎么了?" 2.教师提问,引导幼儿讨论。 教师:"新冠病毒是什么样的?新冠病毒怎样进入人体?人体内有了新冠病毒会怎么样?怎样才能保护自己不感染新冠病毒?" 3.幼儿根据自己查找到的资料和记录自由发言,教师适时指导,鼓励幼儿提出问题。	1.视频导入; 2.提出问题; 3.幼儿分享与讨论;

续表

大班科学活动:新冠病毒来了	收集资料-共同分享式
4.教师结合课件总结。 教师:"原来新冠病毒是一种长得像皇冠的病毒,这种病毒很厉害,开始住在动物的身体里,有人伤害了这种动物,病毒就跑到了人的身体里,人就会生病,有的病人只是发烧或轻微咳嗽,有的会发展为肺炎,更严重者甚至会死亡。病人在打喷嚏、咳嗽、说话的时候会产生飞沫,这些飞沫会到处跑,跑到空气中,跑到门把手、电梯按钮、楼梯扶手等很多人可能会接触到的地方,慢慢会传染给别的人。所有的人都会感染这种病毒,包括小孩子和老人。所以,我们一定要保护好自己,不要去人多的地方,不要接触发烧的人,要佩戴口罩,勤洗手,不要随地吐痰,每天坚持锻炼身体,吃营养丰富的、煮熟的东西,不吃野生动物。" 5.共同作画"打败新冠病毒"	4.教师总结; 5.共同作画
活动分析: 这个活动的设计方式属于收集资料-共同分享式。前期的资料收集非常重要,教师要提前给幼儿布置任务:在家长的帮助下查找与新冠病毒相关的资料,搜集图片、视频等,做好分享准备。活动中,教师主要提问题、引导幼儿讨论、小结,大部分时间留给幼儿分享	

(二)参观调查-汇报交流式

科学讨论活动通常是由教师组织、带领幼儿外出参观、调查获取第一手资料,并采用表格记录调查结果,外出归来以后,再进行汇报交流,大家共同分享经验。为了便于幼儿的交流,教师可以帮助幼儿以绘画、拍照、摄像等方式将调查过程和结果记录下来,在集体讨论时可以再现参观、调查的情景。参观调查-汇报交流式的基本设计思路是:幼儿前期参观与调查→集体分享与讨论→教师总结。

中班科学活动"秋天来了"(见表5-4-6)采用的就是这种设计思路。

表5-4-6 中班科学活动:秋天来了

中班科学活动:秋天来了	参观调查-汇报交流式
活动目标: 1.进一步了解秋天的季节特征。 2.能记录并与同伴交流自己发现的秋天的痕迹。 3.喜欢秋天,愿意分享对秋天的感受	1.认知目标; 2.能力目标; 3.情感目标
活动准备: 1.经验准备:幼儿与家长一起观察秋天的景色,并用照片、图画、摄像等方式记录下来。 2.物质准备: (1)教师拍摄的幼儿园内秋天到来的照片。 (2)白板一个,用于粘贴照片和图画	1.经验准备; 2.物质准备

续表

中班科学活动:秋天来了	参观调查-汇报交流式
活动过程: 1.谈话导入,吸引幼儿兴趣。 教师:"小朋友,知道现在是什么季节吗?" 2.教师提出任务,引发幼儿讨论。 教师:"这段时间,小朋友和爸爸妈妈一起发现了很多秋天到来的变化,请你跟我们一起分享吧!" 3.幼儿通过展示照片、图画、录像等分享自己的发现,教师适时引导。 教师:"这是什么?在哪发现的?你怎么知道它是秋天带来的?" 教师:"小朋友们发现了这么多秋天的痕迹,那还有没有小朋友发现秋天带来的别的变化?" 4.教师总结幼儿的发言。 5.幼儿观察幼儿园的变化,在幼儿园寻找秋天。 教师:"秋天来了,我们的幼儿园也发生了变化。请你说一说,我们幼儿园有哪些变化呢?" 教师:"秋天给幼儿园带来了这么多的变化,肯定还有我们没发现的,让我们一起去看看,欢迎秋天到来吧!"	1.谈话导入; 2.提出任务; 3.幼儿讨论与分享; 4.教师总结; 5.寻找秋天

活动分析:

这个活动的设计属于参观调查-汇报交流式。这个活动与前面的大班科学活动"新冠病毒来了"的思路有些类似,最大的差别在于,这个活动前期是观察,"新冠病毒来了"前期是收集资料。这个活动的过程基本是先由教师提出任务,再由幼儿讨论交流,最后教师总结

无论是哪种形式的科学讨论活动,基本的设计思路都相差不多,一般包括提出话题→搜集资料→讨论交流→归纳总结,如表 5-4-7 所示。

表 5-4-7　科学讨论活动的设计思路

类　　型	具体过程	案　　例	设计思路
收集资料- 共同分享式	幼儿前期收集资料→集体分享经验→教师总结	大班活动"新冠病毒来了"	1.提出话题; 2.搜集资料; 3.讨论交流; 4.归纳总结
参观调查- 汇报交流式	幼儿前期参观与调查→集体分享与讨论→教师总结	中班活动"秋天来了"	

六、科学讨论活动的指导要点

幼儿在科学讨论活动中自由发表自己的观点,碰撞彼此的思想,教师在指导时要注意以下几点。

(一)把时间留给幼儿

与传统的灌输形式不一样,科学讨论活动发言的主体是幼儿。教师应该扮演好支持者

和引导者的角色,组织幼儿开展讨论,指导幼儿进行交流,帮助和鼓励幼儿大胆表达自己的想法,教师自己尽量少说。

(二)建立良好的谈话秩序

在活动中,教师要为幼儿创设宽松、自由的环境,建立民主、平等的氛围和良好的谈话秩序,一方面鼓励幼儿大胆发言,另一方面又要提醒其他幼儿耐心倾听。从小培养幼儿尊重别人、耐心倾听、不插话的习惯将让他们受益终身。同时,教师也要做好幼儿的榜样,不要执着于自己的计划和答案,而要耐心倾听幼儿的观点,理解他们的想法,甚至与他们一起讨论,充分体现平等对话的精神。

知识宝库

善于倾听[①]

曾经有个人出使别的国家,进贡了三个一模一样的金人,把那个国家的皇帝高兴坏了。可是,这个使者同时出了一道题目:这三个金人哪个最有价值?皇帝想了许多办法,请来珠宝匠检查,称重量,看做工,这三个金人都是一模一样的。

怎么办?使者还等着回去汇报呢!最后,有位退位的老臣说他有办法。皇帝将使者请到大殿,老臣胸有成竹地拿着三根稻草,分别插入三个金人的耳朵里。插入第一个金人的耳朵,这稻草从另一边耳朵出来了。第二个金人的稻草从嘴巴里直接掉出来。第三个金人,稻草进去后掉进了肚子,什么响动也没有。老臣说:"第三个金人最有价值!"使者默默无语,答案正确。

这个故事告诉我们,最有价值的人,不一定是最能说的人。老天给我们两只耳朵、一个嘴巴,本来也是让我们多听少说的。善于倾听,才是成熟的人最基本的素质。

(三)丰富讨论交流的形式

科学讨论活动并不是要求教师和幼儿从始至终都在讨论。教师可以引导幼儿用多种手段记录他们的发现,表达他们的想法,如图画、表演等,还可以播放相关的视频、音频等,帮助幼儿进一步丰富经验,扩展眼界。

(四)充分利用多媒体手段

幼儿园教师可以充分利用多媒体手段进一步丰富幼儿的知识经验,扩展他们的眼界,如制作课件或采集视频等。

科学童话

任性国王抓"坏蛋"(惯性)[②]

小人国里有个任性国王,他下达的命令跟他的名字一样任性:下雨天不许打伞,每年的8月不许吃肉,冬天每家每户还要开个"冰激凌 party"……你看,任性国王又在下达命令了:"换掉宫殿,我讨厌那个红色的屋顶!""快,快把所有车都换成蓝色的!""这个游乐园一点都

---

① 摘自 5068 儿童网:https://www.5068.com/gs/zl/160091.html。
② 申恩美.任性国王抓"坏蛋"(惯性)[M].王艳,译.长沙:湖南少年儿童出版社,2015:4-32.

不好玩,换掉,换掉!"

　　小人国的居民们对国王的这些无理要求很恼火,可是,谁让他是国王呢。新的游乐园建好了,任性国王想要第一个来玩。哒哒哒,哒哒哒,他跑得可真快……可是,任性国王好像忘了点什么。咻……快,马上停下来。

　　哐当,哎哟!任性国王一下子摔倒在地上。"是谁,是谁在推我?"他生气地吼道。可是旁边并没有人。晃悠晃悠,晃悠晃悠,任性国王想要荡秋千。秋千摇摆得可真快……可是,任性国王忘了点什么。咻溜……快,马上跳下来。哐当,哎哟!摇晃着的秋千,把国王的后脑勺狠狠地打了一下。"是谁,是谁打我头的?"这次还是没有人应答。"哇,你们这些大坏蛋,到底是谁这么大胆,竟然敢推我打我?快,快给我把他抓起来!"任性国王火冒三丈。臣民们都不敢作声。只有一个叫作"马屁精"的大臣站出来说:"国王……您生气的那个大坏蛋,叫作惯性!""惯性?惯性是谁?它难道不知道我是天下第一的国王吗?""国王您跑着跑着突然停下来时,虽然您的脚停下来了,但是身体停不住而跌倒了,这是因为有惯性。您从秋千上跳下来了,但是秋千还在保持往前运动的状态,所以才会打到您的头。这也是因为惯性。"

> **惯性是什么?**
>
> 　　我们应该都会有这样的经验,快速跑步的时候突然想要停下来,却往往不能马上停下来,或有时候还会因此而摔倒。这是因为我们虽然想停下来,但身体却不自觉地往前倾。像这样原来在运动的物体保持其运动状态的性质叫作惯性。想要移动物体,但是物体还要留在原位,像这样静止的物体保持其静止状态的特性也是惯性。想要移动静止的物体,或是将运动的物体停下来会比较费劲,这都是因为惯性。

　　"哦,原来害我摔倒、打着我的头的,都是这个大坏蛋,士兵们,赶紧把惯性给我抓来。""可是,国王,惯性是看不见摸不着的,没法抓啊!""你们怎么那么笨呢?那就把所有的惯性都清除掉,把引起惯性的人都抓起来!"任性国王怒吼着。

> **谁最先提出惯性这个概念的?**
>
> 　　最先提出惯性这个概念的人是伽利略,之后是牛顿完成了整个理论。我们一起来看看牛顿第一定律——惯性定律:任何物体在没有受任何外力的作用下,总是保持匀速直线运动状态或静止状态,直到有外力迫使它改变这种状态为止。

　　看!奔跑的公交车突然停下来了,坐在车里的人们都在往前倾。"士兵,快过来,这里面有惯性。""公交车停下来了,但是由于惯性,人的身体继续往前行,所以人的身体就会往前倾。"转盘和秋千全部都要消失。足球也不准踢了。最喜爱的跑步比赛被禁止了。自行车也被抓起来了。转盘只要转一下,就会继续转动。秋千只要荡一下,就会继续晃动。"赶快,这里面都有惯性,把它们都抓起来。""足球也是,只要用力踢一下,就能飞出去好远。"

> **为什么足球飞出去好远是因为惯性?**
>
> 　　足球从静止到飞出去,运动状态改变了,改变原因是受到了脚踢它的力,受力只在它从静止到飞出去的那一瞬间,飞出去后就不再受脚给它的力了,只受重力和空气阻力,而它还在飞出去就是因为惯性。它将不停地运动,直到被外力所制止。

用力奔跑时,突然停下来,因为惯性,身体会不自觉地往前倾,脚也会往前多迈几步。士兵们急吼吼地跑来:"是惯性!快把他抓起来!"骑自行车时,突然停下来,因为惯性,自行车会继续往前行几步。"报告长官!是惯性!抓起来!"而"马屁精"大臣呢,他还嫌全国上下不够乱。这天,他跟任性国王说:"尊敬的国王,您还忘了一件事,静止的物体保持其静止状态的性质也是惯性!所以,静止的东西也应该受到惩罚。"

> **静止的物体为什么具有惯性?**
>
> 惯性是物体所具有的一种性质,这种性质表现为在没有外力改变物体运动状态时,物体总要保持原来的运动状态,即静止或匀速直线运动状态。这是一种客观存在的现实,惯性的大小只与物体的质量有关。

"哎呀,真是麻烦!那么从现在起,所有让东西静止的人也都抓起来吧。"任性国王想都没想,马上让他的士兵们执行命令。这下,小人国彻底乱套了。玩跳跳机,人往下掉,可是头上的辫子还在往上飘。士兵们就会来抓人:"身体在往下降,辫子却想维持静止不动,所以辫子没有降下来。这里有惯性,把她抓起来!"汽车"嘟嘟",马上出发了。车子上所有的人都往后倒了一下。这是因为车子突然前进了,车上的人却有继续维持不动的惯性,所以身体会往后倾。"汽车开动了,但是身体还是想静止不动,这是惯性!""一直静止不动也是惯性,抓起来!"

"动也被抓,静止不动也被抓,要疯了。""这里简直没法生活啦。"小人国的百姓们一肚子怨言,大家都想离开这个地方了。可是他们的任性国王呢,一点儿也不在意,他更关心他的厨师有没有把他的烧鹅做好。

宫里的人呢,显然他们的生活也跟百姓们一样,情况糟糕透了。唧唧咕咕,他们好像在任性国王看不到的地方讨论着什么。很快,任性国王的午餐时间到了。怎么回事?餐椅被换成了秋千。"好吧!秋千也不错,容本王好好玩玩。"任性国王心想。正当他晃晃悠悠地荡着秋千,享受着美味的食物时,"马屁精"大臣大喊起来:"士兵,快来人哪!这里有摇晃的秋千,这里有惯性。""难道你想把我抓起来吗?我可是国王。"任性国王气得跳起来。"可是,国王,是您下的命令,您命令所有与惯性有关的都必须要抓起来。您……如果不把您抓起来,就违抗了您的命令。""这……这个。"任性国王一下子说不出话来。原来,这就是宫里的人"惩罚国王"的好主意。"那好吧,我改变想法了。大家还是像以前一样生活吧!"惯性又重新回到了小人国里,大家开心地拥抱了它。只是,任性国王下一次,会不会还是像这次一样,下达一个新的荒谬的命令呢?

技能实训

一、课程见习:观摩与评价幼儿园集体科学活动

(一)实训目标

1.了解幼儿园集体科学活动的设计思路和指导要点。

2.能发现幼儿园教育实践中集体科学活动设计与组织的问题,根据所学理论学会评价幼儿园集体科学活动。

3.喜欢幼儿,意识到集体科学活动的重要性,愿意学好集体科学活动设计的理论。

(二)实训内容

观摩幼儿园四类集体科学活动,包括观察认识活动、实验探究活动、技术操作活动和科学讨论活动,观摩之后开展集体评价。

(三)实训过程

1.教师布置任务,提出见习要求。

2.学生观摩与记录幼儿园集体科学活动。

3.学生在幼儿园评价观摩的集体科学活动。

4.学生回校后分组交流,写出见习报告。

5.展示与交流见习报告。

二、活动设计:幼儿园集体科学活动方案

(一)实训目标

1.掌握每种类型集体科学活动的设计理念与思路。

2.能根据幼儿年龄特点设计集体科学活动。

3.在活动设计中感受到集体科学活动的重要,愿意克服困难设计活动。

(二)实训内容

每个学生设计四个集体科学活动,包括观察认识活动、实验探究活动、技术操作活动和科学讨论活动,涵盖小班、中班和大班。

(三)实训过程

1.教师提供多个选题,要求学生设计四个完整的集体科学活动。

2.学生撰写活动设计方案。

3.学生两两交换修改方案。

4.教师提意见。

5.学生再次修改,完善活动设计方案。

三、活动模拟:幼儿园集体科学活动

(一)实训目标

1.掌握每种类型集体科学活动的设计理念与思路。

2.能按照自己设计的科学活动开展模拟试讲。

3.在活动设计中,感受到集体科学活动的重要。

(二)实训内容

每组选四个活动试讲,分四次进行,全班试讲的活动要包括观察认识活动、实验探究活动、技术操作活动、科学讨论活动四种类型,涵盖小班、中班和大班,试讲后评价。

(三)实训过程

1.学生以 5～6 人为一组,每组学生课前试讲,并录制视频。

2.每组派一个代表在班级试讲。

3.集体评价。

四、说课练习：幼儿园集体科学活动

(一)实训目标

1. 掌握幼儿园集体科学活动的说课方法和要求。

2. 基本掌握幼儿园集体科学活动的说课技能，能按照活动设计方案撰写说课稿，在集体面前开展说课。

3. 通过说课体验幼儿园教师组织集体科学活动的过程。

(二)实训内容

每个学生撰写四个集体科学活动的说课稿，包括观察认识活动、实验探究活动、技术操作活动和科学讨论活动，涵盖小班、中班和大班，说课并评价。

(三)实训过程

1. 学生根据活动设计方案撰写说课稿。

2. 学生组内说课。

3. 每组派一个代表在班级说课。

4. 集体评价。

一、选择题

1. (　　)是最为重要、运用最为普遍的集体科学活动类型。

　　A. 观察认识活动　　　　　　　B. 实验探究活动

　　C. 技术操作活动　　　　　　　D. 科学讨论活动

2. 一般来说,(　　)幼儿以观察个别事物、现象为主,主要是运用各种感官感知物体的明显外部特征和简单现象,以获取感性经验。

　　A. 小班　　　　B. 中班　　　　C. 大班　　　　D. 托班

3. (　　)设计思路的优点是幼儿探究的目的明确,便于教师组织活动,易于达到预期目标。

　　A. 演示-探究式　　　　　　　B. 自由-引导式

　　C. 猜想-验证式　　　　　　　D. 都不是

4. "油水分离"这个活动最适合采用哪种设计思路？(　　)。

　　A. 演示-探究式　　　　　　　B. 自由-引导式

　　C. 猜想-验证式　　　　　　　D. 以上三种都不适合

5. 幼儿通过养蝌蚪了解蝌蚪的成长过程,这属于(　　)。

　　A. 物体观察活动　　　　　　　B. 现象观察活动

　　C. 户外观察活动　　　　　　　D. 长期系统性观察活动

6. 科学活动中,教师观察到某幼儿能用数字、图表来记录和整理自己观察到的现象,该幼儿最可能的年龄是(　　)。(2016年下半年教师资格考试"保教知识与能力"真题)

　　A. 6岁　　　　B. 5岁　　　　C. 4岁　　　　D. 3岁

二、简答题

1. 如何帮助幼儿掌握观察的方法?
2. 指导实验探究活动需要注意什么?
3. 如何为幼儿选择技术操作活动内容?
4. 科学讨论活动与谈话活动、讲述活动有什么区别?

三、论述题

2020年新冠肺炎疫情严峻,围绕"新冠病毒"主题,可以开展哪些类型的集体科学活动?在这些活动中,如何渗透生命教育?

四、案例分析题

在大班科学活动"纸宝宝洗澡"中,教师想让幼儿探索不同纸在水中的状态,看哪些纸能"洗澡"。教师先示范把纸放到水中,让幼儿观察并记录,然后让幼儿自己探索纸能否"洗澡"。

请根据所学理论分析这个案例中教师的做法是否恰当,并说说:如果是你,你会怎么做?

五、活动设计题

1. 某幼儿园的院子里有几种高大的树,也有一些比较低矮的灌木。请你结合院子里的这些资源,设计一个题为"幼儿园的树木"的中班主题活动方案(含3个子活动),要求写出总目标、每个子活动的名称、目的和主要环节。(2015年上半年教师资格考试"保教知识与能力"真题)

2. 请根据下面的素材,设计大班主题活动方案,要求写出主题活动名称、主题活动总目标、2个子活动的具体设计(包括活动名称、活动目标、活动准备和活动的主要环节)。(2016年下半年教师资格考试"保教知识与能力"真题)

周一早晨的户外活动中,幼儿被园里五颜六色的花吸引了,有的在指认花的颜色,红的、黄的、白的、紫的;有的在数花瓣,三瓣的、五瓣的、六瓣的;有的在争论花的名称……他们发现有的花朵长得一样但颜色不一样;有的花朵有香味,有的花朵没有香味……户外活动结束了,幼儿还一直很兴奋地谈论着……

项目六
幼儿园科学区活动

1. 知识目标:了解幼儿园科学区活动的类型,掌握幼儿园科学区环境创设的基本内容及科学区活动的设计与指导要点。

2. 技能目标:能够对幼儿园科学区进行环境创设,能用科学的儿童观、教育观组织、指导与评价科学区活动。

3. 思政目标:在创设科学区、组织科学区活动的过程中感受幼儿园科学教育的重要性,能够意识到人类与自然的关系,尊重生命,感受生命的力量。

在中班活动室科学区,李老师为班级儿童提供了若干拆散的电池、灯泡以及电池装置。嘟嘟今天第一次来这儿玩。他先拿起一个个电池摆弄着。只一会儿,嘟嘟就着急地问:"老师,我不会,这个怎么玩?"李老师指了指正在旁边玩的文文说:"你先看看文文是怎么玩的!先试一试好吗?"嘟嘟走到文文身边看着她,说:"文文,这个是怎么玩的呀?"文文边说边操作:"你看,把电池放到这个小盒子里,再连起来,按一下开关,灯泡就亮了。"听文文说完,嘟嘟信心十足地装了起来……零件组装完毕,最后该装电池了,他拿两个电池装上。当他兴奋地按下开关时,灯泡没亮,嘟嘟奇怪地问:"咦?怎么会不亮呢?"他一脸疑惑不解,接着又发出了求助信号:"老师,我的灯泡怎么不亮呢?"李老师也一脸疑惑:"是呀!为什么会不亮呢?"嘟嘟想了想说:"是不是没电了。老师,我换一下电池好吗?"文文在旁边说:"你的电池装反了。"于是,嘟嘟又小心地将电池反向装入电池装置内,小灯泡终于亮了,嘟嘟跳了起来。

请思考:

1. 如何分析该活动中幼儿的行为表现?出现这些行为表现的原因是什么?
2. 如何看待这个活动中教师的指导?
3. 在科学区活动中,幼儿什么时候需要教师的指导?教师该如何指导呢?

知识概述

科学区活动有别于集体科学活动,是幼儿学习科学的重要途径之一。在科学区活动中,教师根据幼儿园科学教育的目标以及幼儿的年龄特点,科学、合理地创设科学区,并有计划、有目的地准备相应的活动材料。幼儿在科学区里自主、自由地选择材料,通过观察、操作、记录、实验、讨论等多种方式进行科学探索。在科学区活动中,幼儿是一位"显性"的探究者,教师是一位"隐性"的指导者,教师与幼儿也是科学教育的共同学习者。

任务一　幼儿园科学区环境创设

小组建构活动:幼儿园科学区资料收集、讨论与汇报

1. 收集并归类整理幼儿园科学区图片

学生分组在见习幼儿园或网上搜索科学区图片,每组至少收集10张图片,并归类整理。

2. 课前讨论

第一,科学区有哪些类型?有什么材料?

第二,某些科学区设置是否合理?

第三,幼儿喜欢怎样的科学区环境?

第四,什么样的科学区环境能满足幼儿科学探究的欲望?

3. 小组汇报

第一,将收集的图片及讨论的过程与结果制作成汇报PPT。

第二,小组汇报。

一、幼儿园科学区概述

20世纪80年代末至90年代初,受国外开放教育和蒙台梭利等教育思想的影响,区域活动从国外引入我国。长期以来,我国学前教育界将区域活动界定为班级活动室或走廊设置的区域。随着学前教育的不断发展,我国区域活动的范围也不断在扩大,科学区的范围也从室内拓展到室外。

1. 幼儿园科学区的内涵

从广义上来说,整个幼儿园都是科学探索区域。幼儿园内存在各种材料、动植物和各种现象,可以成为幼儿探索科学的潜在科学活动区,比如幼儿在幼儿园走廊看到蚂蚁,在滑梯上感受身体滑下来的重力,在戏水区感受水的特性,在建构区感受重力等。狭义的科学区,是指幼儿园为开展科学教育专门划分出的以科学探究为主要活动的区域,主要有班级科学区、自然角、科学发现室、种植园地等。幼儿园教师根据幼儿需要和科学教育目标,通过在户外场地、活动室、走廊等地设置相对固定的区域,有目的、有计划地投放各种科学材料,让幼儿在一种自由宽松的氛围下,按照自己的意愿和能力,自主选择科学材料,主动进行科学操作、探索,进行科学知识的自我建构,获取相关的科学经验。根据班级区域活动规划,小班、中班、大班一般都会设置科学区。如表6-1-1所示,广州市某幼儿园小班、中班、大班都有科学区。

表6-1-1 广州市某幼儿园班级区域统计(2017)

班级	所设区域
小班	家庭区、阅读区、美工区、科学区
中班	家庭区、读写区、建构区、美工区、科学区、表演区
大班	建构区、读写区、美工区、科学区、家庭区、角色区、餐厅

2. 幼儿园科学区的类型

本书中的科学区主要指狭义的科学区。按照区域的空间、位置划分,幼儿园的科学区一般分为三种类型。

1)班级科学区

一般来说,幼儿园小班、中班、大班会在班级活动室设置科学区。幼儿在班级区域活动时间可以选择科学区,选择自己感兴趣的材料,进行科学操作与探索,从而获取科学经验。图6-1-1所示为某幼儿园大班科学区。

2)公共科学区

公共科学区主要是在班级走廊、楼梯拐角等公共区域设置的科学区。一般来说,幼儿园公共科学区主要设置为自然角(见图6-1-2)、种植园地(见图6-1-3)、科学墙(见图6-1-4)等。幼儿在自然角和种植园地可以开展种植植物、饲养动物、观察动植物的特点与生长过程、采摘等活动。幼儿通过科学墙可以了解各种主题的科学内容。

项目六 幼儿园科学区活动

图 6-1-1 大班科学区①

图 6-1-2 公共科学区——自然角②

图 6-1-3 公共科学区——种植园地③

图 6-1-4 公共科学区——科学墙④

---

① 此图片是编者在江苏省泰州市希朗艺术幼儿园拍摄的。
② 此图片是编者在江苏省泰州市希朗艺术幼儿园拍摄的。
③ 此图片由华南师范大学附属大沥幼儿园提供。
④ 此图片由湖南省常德市柳叶湖蓓蕾幼儿园提供。

3）专门的科学发现室

有些幼儿园会设置专门的科学发现室让幼儿进行自由探索。专门的科学发现室内会根据学前儿童科学教育的整个体系内容及全园不同年龄儿童的特点来设置不同的主题区域，比如物质材料区、生命科学区、物理科学区、地质科学区等。幼儿可以根据自己的兴趣和爱好选择自己喜欢的科学区。

二、幼儿园科学区环境创设原则

名人名言

儿童的行为，出于天性，也因环境而改变，所以孔融会让梨。

——鲁迅

幼儿园科学区对幼儿学习科学具有重要意义。创设科学区是为了什么？幼儿教师在创设科学区时需要注意哪些事项？科学区和其他区域的创设有什么区别？这都是幼儿教师在创设科学区时需要思考的问题。总体来说，幼儿教师在创设科学区环境时需要遵循以下原则。

1. 安全性原则

由于幼儿年龄较小，安全意识较差，自我保护意识较弱，因此，安全性原则是在设置科学区时首先要考虑的原则。教师要定期检查科学区仪器、设备、场景是否符合幼儿园安全标准，是否存在安全隐患等。

2. 主体性原则

在创设科学区时，教师需要思考如何更好地体现幼儿的主体地位，如何帮助幼儿在此区域进行自主的科学探索。同时，教师还需要引导幼儿主动思考，与教师共同设计科学区的环境。

3. 自然性原则

陈鹤琴先生说，大自然是活教材。① 自然的环境以及材料是幼儿进行科学探索的重要资源。黄意舒认为，人类与自然共存，是自然造就了文化，为使幼儿学习科学首在提供自然环境，自然环境可以给幼儿提供看到、听到、摸到、闻到的来自自然原始的呈现。② 大自然是最好的科学教育场所。无论是在室内的还是室外的科学区，教师都可以充分利用自然资源，让幼儿用多种感官去探索。室内的班级科学区可以加入石头、树枝等自然原始的材料。室外的种植园或种植角内，除了自然的土壤、空气、幼儿自己选择的蔬菜及绿植外，还可以加入水源、石头等，营造自然的环境。

4. 生活性原则

幼儿园的科学活动会在幼儿日常生活中发生，因此，科学区环境材料的投放也应注意生

---

① 中国学前教育史编写组.中国学前教育史资料选[M].北京：人民教育出版社，1989：344.
② 黄意舒.幼儿科学课程活动设计[M].台北：华腾文化出版社，2014：2-3.

活性。幼儿在生活中接触到的坡道、管道、发霉的面包、人工智能机器人等各种材料,都可以纳入幼儿园科学环境创设的范围。另外,生活性和自然性是有区别的,比如幼儿喜欢玩的吹泡泡就不是来自自然的,而是来源于生活。

5. 探究性原则

科学区的设置一定要引起幼儿好奇,能让幼儿有探索的欲望,并能使幼儿在该环境中进行观察、实验,从科学探究中建构科学知识。《纲要》中也提到,幼儿园要提供丰富的可操作的材料,为每个幼儿都能运用多种感官、多种方式进行探索提供条件。因此,在设置科学区时一定要考虑该区域及相关的材料能否让幼儿进行科学探究。

6. 开放性原则

幼儿园科学区的环境创设一定是动态的、开放调整的过程。个别幼儿园的班级科学区一学期的材料都没有更换和调整,这显然是不适宜幼儿发展的。好的科学区环境一定会随着幼儿科学经验的发展、幼儿园主题课程的开展以及幼儿的兴趣和需要等定期调整。

7. 因地制宜性原则

在设置科学区时,还需考虑文化地域特征以及幼儿园的特点,如杭州的幼儿园中可以设置类似西湖的自然探索区,东北的幼儿园中可以设置一些滑雪类的区域。同时,幼儿园科学区的内容在时间和空间上也应可以进行转换。

三、幼儿园各科学区环境创设

幼儿园科学区各有特点。结合科学区的类型,下文主要对班级科学区、自然角、种植园地及科学发现室等常见的科学区物质环境创设进行阐述。

(一)班级科学区的环境创设

创设班级科学区时,在班级活动室内,划分一块独立区域,用区域柜间隔,提供丰富多样的科学活动材料,让幼儿选择自己喜欢的科学材料和活动方式,积极主动地利用科学材料进行互动,进行主动操作和探索。班级科学区的设置需要统筹整个班级区域位置。班级区域的划分与创设需要根据幼儿园活动室面积与形状结构、园所课程特色、班级儿童人数以及不同年龄阶段等因素来确定。总体来说,班级科学区的设置需要注意以下几点。

1. 选择合适的位置

第一,与"静"区域临近。一般来说,科学区、阅读区、美工区等属于较为安静的区域,表演区、角色区属于相对喧闹的区域。幼儿需要集中注意力对科学区的材料进行探索与操作,因此科学区应与阅读区、美工区这些"静"的区域相邻。某幼儿园班级区域图如图 6-1-5 所示。

第二,靠近水源、光源与电源区域。科学区可能需要水、光、电等科学元素,因此科学区可以与水源、光源、电源等区域结合,如班级科学区可以创设在靠窗、有阳光的位置。

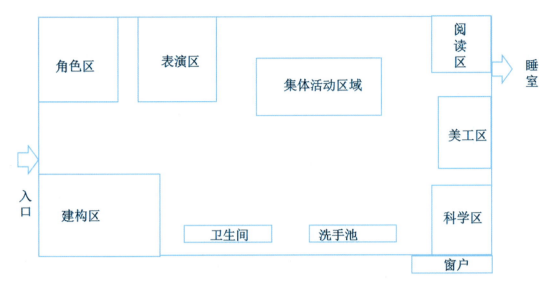

图 6-1-5 某幼儿园班级区域图

活动区分类①

美国科学家布朗把活动区性质描述为静态、动态、用水、不用水等,并据此把活动区归纳为以下四大类:第一,静态、用水——科学区、美工区;第二,动态、用水——沙水区、角色区(娃娃家);第三,静态、不用水——阅读区、智力游戏区;第四,动态、不用水——表演区、建构区、运动区。

2. 确定科学区空间大小

一般来说,区域的大小也需要统筹班级区域的面积划分。如果班级人数较少,而面积较大,则相应的班级区域也可以扩大。史密斯和康纳利在20世纪七八十年代对此进行过研究,得出的结论是,每名儿童占地2.3平方米及以上,空间密度对儿童的社会行为不发生影响。② 另外,根据幼儿不同年龄阶段特点及幼儿园课程的实施,也可以定期调整区域的大小。例如,小班会较注重娃娃家或生活区的创设,中班、大班会注重建构区等其他区域的建设。有些幼儿园在创设"科技文化节"活动时,也会重点建设科学区。科学区的大小也需要考虑在区域活动中的人数来确保科学区活动的质量。

3. 充分利用科学区台面与立面的空间

在区域活动的创设中,每个区域基本都有存放材料的区域柜。在科学区,教师会将科学材料用收纳盒装起来并放到区域柜中的格子里。在区域柜的台面,教师也可以放置一些科学材料,让幼儿在台面上进行科学操作。在区域柜的背面及靠墙的立面空间,教师可以用粘贴、悬挂的方式固定一些科学操作游戏板,让幼儿自由探索。

---

① 胡耀军.幼儿园区域活动中空间规划研究与建议[J].中国教育技术装备,2018,(11):9.
② 薛烨,朱家雄,等.生态学视野下的学前教育[M].上海:华东师范大学出版社,2007:182.

4. 创设可操作、可探究的互动环境

国内有教育者认为,幼儿园环境是可以互动的、可以说话的。因此,在科学区环境创设过程中,幼儿园教师应尽量设置一些可以让幼儿操作、探索的墙面,避免将一些纯图片粘贴在墙面上。在设置班级科学区时,幼儿园教师需要思考该区域的材料是否会吸引幼儿,是否能引发幼儿的科学探究行为。

5. 科学制定科学区规则

制定规则是建设科学区的一个重要环节。科学区的区域规则需要教师和幼儿共同商议制定,并结合科学区的特点与幼儿的年龄特征,形成图文并茂的区域规则。另外,在科学区入口也可以增加小脚印的图示,让幼儿知道进区的路线与人数。

6. 选择操作性强的科学区材料

学前儿童科学教育涉及的内容非常广泛。教师可以根据幼儿园科学教育的目标、内容、主题课程及幼儿的兴趣、特点,合理选择幼儿乐于操作与探究的科学材料。比如,某幼儿园中班正在开展"石头博览会"的主题活动,教师就可以让幼儿收集自己喜欢的石头放在科学区。科学区的材料应尽量丰富多样,具有可操作性,并能够吸引幼儿多感官参与。同时,科学区材料需要分类摆放在区域柜内,并做好标注,方便幼儿取放。

(二)自然角的环境创设

苏霍姆林斯基说:"让孩子们在没有打开书本去按音节读第一个词之前,先读几页世界上最美妙的书——大自然这本书。"[①] 为了让幼儿亲近自然,在自然中进行科学观察与探究,除了幼儿园中的自然环境,幼儿园一般会在班级环境中创设自然角。

1. 自然角的含义及类型

张俊认为,自然角即在幼儿园活动室向阳角落,安放桌子或设置分层木架,将适于在室内生长和照料的动植物,或收集的非生物有秩序地布置其中。自然角是集中、真实再现和反映自然的场所。[②] 一般来说,自然角是在班级走廊或靠窗的地方种植植物或者饲养小动物,让幼儿定期观察、记录动植物的生长过程和生活习性的科学活动场所。

幼儿园班级自然角投放的植物主要包括观赏类、观察类和照料类。[③] 第一,观赏类植物:投放的植物供幼儿欣赏及装饰自然角环境。第二,观察类植物:投放的植物供幼儿观察,以便使幼儿更好地了解该植物的名称、外形特征等。第三,照料类植物:投放的植物供幼儿种植实践,在种植体验中更好地了解植物的生长特性。

某幼儿园班级自然角植物内容一览表如表6-1-2所示。

---

① 苏霍姆林斯基.把整个心灵献给孩子[M].唐其慈,毕淑芝,赵玮,译.天津:天津人民出版社,1981:34.
② 张俊.幼儿园科学教育[M].北京:人民教育出版社,2004:246.
③ 申雅霏.幼儿园自然角活动的现状研究[D].福州:福建师范大学,2017:26-27.

表 6-1-2　某幼儿园班级自然角植物内容一览表①

植物类型	植物内容
观赏类植物	仙人球、仙人棍、文竹、凤尾竹、吊兰、绿萝、芦荟、虎尾兰、剑兰、常春藤、发财树、杜鹃、一品红、如意梅、白掌、凤仙花等
观察类植物	成熟类植物标本：大蒜、花生、芸豆、黑豆、大豆
	种子类：青椒、花菜、矮向日葵
照料类植物	豆类：黑豆、黄豆、红豆、绿豆、豌豆等
	调料类：生姜、大蒜、红辣椒、蒜苗
	蔬菜类：油麦菜、白菜、青菜、萝卜、空心菜、花椰菜、西红柿、雪里红、西葫芦、甜荞麦、紫薯、地瓜叶等
	花卉类：康乃馨、醉蝶花、草兰、矮牵牛、波斯菊、玫瑰等

2. 自然角的环境创设要点

在创设自然角环境时，需要注意以下要点。

(1)合理规划自然角的位置与布局。

自然角的设置要考虑活动室位置与动植物特性。班级自然角一般设置在阳台、走廊等地或者有窗的一面，靠近阳光。自然角的布局则需要根据活动室、走廊、阳台的布局和具体的活动来安排。图 6-1-6 所示为某幼儿园在走廊设置的自然角。

图 6-1-6　自然角(一)②

(2)选择合适的动植物。

在自然角选择动植物时需考虑幼儿的兴趣与年龄特征、季节特征、地域特点及课程特点

---

① 申雅霏.幼儿园自然角活动的现状研究[D].福州：福建师范大学,2017:29.
② 此图片由华南师范大学附属大沥幼儿园提供.

等。如教师可根据不同的季节选择不同的动植物,春天可在自然角饲养幼儿喜欢的蚕宝宝等。当班级开展"动物世界"的主题活动时,自然角就可以饲养一些小金鱼、小乌龟等容易饲养的动物。另外,小班自然角的动植物种类不宜过多,可以选择一些常见的、特征明显、易于观察的动植物,如蒜苗(观察其发芽);中班、大班可以选择幼儿自己感兴趣的动植物。某幼儿园为观察发芽现象选择的自然角植物如图 6-1-7 所示。

图 6-1-7　自然角(二)[①]

(3)以儿童视角创设不同的造型。

教师需要站在幼儿的角度来设计、选择自然角造型及花盆造型。部分幼儿园会选择一些有童趣的、可爱的花盆,并让幼儿与家长参与制作,如图 6-1-8 中幼儿园将水管做成斑马的造型来在自然角种植绿萝,儿童会很感兴趣。同时,教师也需要考虑植物的高度及布局是否适合幼儿观察、浇水等。

幼儿园考虑植物高度后错落搭配的自然角如图 6-1-9 和图 6-1-10 所示。

图 6-1-8　自然角(三)[②]　　　　　　　图 6-1-9　自然角(四)[③]

---

① 此图片由华南师范大学附属大沥幼儿园提供。
② 此图片由华南师范大学附属惠阳第二幼儿园提供。
③ 此图片由华南师范大学附属惠阳第二幼儿园提供。

图 6-1-10 自然角(五)①

(4)设计动植物的标签及区域规则。

多数幼儿园自然角的植物是幼儿自己准备的。如果是不同幼儿的植物,教师可以提醒家长和幼儿一起设置植物的标签。标签的内容主要包括儿童姓名、植物名称、植物特性等。幼儿看到属于自己标签的植物,内心会更愉悦,同时会根据标签上植物的特性来照顾植物,这样更容易产生成就感。幼儿也可以观察同伴设计的标签,并了解不同植物的生长特性。植物角也会设置相应的区域规则,提醒幼儿进行浇水、松土、记录等。

自然角规则及植物标签示例如图 6-1-11 和图 6-1-12 所示。

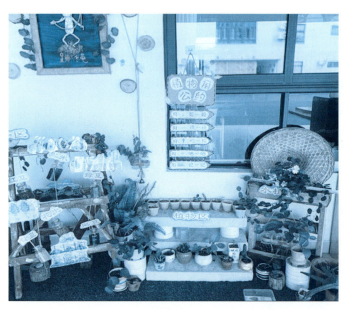

图 6-1-11 自然角规则及植物标签示例②

---

① 此图片由华南师范大学附属惠阳第二幼儿园提供。
② 此图片由华南师范大学附属大沥幼儿园提供。

图 6-1-12 自然角规则示例[1]

(5) 按需准备观察记录表(观察日记)。

《指南》中指出,幼儿科学学习的核心是激发探究兴趣,体验探究过程,发展初步的探究能力。成人要引导幼儿通过拍照和画图等方式保留和积累有趣的探索与发现。如让幼儿观察种子发芽及植物的生长过程时,可以设置观察记录本及观察记录表(见图 6-1-13),让幼儿仔细观察、交流后,记录观察的过程与结果。观察记录表需要图文并茂,要让幼儿看得懂又好记录。

图 6-1-13 自然角及观察记录表[2]

---

[1] 此图片由华南师范大学附属惠阳第二幼儿园提供。
[2] 此图片由华南师范大学附属大沥幼儿园提供。

(6)提供探究动植物的工具与材料。

《指南》中提到,成人要为幼儿提供一些有趣的探究工具,用自己的好奇心和探究积极性感染和带动幼儿。为了让儿童更好地观察、照料动植物,自然角需提供不同的工具,如小铲子、喷水壶(见图6-1-14)、放大镜、温度计、量尺等。

图6-1-14 自然角的喷水壶①

(三)种植园地的环境创设

陈鹤琴先生指出:"幼稚园需布置一个科学环境,尽可能地领导儿童栽培植物(花卉、菜蔬)、布置园庭,从事浇水、除草、收获种子等工作。"幼儿对栽培、种植植物很感兴趣,通过种植活动能亲近自然,了解植物的多样性与生长周期,感受生命的过程与美好,同时,让幼儿进行种植的过程也渗透了劳动教育。

在创设种植园地环境时,需要注意以下步骤与流程。

1. 选择合适的种植地点

幼儿园种植园地一般应选择阳光好、土质肥沃、靠近水源且不易积水、面积较大又便于劳作的区域。一般一楼户外空间较大的幼儿园会在一楼户外设置种植园地。有些幼儿园一楼户外空间不足,就会在幼儿园不同的楼层平台设置种植园地来满足幼儿的种植需求。

2. 确定年级及班级种植区域

幼儿园一般以年龄、班级为单位将种植园地"分块",每个班级有一块自己的地方来种植。幼儿园会根据班级人数与位置及种植园地的形状来设置不同班级的种植区域。一般班级种植区的形状为方形、圆形、扇形等。如图6-1-15所示,该幼儿园班级种植区为扇形。在

---

① 此图片由华南师范大学附属惠阳第二幼儿园提供。

确定每个班级种植园地的位置后,教师及幼儿需要对本班的种植园地进行管理。

图 6-1-15　某幼儿园班级种植区[①]

3. 选择合适的植物

幼儿园应根据幼儿的兴趣及年龄特征、季节特征、地域及课程特点来选择种植园地的植物,但种植园地的植物与自然角的植物存在一定的差别。一般来说,种植园地的植物主要为蔬菜瓜果类。另外,教师应充分发挥幼儿的主动性,可开展意愿调查,和幼儿共同选择种植的植物种类。

4. 提供丰富的互动环境与材料

幼儿园教师还需要为幼儿提供互动环境与材料,主要包括两大类。

第一,标识类。该部分主要包括种植区的班级归属、植物类别及其他基本介绍。这样方便幼儿辨认,也能让幼儿园所有幼儿认识更多的蔬菜。

第二,种植工具及相关材料。种植园地附近一般需要设置相应的工具箱及材料箱,方便幼儿进行种植。工具箱内应包括挖土、种植、浇水(见图 6-1-16)、除草、施肥等所需的工具,同时还需要有采摘的工具。一般来说,所有工具和材料会分类存放。有的还会贴上相应的标签,以便幼儿使用。

图 6-1-16　幼儿在给植物浇水[②]

---

① 此图片是编者在华南师范大学附属幼儿园拍摄的。
② 此图片由华南师范大学附属大沥幼儿园提供。

(四)科学发现室的环境创设

幼儿园科学发现室又称为科学室。根据幼儿园科学教育的内容,科学发现室可分为不同的区域,比如生命科学区、物理科学区、地理科学区等,让幼儿选择不同的材料进行科学探究。相比班级科学区,科学发现室的材料更丰富、更全面。

1. 科学发现室的特点

(1)空间较大,材料丰富且全面。

幼儿园科学发现室(见图6-1-17)是一间独立的活动室,一般和班级活动室面积差不多,大的幼儿园也会扩大其科学发现室的范围。一般来说,幼儿园会邀请专业的团队来设计科学发现室。科学发现室的材料十分丰富且全面,主要包括动植物的标本、磁力材料、光与影材料、宇宙天体材料及科学技术类材料等。

图 6-1-17　科学发现室①

(2)面向全园幼儿,满足不同年龄段幼儿的发展需要。

班级科学区基本仅对本班幼儿开放,而科学发现室的使用对象是全园幼儿。科学发现室内的科学材料基本没有设定年龄阶段,幼儿可以根据自己的兴趣、爱好以及发展水平选择相应的材料进行科学探究。教师通过观察也会合理引导幼儿使用相应的材料。幼儿园会设计科学发现室使用计划表,安排各个班级轮流来科学发现室开展探究活动。

(3)科学探究具有延续性,满足幼儿持久探究的需要。

科学发现室内的材料相比班级科学区的材料而言,较为固定,更换较少。幼儿在对某个区域或某类科学感兴趣时,可以开展持续性的探究。如宁宁最近对物理科学区中的磁力活动区特别感兴趣,每周的科学发现室活动时间,他都会选择磁力活动区。从最开始了解磁铁的外观、特性、磁力等特征到最后了解磁铁的生活应用等,宁宁对磁力现象进行了一个持续性的探究。

---

① 此图片由华南师范大学附属大沥幼儿园提供。

2. 科学发现室的环境创设

科学发现室的环境创设一般会从整体上进行规划，要根据幼儿园科学教育的整体内容来科学合理划分科学发现室区域。总体来说，创设科学发现室需要注意以下几点。

(1) 根据幼儿园科学教育目标及内容合理设置科学区。

科学发现室基本包括幼儿园整体科学教育的内容，并根据科学教育内容划分出更多的区域，比如生命科学区、物理科学区、地理科学区、科学技术区等。生命科学区主要包括动植物的标本、人体进化图像等内容；物理科学区主要包括磁力、光与影、电、水等内容；地理科学区主要包括宇宙、太阳、地球等内容；科学技术区主要包括中国古代四大发明以及现代科学技术，如电脑、AR 技术（增强现实技术）、3D 打印技术等。

例如，广东省规范化幼儿园（城市幼儿园）科学启蒙室设施设备参考表如表 6-1-3 所示。

表 6-1-3　广东省规范化幼儿园（城市幼儿园）科学启蒙室设施设备参考表①

类　　别	设　施　设　备
生命科学类	宜提供常见的动植物标本、图片等，如有地方特色的种子、花卉、叶子、昆虫等小型动植物标本及影像资料，并提供有助于观察探究的操作性材料
物理科学类	宜提供帮助幼儿认识空气、水、声音、光、电、磁、运动等各种物理科学现象的材料，并提供有助于观察探究的操作性材料
地理科学类	宜提供帮助幼儿认识宇宙概貌、宇宙探索、太阳、月亮、地球等地理科学知识的图片、模型、影像资料等，并提供有助于观察探究的操作性材料
科学技术类	宜提供各种交通工具、通信工具等科学技术类的图片、模型或影像资料，常用的小家电、科技玩具等，并提供有助于观察探究的操作性材料

(2) 动静分区合理，方便幼儿探究。

科学发现室中的科学区域也有静区和闹区之分。比如，科学图书区属于静区，探索声音的区域属于闹区。在进行空间布置时，要把静区和闹区区分开来。

(3) 合理考虑光源、水源和电源等区域。

科学发现室各区域设置及材料摆放也需要考虑光源、水源和电源等相关因素。比如，在研究过滤装置时需要用水，这种材料就要邻近水源摆放；而有生命的物质就要摆放在临窗光线好的地方，以便生物生长；光学材料也要邻近光源摆放，以便幼儿操作；需要用电的区域则需要设置在靠近电源的位置。

(4) 充分利用室内立面空间，合理延伸室外空间。

科学发现室内的天花板和墙面都会设置相应的科学内容，营造科学探索的氛围，让幼儿感受科学的神奇。如有的科学发现室天花板会用宇宙、星空，墙壁会设置一些涉及操作技术的材料。一般科学发现室的创设也会延伸至户外的墙面或走廊，如设置科学墙或投放操作

---

① 引自广东省教育厅 2012 年 2 月发布的《广东省教育厅关于规范化城市幼儿园的办园标准（试行）》。

性探索材料。

四、幼儿园科学区材料

在科学区活动中,幼儿主要通过与环境互动来进行科学探究。材料是科学区环境中的重要内容。因此,合理提供科学区材料是幼儿园教师必须掌握的一项技能。

1. 科学区材料的种类

科学教育内容涉及广泛,幼儿园科学区材料也十分丰富,主要分为基础工具类、观察阅读类和实验操作类。[①]

1)基础工具类

基础工具类材料主要是指为方便幼儿顺利开展科学探究而提供的材料,主要分类如表6-1-4 所示。

表 6-1-4　幼儿园科学区基础工具类材料分类

工具类别	材料
防护性工具	安全护目镜(见图6-1-18)、防护服、手套等
观察工具	放大镜、凹凸镜(见图6-1-19)、显微镜等
测量工具	温度计、量尺、量杯、电子秤、非标准测量工具等
记录工具	记号笔、记录本、各类观察(实验)记录表等
劳动、清洁工具	洒水壶、铲子、小锄头、抹布、扫帚、簸箕、小垃圾桶等
其他工具	小剪刀、胶水、透明胶布、夹子、螺丝刀、小扳手等

图 6-1-18　安全护目镜[②]

图 6-1-19　凹凸镜[③]

2)观察阅读类

观察阅读类材料主要是指为方便幼儿了解科学常识及内容,让幼儿自主观察、阅读的材料,主要分类如表6-1-5 所示。

---

① 侯素雯,张世唯.学前儿童科学教育[M].北京:北京出版社,2014:75-77.
② 此图片由湖南省常德市石门县蒙泉镇中心幼儿园丁琼老师提供。
③ 此图片是编者在江苏省泰州市希朗艺术幼儿园拍摄的。

表 6-1-5 幼儿园科学区观察阅读类材料分类

类别	材料
墙面布置材料	粘贴在墙面的科学教育图片及相关提示,图片涉及天空海洋、动物世界、科学技术发展、相关地图等;相关提示包括科学实验的步骤、方法及相关流程图等
标本及模型材料	各类动植物标本(鱼类标本如图6-1-20所示)、飞机模型、火箭模型(见图6-1-21)、地球仪等
图书及音像材料	各类科学教育图书、科学录像等
自然材料	石头、树枝、树叶、贝壳等相关材料
其他材料	幼儿自主收集的图片及其他资料

图 6-1-20 科学区鱼类标本①

图 6-1-21 科学区火箭模型②

3)实验操作类

实验操作类材料主要是让幼儿进行实验操作的材料,主要分类如表6-1-6所示。一般来说,涉及科学实验的材料主要集中在物理科学领域(如"神奇的力"操作材料,见图6-1-22)和地理科学领域。

表 6-1-6 幼儿园科学区实验操作类材料分类

类别	材料
探索光的材料	自然光源、台灯、电灯、透明玻璃、变色材料、各类镜子(平面镜、凹凸镜、三棱镜等)等
探索磁、电的材料	各种类型的磁铁、具有磁性的物品、不能被磁铁吸引的物品、各类电池、灯泡、电池装置、电动玩具等
探索声音的材料	各类乐器以及能发出声音的材料

---

① 此图片是编者在江苏省泰州市希朗艺术幼儿园拍摄的。
② 此图片由华南师范大学附属大沥幼儿园提供。

续表

类　别	材　料
探索力的材料	天平、砝码、坡道、汽车、光滑程度不同的材料等
探索水的材料	各种盛水的容器、水等
探索空气和风的材料	电风扇、塑料袋、旗帜、气球、纸飞机、风车等
现代技术材料	3D打印技术材料、电脑、编程软件等相关材料
其他类材料	纸杯、木板、胶水等

探索光的材料示例如图 6-1-23 所示。

山东省幼儿科学区玩教具配备目录如表 6-1-7 所示。

图 6-1-22　科学区"神奇的力"操作材料①

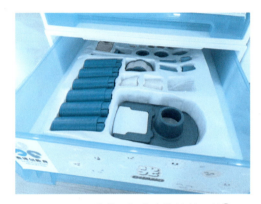

图 6-1-23　科学区探索光的材料示例②

表 6-1-7　山东省幼儿园科学区玩教具配备目录③

编号	名　称	配备数量	
		基本配备	选配
135	动物及饲养工具（小金鱼、小乌龟等动物及饲养工具等）	1套/班	
136	植物及工具（如便于观察的绿色植物及花盆、小铲、小桶、喷壶等栽培用具）	1套/班	
137	自然材料及物品（如种子、果实、叶子、贝壳、羽毛、木头、石头、织物、毛线、塑料、金属等）	根据需要配备	
138	科学探究工具（如温度计、指针式钟表、计时器、天平、各种尺子、小锤子、小螺丝刀、小扳手等）	1套/班	

---

① 此图片由华南师范大学附属大沥幼儿园提供。
② 此图片由华南师范大学附属大沥幼儿园提供。
③ 引自山东省教育厅等 2018 年 12 月发布的《山东省幼儿园办园条件标准》中的"幼儿园玩教具配备目录"。

续表

编号	名称	配备数量	
		基本配备	选配
139	弹性玩具（皮筋、海绵等弹性材料）	弹性玩具 1~2 个/大班,弹性操作材料 1~2 套/大班,供 4~6 名幼儿同时使用	
140	小风车	小班、中班,满足 1 个班使用要求	
141	地球仪	1 个/科学区	
142	时钟玩具	教师用:1 个/大班。幼儿用:满足 1 个班使用要求	
143	声响玩具（声控玩具,自制传声筒、瓶盖盒等材料）	声控玩具 1~2 个/班,自制传声筒 2~4 个/班,供 4~6 名幼儿同时使用	
144	电玩具（如各类干电池、锂电池、灯泡、电线;塑料棒、纸屑等摩擦生电材料）	电类材料 1~2 套/大班,供 4~6 名幼儿同时使用	
145	测量玩具（50 mL、100 mL、150 mL、250 mL 量杯,量尺等）	量杯 1 套/园;尺子 3~5 种/中班或大班	
146	光学玩具（万花筒、平面镜、放大镜、哈哈镜、三棱镜、望远镜等）	1 套/中班或大班,供 4~6 名幼儿同时使用	
147	磁性玩具（指南针、磁铁、曲别针、铁钉等操作材料）	磁性玩具 1~2 个/中班或大班,磁性操作材料 1 套/中班或大班,供 4~6 名幼儿同时使用	
148	惯性玩具（陀螺、多米诺骨牌等）	惯性玩具 1~2 个/中班或大班,陀螺 4~6 个/中班或大班	
149	发条、齿轮玩具		1~2 套/大班,供 4~6 名幼儿同时使用

续表

编号	名称	配备数量	
		基本配备	选配
150	动植物标本(禽类、畜类、昆虫等动物和根、茎、叶、花、果实等植物生长过程等标本及影像资料)		1套/园或常见种类各1套
151	模型(人体、牙齿等)		1套/园
152	参考资料(包括科学类图书、适合幼儿科学探究使用的图表、视频资料等)		根据需要配备

注:幼儿园可结合实际设置并随教育内容调整班级活动区,选配相应设施和玩教具。

2. 科学区材料的投放

材料是科学区环境中的重要内容,幼儿园教师在选择和设计科学区材料时需结合幼儿园科学教育内容、班级主题活动以及本班幼儿的特点来进行。在投放科学区材料时,应注意以下几点。

1)材料的安全性

在选择科学区的材料时,应首先考虑材料的安全性,应选择无毒、无害、无安全隐患的材料。比如,在室内的科学区避免投放尖锐的物品,购买的材料要无毒、无害;在室外种植的植物要是无毒的。

2)材料的丰富性

科学区的材料应种类丰富,数量充足。材料的范围应囊括生命科学、物理科学、地理科学、科学技术等。这样,幼儿在科学区里可以有更多的选择机会,以便形成多样的科学经验。随着时代的发展,幼儿园也应及时更新科学区材料,增加现代技术的材料,如图 6-1-24 所示。

3)材料的可操作性

幼儿的思维以具体形象为主,科学区的材料应易于操作。如科学区探究磁铁、光、电等的材料,都应能让幼儿动手操作、探究,在操作中学科学。

图 6-1-24 科学区现代技术的材料——智能机器人①

4)材料的层次性

科学区材料应满足不同幼儿发展水平的需要。发展水平较高的幼儿可以选择较高难度的材料,发展水平较低的幼儿可以选择较为容易的材料。同一个科学材料也需要有难易程度之分,幼儿可以根据科学探究的开展,从易到难进行探索。在幼儿操作的过程中,材料的层次性更能让幼儿园教师"看见"幼儿的不同发展水平。

---

① 此图片由华南师范大学附属大沥幼儿园提供。

知识宝库

科学区的环境评估[①]

- 科学区是否大到足以容纳数名儿童?
- 科学区的设计是否旨在鼓励儿童合作与交流?
- 科学区的活动是否不受外界干扰?
- 如果可能的话,科学区是否靠近水槽?
- 是否有足够的工作空间?
- 科学区是否有摆放整齐且贴明标签、用于存储材料的橱架?
- 区域内是否有一个布告栏或其他可用来发布信息和发现的空间?
- 光照是否充足?
- 如果可能,区域是否靠窗?
- 区域是否吸引人?
- 区域是否实用,还是只能观看?
- 区域是否鼓励儿童发展"如果……会怎么样"的思考?
- 区域是否强调科学处理技能(例如,提问与反思、计划与预测、行动与观察以及报告与反思)?
- 区域是否强调与探究主题相关的具体内容?
- 区域是否与大目标和大概念建立联系?
- 区域是否包含科学内容清单和词汇表,用于帮助成人以搭鹰架的方式支持儿童的学习?这些清单还要包括重要的科学大概念。
- 区域是否建立在儿童目前的好奇点、兴趣、知识、背景和以往的活动经验之上?
- 区域是否通过开放式材料或各种不同层次的作业,满足儿童个体需求的差异性?
- 区域是否鼓励儿童独立活动?

用不同的方式,包括图片、文字、录音或集体活动时教师做的介绍,体现区域指导。

提供所有儿童需要的材料。

材料被有序摆放。

每种材料和物品都被有序摆放。

材料放在便于儿童取放的位置。

- 区域是否鼓励儿童表现他们的知识水平(如有纸张、图表、录音机、日记本、记录单、有纸夹的笔记板、铅笔和记号笔)?
- 区域中是否有提供信息资源的材料(如书本、海报、录像和电脑)?
- 区域中是否有探索工具(如各种放大镜、显微镜、培养皿、测量尺、滴眼药器、滑轮、钳子、麻线、用于刻印迹的黏土以及标本袋、盒子与网)?

[①] 布拉德.0—8岁儿童学习环境创设[M].陈妃燕,彭楚芸,译.南京:南京师范大学出版社,2014:198-199.

任务二　幼儿园科学区活动设计与指导

> **小组建构活动：调查校园的植物**
>
> **1. 小组调查**
>
> 6～8人一组，每组成员运用多种感官、多种方式对校园里的植物进行调查，了解植物的名称、数量、种类、基本特征及生长规律等。
>
> **2. 小组总结与分享**
>
> 第一，小组总结调查结果，并制作汇报PPT。
> 第二，每个小组派代表汇报，分享调查心得。
>
> **3. 集体讨论**
>
> 第一，在观察植物的时候，运用了哪些科学探究的方法？是如何运用的？
> 第二，在观察植物的时候，运用了哪些感官？在运用这些感官时，有什么感受？
> 第三，在亲近大自然时，有什么感受？儿童在大自然中能得到哪些方面的发展？

一、幼儿园各科学区活动设计与组织

（一）整合幼儿园课程，设计科学区活动

"一日生活皆课程"，每个幼儿园在开展科学区活动时都会结合本园的已有课程。总体来说，在设计幼儿园科学区活动时，需要注意以下几点。

1. 结合主题课程，梳理科学区活动内容

定位于个性化学习的科学区活动是幼儿园学习活动的有机组成部分，应与学习活动的主题相契合，同时观照学前儿童科学教育的内在要求和规律。① 因此，在设计科学区活动时，应该与幼儿园主题活动相结合。如某幼儿园大班在开展主题活动"有趣的水"（见图 6-2-1）时设计了以下科学区活动。

案例 6-2-1：毛线做的过滤器 ②

适宜年龄班：中班、大班。

发展目标：知道毛细管能吸水。

材料构成：装有水和泥土、水和煤渣、水和沙子的杯子各一个，对这三个杯子各配一个空杯子，粗细不同的毛线若干。

---

① 蔡志刚.基于主题核心经验的幼儿园科学区活动设计的思考[J].幼儿教育研究,2017,(4):22.
② 此案例与图片提供者为湖南省常德市石门县蒙泉镇中心幼儿园刘倩老师（副园长）。

操作方法：

第一组：取装有水和泥土的杯子以及一个空杯子，将毛线两端分别放到这两个杯子里，等一会儿就会发现，装有水和泥土的杯子里的水开始转移到空杯子里了，而且，转移出的水还是清亮的，泥土却依然留在原来的杯子里。

第二组：用装有水和煤渣、水和沙子的杯子，代替上一组操作中的装有水和泥土的杯子，并用与之对应的空杯子分别进行重复操作，比较前后三个空杯子里转移出的水哪个更清亮。

第三组：改变毛线的粗细，用三根不同的毛线分别连接这三组杯子，看哪组杯子间的水转移得快。

科学原理：

毛线可以看成是由很多毛细管组成的，这个实验操作运用的就是毛细管吸水的原理。水会沿着毛细管自动上升，是因为毛细管里的分子与水分子互相吸引，并且毛细管越细，水上升得越快。

图 6-2-1　某幼儿园大班开展主题活动"有趣的水"

> **知识宝库**

上海某幼儿园基于主题经验对科学区活动的设计[①]

上海某幼儿园设计科学区活动时，结合大班活动"有趣的水"的主题核心经验，设计了一系列科学区活动。

以下为大班活动"有趣的水"的主题核心经验：

1. 情感与态度：环保意识（关心水环境、爱护水资源）、生活习惯（节约用水）。
2. 认知与能力：特性（水的三态、沉浮、溶解等）、关系（水与人、水与动植物）。
3. 动作与技能：动手动脑（水的小实验）、安全卫生（自我保护技巧）。

幼儿园结合该主题核心经验，在深入分析、研讨的基础上，设计了一系列科学区活动，形成了系统完整地促进幼儿相关主题核心经验获得的多样化科学区活动网络（见图6-2-2）。

---

① 蔡志刚.基于主题核心经验的幼儿园科学区活动设计的思考[J].幼儿教育研究，2017，(4)：22-26.

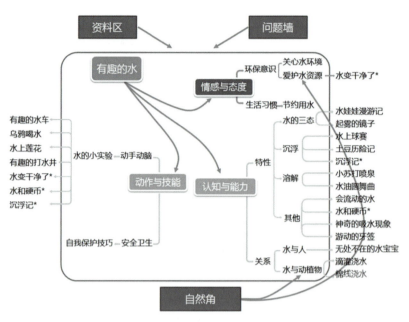

图 6-2-2 科学区活动网络

幼儿园又将主题核心经验与幼儿科学素养组合,形成了基于主题核心经验的科学区活动统整表(见表 6-2-1),其中包括小、中、大三种年龄班的主题名称,横向表头是科学素养维度的具体内容,引导教师在设计科学区活动的同时关注主题核心经验和幼儿科学素养,从整体上把握所设计活动横向的全面性和纵向的序列性,关注幼儿科学经验形成的螺旋式上升的特点。

表 6-2-1 基于主题核心经验的科学区活动统整表(知识与内容维度)

年龄班	编号	主题名称	活动内容									
			生命科学			物质科学				地球科学		人与科技
			动物	植物	人体	光、影、颜色	电与磁	声音	力与简单机械	空气	水	环境与天气	
小班	1	小宝宝											
	⋮	⋮											
	20	好玩的水											
中班	1	我爱我家											
	⋮	⋮											
	16	火辣辣的夏天											
大班	1	我是中国人											
	⋮	⋮											
	8	我要上小学											

2. 结合科学教育课程,调整科学区活动

学前儿童科学教育是一个完整的体系,具有其内在的系统性、规律性和完整性。如果在设计科学区活动时仅仅考虑幼儿园主题活动,而忽略科学教育的完整性和序列性,幼儿获得的科学经验将会变得零散、无序。幼儿园科学教育内容涉及生命科学、物理科学、地理科学等领域。可结合本书项目三中的内容进行科学区活动的设计,如物理科学中"沉浮"是幼儿感兴趣的内容。以下为某幼儿园科学区开展"沉浮"活动的案例。

案例 6-2-2:沉浮①

适宜年龄班:中班、大班。

发展目标:知道有些东西在水里会沉,有些会浮,盐水浓度的变化会改变物体在水中的沉浮状态。

材料构成:

1. 工具:一个大托盘,装水和盐的瓶子。
2. 原料:橘子等物品、水、盐。
3. 科学实验记录表。

操作方法:

第一组实验:观察已经剥皮的橘子和没有剥皮的橘子在水中的状态(见图 6-2-3)。

第二组实验:观察同样的橘子在盐水和清水中的状态。

第三组实验:观察各种物品在水中的沉浮状态。

图 6-2-3 幼儿在沉浮实验中观察橘子的沉浮状态

3. 抓住儿童的兴趣与需要,生成科学区活动

> **名人名言**
>
> 所有智力方面的工作都要依赖于兴趣。
>
> ——皮亚杰

---

① 此案例与图片提供者为湖南省常德市石门县蒙泉镇中心幼儿园刘倩老师(副园长)。

幼儿园教师要善于在日常生活中观察幼儿的兴趣与需要,抓住一日生活中随时出现的科学教育契机,动态生成幼儿园科学区活动。幼儿在日常生活中勤思好问,教师应多关注幼儿的问题。如幼儿在看到种子发芽后,会思考"种子为什么会发芽"等问题,教师发现后,可与幼儿共同探讨"种子为什么发芽""种子发芽需要什么条件"等相关问题,带领幼儿猜想并记录,然后共同在科学区准备相关的材料,制订实验计划,观察、验证、记录种子发芽的过程。在幼儿对植物向光性感兴趣时可以生成以下相关案例活动。

案例 6-2-3：植物会运动吗?①

年龄:4~8 岁。

目的:预测阳光对植物运动的作用。

我们都知道,植物有一种向光性(phototropism)现象,也就是植物会向有明亮光线的地方运动。

为每个儿童提供一个塑料杯子、纸巾、两三粒豆类种子或者其他能够快速发芽生长的种子。把种子浸泡一晚上会加快它发芽的速度。请儿童用纸巾塞满杯子并使纸巾全部湿透。把种子"种"在潮湿的纸巾里面,并放置在窗台或窗户附近的桌子上。几天后,种子就会长出主要的根、茎和叶。如果这个杯子是透明的,儿童还可以观察到植物的根。把幼苗放在窗户附近,可注意到它朝向阳光生长,茎朝向有光的一边弯曲(见图 6-2-4)。请儿童预测一下,假如把杯子转个方向,将原来朝向阳光弯曲的茎背对太阳,将会出现什么现象?然后请他们把杯子转个方向,等一两天看看他们的预测是否准确。

图 6-2-4　植物向光性示意

(二)明晰科学区活动开展流程,注重科学过程与结果的评价

科学区活动虽然是以幼儿自主探究为主的低结构活动,但也有其基本的流程。下面将做一个详细的阐述。

---

① 马丁.建构儿童的科学——探究过程导向的科学教育[M].杨彩霞,于开莲,洪秀敏,译.北京:北京师范大学出版社,2006:117.

1. 认识、熟悉科学区的环境与材料

开展科学区活动时,幼儿园教师需引导幼儿认识、熟悉环境与材料等内容。不同的科学区,有不同的内容。比如,幼儿刚来到班级科学区,教师需要向他们介绍区域名称、材料与规则等。如果幼儿参与了区域的建设,这一部分则可以稍微简略介绍。在班级自然角,教师也可以介绍植物的名称、习性、观察任务、照顾植物的方法等内容。在种植园地,教师可以带领幼儿认识本班的种植环境、工具,了解注意事项等。在科学发现室,教师需要向幼儿介绍科学发现室内各区域名称及分布、各区域的材料与规则等。

2. 自由探究,观察指导

在熟悉科学区环境及材料后,幼儿可以自由选择材料进行操作、探究,并记录探究结果。教师需要观察,并确定是否需要介入,促进幼儿更好地进行科学探究。如中班在班级科学区开展沉浮的实验时,乐乐将橘子皮扔到水里,发现有的橘子皮能浮起来,有的橘子皮会沉下去。他又将橘子皮反过来放到水里,发现了不同的结果。最后,他望着王老师大声地说:"王老师,我发现橘子皮这样放下去会沉。"王老师再次启发他说:"嗯,除了橘子皮的正反会影响它的沉浮,还会有什么因素影响呢?"于是,乐乐又探究了其他的方法。

3. 分享交流,提升经验

幼儿的科学经验分享是幼儿自主学习很重要的一个部分,它能帮助幼儿梳理碎片化的经验。在幼儿操作探究快结束时,教师需要引导他们分享本次探究活动的发现、过程和收获等。

4. 合作互助,收拾整理

当科学区探究活动结束时,教师需引导幼儿整理活动材料。在班级科学区,需要将材料整理好后放到科学区域柜中。

二、教师在幼儿园科学区的观察与指导

学习任何水平的科学,即使是初级水平的科学,都不同于从日常经验中学习,因此,幼儿需要教师的适当指导。[①] 科学区活动是幼儿主动发起、自由探究的活动,更需要教师专业的引导与支持。教师在科学区活动中要能看到幼儿对科学的兴趣,能观察儿童现有的科学经验水平,又能根据幼儿的需要进行科学的指导。

(一)观察为先,了解幼儿科学探究活动的内容

在科学探究活动中,任何指导与评价都离不开对科学探究活动的观察。教师只有在观察先行的基础上,了解幼儿的现有发展水平及活动的整体情况,才能给予相应的指引。

1. 幼儿园科学区观察的内容

1)科学区环境的观察与评估

观察幼儿园科学区环境时,教师需要按照科学区环境创设的内容进行观察与思考。幼

---

① ROYCHOUDHURY A. Connecting science to everyday experiences in preschool settings[J]. Cultural Studies of Science Education,2014,9(2):305-315.

儿园科学区环境的观察与评估内容如表 6-2-2 所示。

表 6-2-2　幼儿园科学区环境的观察与评估内容

观察维度	观察与评估内容
科学区的位置	是否靠近光源、水源、电源；是否符合动静结合的原则等
科学区材料的使用频率	哪种材料被选择的次数多；哪种材料较少被选择；是否存在没有被选择的材料（判断儿童最喜欢哪些材料，并尝试分析原因，及时动态调整科学区材料）
科学区材料的数量和难易程度	是否有充足的供儿童选择的材料；在操作这些材料时儿童是否觉得非常容易或者不知道如何操作；儿童能否理解区域规则；儿童能否读懂科学记录表格等
儿童间的冲突与科学区环境的关系	科学区人数是否过多；科学区是否拥挤等

2）科学区儿童行为的观察与评估

科学区儿童行为的观察与评估内容如表 6-2-3 所示。

表 6-2-3　幼儿园科学区儿童行为的观察与评估内容

观察维度	观察与评估内容
儿童的科学兴趣	选择什么材料；每种材料操作多长时间；看到新材料有什么反应
儿童的学习方式与认知发展水平	是否为视觉学习者；是否为听觉学习者；是否为运动觉学习者；是否为混合式学习者
儿童参与活动的水平及问题解决能力	是坚持探究同一类材料，还是每种材料都玩一玩、摸一摸，没有进行深入的探究；操作时有没有遇到问题；遇到问题有哪些表现；会不会尝试解决
儿童的社会交往水平	与同伴交谈、合作等互动的情况

2. 幼儿园科学区观察的方法

我国有一句古语："工欲善其事，必先利其器。"教师在对科学区进行观察时，还需要掌握科学的观察方法，主要有以下几种类型。

1）全面观察法

全面观察法又称为扫描观察法，即对所有参加科学探究活动的幼儿进行全方位的观察。一般在科学发现室或种植园地所有或大部分幼儿参与探究时采用；从时间上来说，一般开始和结束的部分用得较多。教师了解大部分幼儿的活动状况，有助于进行阶段性小结、整理，预设下阶段目标和计划。

2）重点观察法

重点观察法又称为定点观察法，即在固定的一段时间内，对固定在一个区域中的几名幼儿进行有目的、有侧重点地详细观察。一般在班级科学区、自然角采用得较多。

3）个别观察法

个别观察法又称为"定人"法，属于一种追踪观察，主要指在一段时间内对1~2个幼儿在科学区中的探索、操作与交往等全部行为情况进行观察。

（二）适时介入，正确把握指导的时机

科学区活动主要是幼儿自主探究的活动。当幼儿在专注地进行科学探索时，教师尽量不要打扰。教师应该在观察的基础上，选择介入的时机。

一般来说，在以下情况下，教师可以介入指导：第一，幼儿主动寻求教师帮助；第二，幼儿遇到困难准备放弃；第三，教师发现活动中可以提升幼儿经验而不影响探索意愿；第四，幼儿的活动行为和材料存在安全隐患；第五，幼儿与同伴之间出现纠纷而无法自行解决；第六，幼儿在活动中表现出攻击同伴、大哭大闹等过激行为；第七，幼儿表现出无所事事的状态；第八，教师想要深入了解幼儿的行为动机，并准确解读幼儿行为。

（三）正确引导，掌握指导的方法

在科学区活动中，教师主要有语言和行为两种指导方式。

1. 语言指导

1）追问

幼儿由于科学经验与思维发展不足，往往难以将科学中相关的现象及事物建立联系，常常在科学探究时遇到一些问题。面对幼儿的问题，教师可以采取追问的方式，引起幼儿的主动思考，使幼儿自己寻求问题的答案。如在本项目"问题导入"的案例中，嘟嘟疑惑小灯泡为什么不亮，并向教师寻求帮助，教师并没有直接告诉嘟嘟答案，而是继续提问："是呀！为什么会不亮呢？"于是嘟嘟自己思考并提出了猜测。

2）提示

当幼儿遇到困难不知所措，或在科学实验中有一些危险的行为时，教师可给予简短的建议性提示，促进幼儿探究过程安全顺利进行。例如，在"神奇的光"科学区活动中，教师提供了手电筒、纸板、透明塑料片等操作材料。明明高兴地打开了手电筒，在活动室照来照去。他一不小心直接将手电筒的光照在了欢欢的眼睛上。这时王老师看到了，她立刻提示说："明明，请你马上关掉手电筒，手电筒的光照在人的眼睛上会伤害人的眼睛，记住以后不能用手电筒直接照别人的眼睛。"明明低下头，不好意思地说："好的，老师，但为什么手电筒的光会伤害人的眼睛呢？"由此，在教师的提示下，明明停止了相关危险行为，而这一提示又生成了一个可以探讨的科学问题。

3）鼓励与肯定

当幼儿遇到困难准备放弃时，教师可以对他们的科学探究行为加以鼓励或肯定并提出希望，还可以对他们在科学探究活动中能主动思考、操作探究、克服困难、坚持解决问题等良好的品质给予赞扬。本项目"问题导入"的案例中，嘟嘟操作时遇到问题就着急地问："老师，

我不会,这个怎么玩?"教师则采取鼓励的方式,让他"先试一试"。

2. 行为指导

1)身体语言

身体语言指导主要是指教师在指导幼儿进行科学活动时,利用表情、动作等身体语言对幼儿科学探究行为做出反馈。如幼儿在科学区活动中表现出具有创造性的探究行为,教师应该用点头、赞许的目光、欣喜的表情,甚至拍手等身体语言表示肯定。对幼儿不遵守科学区规则或做出一些需要制止的行为,教师可用摆手、摇头等身体语言表示否定。

2)提供材料

教师可以观察到幼儿对哪些材料最感兴趣,或可能缺乏什么样的材料,并根据幼儿发展需要为其提供丰富适宜的材料。教师一方面要提供丰富的材料,另一方面要根据情况及时添置新的材料。比如,好几天无人光顾的科学区内,教师放上了放大镜以及与主题相关的材料,孩子们又活跃了起来。

3)动作示范

在科学区中,有些科学仪器的使用需要教师的示范与讲解,如放大镜、显微镜、皮尺、量杯等。

三、幼儿园科学区活动的指导要点

1. 尊重幼儿的主体性

在科学区中,教师一定要尊重幼儿的主体地位,不要过多干预与指导,要放心让他们自主探究,尽可能引导他们自己思考问题,自己寻求解决问题的方法。

2. 动态调整科学区材料

各幼儿园除结合政府部门的相关文件提供科学区的材料外,还要结合园所的实际需要和幼儿的发展动态等调整科学区的材料。比如,春天来了,幼儿对户外的植物发芽很感兴趣,教师就可以在自然角让幼儿观察种子发芽,这时候就可以在自然角增加种子、土壤、种植容器和工具、观察记录表等。

3. 抓住幼儿的"科学瞬间"

幼儿园教师要善于在平时的生活中关注幼儿的提问与思考,更需要把握幼儿一日生活中随时出现的"科学瞬间"。科学活动中的"瞬间"能反映幼儿根据已有经验与环境的互动,以及他们对科学现象的思考路径和走向,这也是教师发现幼儿的需要、回应、引导幼儿的经验和兴趣,推动幼儿深入思考的一种途径。① 美国幼儿教育专家乔治·福门认为,儿童在生活中发生的看上去很平常的事情,都是他们建构知识的过程与经验。那些经验是隐含的,不

---

① 张莉.从生成主义哲学谈幼儿园科学教育活动的实践进路——基于科学项目活动《鲜花保鲜》的分析[J].陕西学前师范学院学报,2020,(8):79.

细心观察的成人根本不会察觉,然而对儿童的发展却具有重要的意义。① 如在幼儿园纪录片《小人国》中有这样一个场景,一个小男孩将盒子里的弹珠倒在地上,这时大李老师并没有制止,而是通过观察小男孩在倒弹珠的过程中露出的笑容,猜想小男孩在感受弹珠落在地上的感觉或感受不同高度弹珠落在地上的声音……待小男孩把所有弹珠都倒在地上后,大李老师再和小男孩一起收拾弹珠,将现场清理干净。

4. 形成师幼"学习共同体"

在区域活动中,教师不仅仅是幼儿的支持者、引导者、合作者,更是共同的学习者。幼儿园科学认知生成的主体是幼儿与教师。教师应解构自己的知识权威角色。只有教师将自己作为共同学习者时,幼儿才会主动与教师讨论,大胆提出自己的想法,教师才能与幼儿一起发现问题,一起体验、描述、尝试、反思与对话,并鼓励幼儿实施自己的想法,为幼儿在学习中赋能与赋权,使科学教育活动真正成为幼儿的主动学习。② 因此,教师和幼儿在开展科学活动时,需要共同思考,共同建构科学知识。

四、幼儿园科学区活动案例

案例6-2-4:果蔬发电③

活动目标:

1. 通过制作水果、蔬菜电池,了解水果、蔬菜发电的原理。
2. 能参与水果、蔬菜电池发电的实验。
3. 对电池感兴趣,具有初步的科学探索精神。

材料解读:

1. 购买发电装置,便于幼儿了解电池装置的构成。
2. 将发电装置中的铜片和锌片与LED灯泡的正负极接线柱相连,使幼儿了解电池装置的作用。

材料构成:

1. 铜片、锌片若干,导线若干,夹子若干,小刀,发光二极管(light-emitting diode,LED)灯泡。
2. 柑橘、柠檬、苹果、火龙果、胡萝卜、土豆等若干。

操作方法(以水果为例):

1. 转动一个水果,一边转动一边用手挤压它,直到感觉它变得有点柔软,目的是让水果内部产生更多的果汁。
2. 将水果放置在操作台上,在水果上标记两个"1/3处"(例如,从左向右将水果划分为

---

① 张俊.幼儿园科学教育[M].北京:人民教育出版社,2004:244-245.
② 张莉.从生成主义哲学谈幼儿园科学教育活动的实践进路——基于科学项目活动《鲜花保鲜》的分析[J].陕西学前师范学院学报,2020,(8):78.
③ 案例作者为湖南幼儿师范高等专科学校学前教育专业毕业生甘敏、陈响,活动实施者为湖南省常德市石门县蒙泉镇中心幼儿园丁琼老师。

三部分,标记距左侧1/3处和距右侧1/3处)。

3.用小刀小心地在这两个"1/3处"各切开一个1厘米的切口,将锌片和铜片分别插入此二处,预留出锌片和铜片与导线连接的位置。

4.多准备几个同品种水果,分别进行以上操作。

5.将第一个水果上的锌片与第二个水果上的铜片用导线连接在一起,依次类推,将水果连接在一起组成水果电池组。

6.给第一个水果上的铜片和最后一个水果上的锌片连上带夹子的导线。

7.将与水果电池组最后一个水果上的锌片相连的夹子夹到LED灯泡接口处标"＋"的接线柱上;将与水果电池组第一个水果上的铜片相连的夹子夹到LED灯泡接口处标"－"的接线柱上。

适合年龄:5~6岁。

注意事项:

1.确定所有的连接都可靠。

2.LED灯泡发出的光可能非常微弱,将LED灯泡放到一个较暗的屋子里,并在实验前使眼睛适应更微弱的光线。

3.最好由教师使用小刀。无论怎样,都请小心并且缓慢地使用小刀。

"果蔬发电"实验记录表如表6-2-4所示。

表6-2-4 "果蔬发电"实验记录表

灯泡状态	柑橘	苹果	柠檬	火龙果	胡萝卜	土豆
亮(√)或						
不亮(×)						

"果蔬发电"活动纪实如图6-2-5所示。

图 6-2-5 "果蔬发电"活动纪实①

案例 6-2-5：柑橘宝宝保鲜记②

活动目标：

1. 了解柑橘保鲜的多种方法，知道水果保鲜的基本原理。
2. 能够通过观察、比较等方法，找出最好的柑橘保鲜法。
3. 乐于与同伴分享讨论自己的观察结果，萌生对科学实验的兴趣。

材料解读：

1. 将柑橘放置在不同的保鲜装置中，观察柑橘的变化。
2. 幼儿用自己的方法在记录表中记录柑橘保鲜的时长。

材料构成：

1. 工具：一次性橡皮圈、可密封的塑料盒、玻璃罐、塑料袋、保鲜膜、粗毛线、记录表。
2. 原料：柑橘若干，草木灰，干树叶。

适应年龄：4～6 岁。

操作方法：

1. 将新鲜干净的柑橘密封保存于塑料盒、玻璃罐中。
2. 将新鲜干净的柑橘用保鲜膜包裹严实，隔绝空气、水。
3. 将新鲜干净的柑橘置于塑料袋中，用一次性橡皮圈捆扎，达到密封的状态。
4. 将新鲜干净的柑橘用干树叶全面包裹，用粗毛线捆扎。
5. 将新鲜干净的柑橘放置于草木灰中，掩盖以达到密封状态，草木灰必须干燥。

注意事项：

1. 防止粗毛线缠绕幼儿，避免安全事故。
2. 避免幼儿将草木灰吸食进口腔或鼻腔造成窒息、咽呛。
3. 避免一次性橡皮圈捆扎幼儿手腕等部位，造成安全事故。
4. 注意玻璃罐易破损，小心操作。
5. 注意保鲜膜、塑料袋不能放于幼儿脸部，以免造成窒息的严重后果。

柑橘保鲜实验记录表如表 6-2-5 所示。

---

① 图片提供者为湖南省常德市石门县蒙泉镇中心幼儿园丁琼老师。
② 案例作者为湖南幼儿师范高等专科学校学前教育专业毕业生安冉冉、陈晓楠，活动实施者为湖南省常德市石门县蒙泉镇中心幼儿园丁琼老师。

表 6-2-5　柑橘保鲜实验记录表

保鲜时间	塑料盒保鲜	玻璃罐保鲜	保鲜膜保鲜	塑料袋保鲜	干树叶保鲜	草木灰保鲜
5 天						
10 天						
15 天						
20 天						
25 天						
30 天						
35 天						

"柑橘宝宝保鲜记"活动纪实如图 6-2-6 所示。

图 6-2-6　"柑橘宝宝保鲜记"活动纪实①

技能实训

一、课程见习：观摩幼儿园科学区

（一）实训目标

1. 了解幼儿园科学区的几种类型、环境创设方法及幼儿园区域活动的设计与开展流程。

---

① 图片提供者为湖南省常德市石门县蒙泉镇中心幼儿园丁琼老师。

2.重点观察班级科学区的开展,能发现见习幼儿园科学区创设和活动开展的特点及改进之处,根据所学理论评价幼儿园科学区的环境创设和科学区活动。

3.喜欢幼儿园环境,意识到科学区环境创设和科学区活动的重要性。

(二)实训内容

观摩幼儿园科学区环境创设(班级科学区、自然角、科学发现室、种植园地等)和科学区活动,在观摩之后开展集体评价。

(三)实训过程

1.教师布置任务,提出见习要求。

2.学生观摩与记录幼儿园科学区环境创设及科学区活动。

3.学生在幼儿园观察幼儿的观察记录本及区域记录本。

4.学生回校后分组交流,写出见习报告。

5.展示与交流见习报告。

二、区域设计:设计幼儿园班级科学区

(一)实训目标

1.掌握班级科学区的设计理念与流程。

2.能根据幼儿年龄特点进行班级科学区的环境创设。

3.感受科学区环境创设的重要性,愿意小组合作进行科学区的环境创设。

(二)实训内容

以6~8人为一组,在学校科学教育实训室创设一个科学区,包括区域名称、区域规则、区域材料、标识、自制的科学区学具等,涵盖小班、中班和大班。

(三)实训过程

1.教师布置任务,各小组选择一个年龄阶段(年龄班)来设计科学区。

2.各小组分别选择科学教育实训室中的一个位置,准备相关材料进行环境创设。

3.各小组内部交流修改。

4.各小组展示、汇报本组科学区创设的具体内容。

5.各小组开展自评、他评,教师指导评价。

三、记录表设计:设计幼儿园自然角观察记录表

(一)实训目标

1.掌握自然角观察记录表的设计理念及基本内容。

2.能根据幼儿年龄特点及需要设计自然角观察记录表。

3.意识到幼儿观察与记录的重要性。

(二)实训内容

根据课程见习及网上收集的自然角观察记录表,了解观察记录表的要素与基本要点,设计富有童趣的、能让幼儿理解的、方便幼儿记录的观察记录表。

(三)实训过程

1.教师布置任务,各小组选择一个年龄阶段(年龄班)设计观察记录表。

2.学生根据课程见习及网上收集的观察记录表,了解观察记录表的要素与基本要点。

3. 小组内部交流修改。

4. 集体评价。

 项目考核

一、选择题

1. 以下哪个区域更适合与科学区临近？（　　）。

　　A. 表演区　　　　B. 角色区　　　　C. 美工区　　　　D. 建构区

2. 自然角植物的类型不包括（　　）。

　　A. 观赏类　　　　B. 观察类　　　　C. 游戏类　　　　D. 照料类

3. 幼儿在进行科学区活动时，下列哪种情况下教师不应介入？（　　）。

　　A. 幼儿主动寻求教师帮助

　　B. 幼儿遇到困难

　　C. 幼儿与同伴之间出现纠纷而无法自行解决

　　D. 教师发现活动中可以提升幼儿经验而不影响幼儿的探索意愿

4. 教师要了解某位幼儿在科学领域的发展水平，应该采用哪种观察方法？（　　）。

　　A. 全面观察法　　　　　　　　　B. 重点观察法

　　C. 个别观察法　　　　　　　　　D. 以上三种都不适合

二、简答题

1. 什么是科学区？科学区有哪些类型？

2. 简述幼儿园科学区环境创设的原则。

3. 简述幼儿园科学区活动开展的流程。

三、论述题

2020年新冠肺炎疫情严峻，围绕"新冠病毒"主题可以开展哪些类型的科学区活动？教师和幼儿可以做哪些准备？

四、案例分析题

在科学区活动中，幼儿在进行光影实验。彤彤拿着手电筒对着手偶观察手偶的影子。当她改变手电筒与手偶的距离，观察手偶影子的变化时，王老师走过去，对彤彤说："呀，彤彤，你真棒，你看看，你的手偶影子变长了是吗，手偶的影子还可以再长吗？"

请根据所学理论分析这个案例中王老师介入的时机与介入的方法是否恰当，并说说：如果你是该活动的实施教师，你会怎么做？

项目七
学前儿童科学教育评价

1. 知识目标：了解学前儿童科学教育评价的概念和意义，掌握学前儿童科学教育评价的方法。
2. 技能目标：能运用正确的方法评价学前儿童科学教育活动。
3. 思政目标：在评价科学教育活动的过程中，能结合所学知识，独立思考，秉承实事求是的科学精神，公正、客观地评价学前儿童科学教育活动。

"沉与浮"是幼儿园中班科学活动的常见主题之一，教师通常会提供多种多样的材料供幼儿探究、验证哪些材料会沉到水下，哪些材料会浮在水面。

中(1)班的张老师在组织幼儿开展该活动时，详细地记录了幼儿探究过程中的各种表现，包括幼儿的探究兴趣、操作方法、操作过程中的合作情况、实验结束后的交流讨论情况等。之后，张老师根据记录详细分析了幼儿在活动中的表现，并针对后续的活动做了详细的计划,提出了改进建议。

中(2)班的刘老师在组织幼儿开展该活动时,并未仔细观察幼儿在活动中的一举一动,也未详细地记录该活动过程,只是在幼儿实验过程中给予了指导。在活动结束部分,刘老师总结:"今天我们一起学习了沉与浮,发现比较轻的材料能够在水里浮起来,比较重的材料会在水里沉下去。是不是这样?"在全班幼儿的齐声回答中,刘老师结束了这次活动。随后,刘老师在活动日志的评价一栏中写道:"通过这次活动,全体幼儿明白了'轻的物品在水里会浮起来,重的物品在水里会沉下去'这一科学原理。"

请思考:

在这个案例中,可以看到两种幼儿园科学教育评价的理念。那么,当前幼儿园科学教育评价应该秉持什么理念?在正确的理念的指导下,幼儿园科学教育评价的内容是什么?应采取哪些方法进行评价?

随着《纲要》和《指南》的颁布与实施,我国学前教育不断发展,追求更高质量的学前教育。学前儿童科学教育评价是学前教育评价的重要内容之一,是保障和促进学前儿童教育质量提高的重要手段。对科学教育活动进行评价,既能凸显学前教育评价的发展性,又能促进幼儿园教师的专业成长。学前儿童科学教育的评价应该与时俱进、与"学"俱进。

任务一 学前儿童科学教育评价概述

小组建构活动:收集学前儿童科学教育评价的方法

1. 收集学前儿童科学教育评价的方法及案例

第一,分组收集学前儿童科学教育评价的方法。

第二,分析每种方法的优缺点。

第三,在课堂上分享收集到的科学教育评价方法的优缺点及案例。

2. 分析与思考

第一,为什么要评价科学教育活动?

第二,尝试说一说不同方法的不同适用环境。

一、学前儿童科学教育评价的概念

"评价"一词最早出现于900多年前,《宋史·戚同文传》中记载:"市物不评价,市人知而不欺。"这里提到的"评价"一词是指评论货物的价格,即讨价还价,后来"评价"逐步演变成特指"衡量人物或事物的价值"。评价是人们对客观事物进行价值判断的过程。教育评价是根据一定的教育价值观,用科学的方法对教育活动中的有关要素进行价值判断的过程。

学前儿童科学教育评价是指依据《纲要》和《指南》、学前儿童发展理论和学前儿童科学教育研究成果,对科学教育活动中的学前儿童的科学知识、能力和水平,以及教师开展科学教育的过程和效果进行评价。学前儿童科学教育评价是提高幼儿园教育质量的有效手段,是对幼儿园科学活动的各个方面进行价值判断。幼儿园科学教育活动要素包括教师、幼儿、环境和课程。在评价科学教育活动时,主要关注两个方面:一是学前儿童在科学教育活动中的发展状况;二是学前儿童科学教育活动。学前儿童科学教育评价的目的是了解科学教育活动的效果,不断改进与创新科学教育活动,与时俱进,促进学前儿童与现代社会更好地融合与发展。

二、学前儿童科学教育评价的意义

学前儿童科学教育评价不是为了评判学前儿童的优劣或教师的好坏,而是为了更加深入详细地了解学前儿童的身心发展特点和个体差异,做到有的放矢、因材施教,是为了通过评价发现问题,找到问题,改进教学,促进学前儿童发展。学前儿童科学教育评价具有多方面的意义,主要包括以下三个方面的作用。

(一)诊断作用

学前儿童科学教育评价的诊断作用是指,对科学教育活动进行评价,发现并揭示在活动过程中出现的问题,根据特定的教育目标对这些问题进行分析和诊断,使教育者找出教育中的问题症结,以使教育者在下一阶段的教育教学中改进提升。如教师在开展关于磁铁的活动之前,先要了解学前儿童对于磁铁相关知识的了解情况,教师为此开展的评价就具有诊断作用。教师通过评价可以了解学前儿童已经知道了什么、不知道什么,能根据评价结果有针对性地设计与开展以磁铁为主题的教学活动。

(二)鉴定作用

学前儿童科学教育评价的鉴定作用是指检查教育的每一环节、每一要素是否达到了预先设定的目标。教育目标指引着教育活动的开展,教育目标最终是否达成,需要通过教育评价来鉴定。在评价学前儿童科学教育活动时,不仅要对教师进行评价,也要对学前儿童进行评价。如对大班实验探究活动"有趣的静电现象"进行评价,需要了解学前儿童对于静电知识的学习情况,同时也需要了解教师的教学活动设计,观察教师在教学活动中的表现。

(三)调节作用

学前儿童科学教育评价的调节作用是指,通过评价科学教育活动,找到问题,及时反馈,做出调整。通过对科学教育活动的过程和结果进行评价,可对照教育目标进行比对分析,关注教育目标与实际效果的一致度。当教育效果和教育目标出现差距,教师需要反思自己在教育教学过程中的不足,制定教学措施,调整教学策略,改进教学方法。如在开展动物主题的科学教育活动时,教师可以根据学前儿童的语言、表情来评价学前儿童,了解学前儿童是否对动物话题感兴趣,是否能理解相关内容。对于不感兴趣的学前儿童,教师可以有针对性地使用各种教学方法调动他们的积极性;若是对于学前儿童来说内容有难度,教师可以选择

适宜的方法进行具体、个别的指导。

三、学前儿童科学教育评价的主体

《纲要》中指出,管理人员、教师、学前儿童、家长均是幼儿园教育评价工作的参与者,评价过程是多方参与、相互支持、相互合作的过程。评价的主体是多元的。不同的评价主体得出的评价结果,能帮助教师更全面地看到活动中的方方面面,更好地开展科学教育活动。

(一)学前儿童

学前儿童是学习的主体,是学前儿童科学教育活动的参与者,是最具有发言权的。在科学教育活动中,教师可以请学前儿童以作品的形式展示学习成果,和同伴交流学习经验。比如,在"认识和制作不倒翁"活动中,教师引导学前儿童探索完不倒翁的原理后,让每个学前儿童尝试制作一个不倒翁。学前儿童制作完成后,教师请几位儿童上来展示制作的不倒翁,结果有的不倒翁会倒,有的却不会倒,此时,教师引导学前儿童观察和比较自己做的与他人做的有什么不同。这个过程就是学前儿童的一种自我评价,学前儿童在观察他人作品的过程中,能不断反思自己。

(二)家长

家长为了了解学前儿童的学习情况,可以从学前儿童的发展情况对教育活动进行评价。家长从自身角度,结合学前儿童在生活中的表现,评判科学教育活动的效果,可以通过观察学前儿童学习的科学知识、对事物的探究能力和科学情感态度提出自己的建议,也可以对教师开展的科学教育活动进行评价。

(三)教师

教师在组织和开展科学教育活动过程中,既要考虑怎么教,还要考虑学前儿童怎么学,随时关注学前儿童的学习情况,及时发现问题,分析问题产生的原因,调整教学策略。教师评价是教师自身专业成长的重要途径,努力成为一个"反思型"教师是一名专业教师的追求。"反思型"教师既是教育活动的组织者、实施者,也是活动的评价者。因此,教师的评价能帮助教师自己及时发现问题,更好地调整活动过程。

(四)管理人员

管理人员评价学前儿童科学教育活动往往是最为客观、公正的,其评价结果最为真实可信。如幼儿园园长为了了解教师的教学情况,可以走进班级观摩活动,观看教师组织的教学活动。管理人员可以通过对不同班级进行比较,对不同教师的教学情况和效果进行客观评价,分析和评定教师的表现。管理人员不仅评价教师的教育教学,还评价学前儿童的学习情况,最终目的是为教师开展科学教育活动提出科学的建议,及时调整教学。

四、学前儿童科学教育评价的方法

(一)观察法

学前儿童科学教育评价中的观察法是指教师有目的、有计划地对学前儿童在科学活动中的表现和行为进行观察,通过观察对学前儿童的发展进行评价的一种方法。观察法中最常用的是自然观察和行为核对。

1. 自然观察

自然观察是指教师在自然状态下观察及评价学前儿童的一种方式。在自然状态下观察学前儿童时,教师首先要明确观察的行为和事件,观察的过程中,教师不过多参与指导,只需如实地对所观察到的情况进行详细记录即可,如下面一段记录说明学前儿童对待动物的态度和感情。

案例 7-1-1：观察兰兰

2019年10月15日,中班幼儿兰兰早晨来到幼儿园放下书包后,第一时间到养殖区跟两只小仓鼠打招呼："小宝宝们,早上好呀！你们饿了吗？"她边说边给小仓鼠喂食物,然后又开始和小仓鼠对话："你们喜欢我吗？我可喜欢你们了,我昨天晚上梦到你们啦！"

从这段记录中可以看出,中班幼儿兰兰很喜欢养殖区的小仓鼠,将小仓鼠当作小宝宝,愿意照顾小仓鼠,她的行为表现出了对小仓鼠的关心和爱护。

自然观察的优点是：评价者可以不受时间间隔的限制,当事件发生时,教师便可以跟随事件的发展进行记录；在学前儿童的自然状态下进行观察和评价,学前儿童受到观察者的干扰很少,最终收集的资料都是真实的。但是,自然观察的缺点也很明显：观察者需要十分详细地记录学前儿童活动的过程,这对观察者的记录技术要求较高,观察者不仅要能快速地记录,还要能够用准确的词语进行描述。

2. 行为核对

行为核对是指在观察之前根据观察目标确定观察内容,制定一个观察行为核对表,评价者比对观察行为核对表中的各个项目,对所观察到的事件或行为逐个进行检查与核对,在符合的内容上做标记并进行评定的一种方式。行为核对既可以在现场通过观察和记录进行,也可以通过面对面的测试进行。

如某幼儿园为了了解学前儿童的科学学习行为,针对学前儿童在科学活动室内的表现制作了一份学习行为核对表,如表7-1-1所示。

表 7-1-1　学前儿童科学活动室内学习行为核对表①

幼儿姓名：　　　　　　观察者：　　　　　　观察时间：

观 察 内 容	是	否
对生活中的科学现象感兴趣,并会提出相关问题		
会运用各种感官感知物体特征		
喜欢并能对物体进行分类		
愿意探索各种材料		

---

① 施燕.学前儿童科学教育与活动指导[M].上海：华东师范大学出版社,2014：200.

续表

观察内容	是	否
能主动照顾活动室内的动植物		
会模仿教师在活动室做小实验,尝试解决问题		
会做天气记录		
会观察动植物情况并做记录		
能持续较长时间观察、探究		

表 7-1-2 是通过现场观察进行行为核对的评价的实例,即幼儿对小鸡、小鸭的行为核对表。

表 7-1-2　幼儿对小鸡、小鸭的行为核对表①

观察现场	从远处看	走近	在近处看	用手抚摸	用手抓、捏	用语言逗引	模仿动物叫声	喂食	主动和同伴谈论	说出小动物的特征	发现鸡和鸭的不同	显露高兴的表情	其他行为表现	备注
甲														
乙														
丙														
丁														

注:在出现的行为上打"√",表中未提到的行为,补充在备注栏。

行为核对的优点是记录的时候简单易操作,只需要在每个行为的条目后面做选择并标记;缺点是制作行为核对表比较麻烦,首先要确定所要观察的具体行为表现,然后才能分条目制作。

(二)访谈法

访谈法是指通过访谈了解访谈对象对科学活动的认识,并对其进行评价的一种方法。访谈法既可以单独使用,也可以将其作为观察法和问卷法的补充。访谈法的形式多样,既可以是对一个对象进行个别访谈,也可以是对多个对象进行同时访谈,即小组访谈。无论是哪一种形式的访谈,访谈者都要准备好详细的访谈提纲。

访谈法的步骤主要有三步。第一,设计访谈提纲。设计访谈提纲时,提出的问题要避免过于抽象和无意义,比如"你喜欢红色的花朵吗?为什么?"。设计好问题后,还要考虑基本的答案,学前儿童可能会怎么回答。比如,对于问题"木头和铁块,为什么木头会浮起来,铁

---

① 张俊.幼儿园科学教育[M].北京:人民教育出版社,2004:316.

块会沉下去?",学前儿童可能会回答的答案有两种:第一种回答是"因为木头很轻,铁块很重";第二种回答是"因为木头就是会浮起来"。作为教师,事先要考虑到学前儿童可能会说出的答案。第二,进行访谈(访谈的过程)。访谈的时间和地点由访谈者本人确定,访谈者要学会倾听。在对学前儿童进行访谈时,教师可以根据学前儿童的回答决定是否按照访谈提纲继续提问或进行追问。第三,整理访谈资料并做出评价。访谈结束后,访谈者要对有意义的回答和访谈对象多次提到的词语进行详细记录,整篇访谈记录整理完后进行分析与评价。

对于学前儿童来说,访谈法是能让学前儿童感到轻松的一种方法,因为谈话的氛围轻松、平等,学前儿童可以表达自己真实的想法。

案例 7-1-2:对动物的认识

一位教师想要了解幼儿对"动物的认识",于是,采用了访谈法。她拟好了访谈提纲,具体问题如下:

(1)你喜欢小鸟吗?为什么?

(2)你知道哪些鸟?

(3)鸽子、乌鸦、鸵鸟、海鸥、企鹅是鸟吗?为什么?

以下是教师和幼儿的一段谈话。

教师:你喜欢小鸟吗?

幼儿:喜欢啊,因为鸟会飞,很厉害。

教师:你知道哪些鸟?

幼儿:乌鸦、燕子、啄木鸟……

教师:海鸥是鸟吗?

幼儿:海鸥是鸟,因为它有翅膀,可以飞。

教师:企鹅是鸟吗?

幼儿:企鹅不是鸟,因为它不会飞。

通过访谈发现,这个幼儿认为鸟"有翅膀,可以飞"。根据这个访谈结果,教师能清晰地了解学前儿童的真实想法,从而更好地设计教学活动。

访谈法的优点是获得的资料比较真实,也更为生动具体;缺点是花费的时间长,一定时间内收集到的样本数量少,且对访谈者也有一定要求,访谈者要善于表达和组织语言,愿意将自己的真实想法表达出来。

(三)问卷法

问卷法是由评价者向调查者提供书面形式材料,调查者填写完成后,由评价者回收、整理和分析的一种方法。在学前儿童科学教育评价中,问卷法的评价对象(调查者)一般是家长、教师和管理人员;如果将学前儿童作为评价对象,在编制问卷时应多以图画和数字为主,保证他们能够理解问卷内容。

问卷的结构主要包括五个部分,分别是标题、介绍语、指导语、调查内容和结束语。填写问卷时,评价对象可以在不受他人影响的环境下独立填写,问卷上也可不署名,这样能保证评价对象在填写问卷时没有过多的心理负担,能比较真实地填写问卷。

问卷法的优点是简单易操作,可以节省人力、时间和经费,能在比较短的时间内收集到大量的信息,这些信息可以使用计算机统计分析。但问卷法的局限性也很明显,如无法和被评价对象进行深入交流,所获得的信息不够细致,灵活性不强。

表 7-1-3 所示为学前儿童对动物栖息地知识的问卷调查表(部分)。

表 7-1-3　学前儿童对动物栖息地知识的问卷调查表(部分)

动　物	水里游的请画"○",陆地上走的请画"□",天上飞的请画"△"
金鱼	
猫头鹰	
虾	
兔子	
猪	
燕子	
蝌蚪	
鹦鹉	
老虎	

以下是一份用于了解家长对学前儿童科学探究能力认识的调查问卷(部分)。

家长对学前儿童科学探究能力认识的调查问卷(部分)①

1. 您对幼儿科学探究能力及其相关理论的了解程度为(　　)。

　A. 非常了解　　　B. 基本了解　　　C. 不太了解　　　D. 不了解

2. 您认为探究能力的培养对幼儿的成长与发展(　　)。

　A. 非常重要　　　B. 比较重要　　　C. 不太重要　　　D. 不重要

3. 您认为幼儿园开展科学探究活动(　　)。

　A. 十分必要　　　B. 一般必要　　　C. 不太必要　　　D. 没必要

4. 您对幼儿园科学领域教学现状是否满意？(　　)。

　A. 很满意　　　　B. 比较满意　　　C. 一般满意　　　D. 不满意

5. 您认为幼儿园的教师在科学活动的内容选择与环节设计上通常(　　)。

　A. 完全参照教材或现有活动

　B. 参考教材或现有活动并做部分修改使之更易操作

　C. 参考教材或现有活动并做部分修改使之更符合本班幼儿的发展水平

　D. 通过观察幼儿的兴趣与需要自己设计

6. 当幼儿提出的问题您真的不知道答案时,您的做法是(　　)。

　A. 为了应付幼儿而编造一个答案

　B. 岔开话题,等找到答案后再告诉幼儿

　C. 告诉幼儿您不知道,并和幼儿一起寻找答案

　D. 以这些问题生成教育活动,引导他们通过自己的探索得到答案

7. 在家庭生活过程中,当幼儿的想法和做法明显是错误的时,您的做法是(　　)。

　A. 立即纠正他的错误

　B. 用提问等方式提醒幼儿,必要时再纠正他的错误

　C. 积极等待,延迟纠正他的错误

　D. 鼓励幼儿大胆尝试,让结果反馈来调整他的认识

8. 当幼儿向您提出对某个科学现象的疑问时,如果您知道答案,您会(　　)。

　A. 置之不理

　B. 直接告诉他

　C. 不告诉他,让他自己去探索

　D. 不直接告诉他,有目的地去引导,让他在探究中获取答案

9. 您能根据幼儿的兴趣和需要增添和变换家庭活动材料吗？(　　)。

　A. 没有　　　　　B. 有时　　　　　C. 经常　　　　　D. 总是

10. 让幼儿了解科学现象时,您的做法是(　　)。

　A. 直接告知答案

　B. 自己操作,幼儿边看边听

---

① 摘自问卷星:https://www.wjx.cn/xz/16696840.aspx.

C. 告诉方法,幼儿操作

D. 告诉方法,幼儿操作,在探索中找出做法,教师给予引导、帮助

11. 开展科学区实验时,您认为幼儿最适合(   )。

A. 提前获取相关的已知经验　　　B. 观看相关视频和图片

C. 边做实验边观察记录　　　　　D. 都有

12. 您认为幼儿带植物、种子来幼儿园的作用是(   )。

A. 装饰活动室,并没有多大的作用　　B. 教师的任务,必须完成

C. 可观赏,看起来好看　　　　　D. 观察、探究植物的生长过程和结构

13. 您认为需要哪些方面的能力来支持幼儿做科学实验?(   )。

A. 幼儿动手实践的能力　　　　　B. 幼儿的观察能力

C. 幼儿解决问题的能力　　　　　D. 幼儿的记录能力

(四)作品分析法

作品分析法是指教师根据学前儿童的作品分析儿童发展水平或检查教育活动效果的一种方法。作品包括图画、泥塑、观察记录表、学习记录单等。本书以学前儿童的观察记录表为例来阐述教师对学前儿童的评价。

在科学活动中,教师经常制作一份适合儿童使用的观察记录表,便于儿童将观察或探究到的现象记录下来。

一份好的观察记录表对学前儿童的学习是非常有帮助的,它能指引学前儿童学习的方向,帮助他们明确观察内容。对教师来说,填写完的观察记录表是评价学前儿童的参考依据。如教师给学前儿童布置了观察一个月内月亮的变化并记录的任务,通过分析学前儿童的月亮变化记录表(见图7-1-1),可以了解他们对科学现象的观察水平,还能够从记录表中发现他们观察的细致性、准确性、系统性、持久性等品质的发展情况。

图7-1-1　学前儿童的月亮变化记录表

作品分析法的优点是资料收集起来比较容易;缺点是不能完整地了解学前儿童的科学知识水平和探究能力,可以观察到的内容有限。

任务二　科学教育活动中学前儿童发展的评价

小组建构活动:观看幼儿园科学活动视频

1. 观看幼儿园科学活动视频

分组观看幼儿园科学活动视频,观看过程中详细地记录教学过程和幼儿在活动中的表现。

2. 分析与分享

分析视频中的幼儿通过科学活动获得了哪些方面的发展,每组派代表分享。

3. 讨论与总结

集体讨论小班、中班、大班幼儿应具备哪些科学知识经验和探究能力,应培养他们哪些科学情感和态度。

一、学前儿童发展评价的目的

(一)了解学前儿童的需要

了解学前儿童的需要,知道他们的真实想法,是学前儿童科学教育评价目的中很重要的一点。对学前儿童进行评价,不是为了评判儿童能力的高低,而是为了了解学前儿童的兴趣、需要和原有经验,确定他们的知识水平和能力水平,为后续开展科学活动做好准备。

大(1)班张老师想了解学前儿童对让热水快速变冷水的知识的理解,于是通过和学前儿童谈话来了解他们的想法。

案例 7-2-1:让热水快速变冷水

张老师:我们在室外锻炼完经常会出一身汗,这个时候很口渴,需要一杯水解渴,可是没有冷水,只有很烫的热水,你有没有什么好办法让热水快点变凉?

幼儿1:可以用嘴巴吹凉。

幼儿2:可以往热水里放冰块。

幼儿3:可以拿两个杯子,将热水从一个杯子倒进另一个杯子,然后再倒回来。

幼儿4:可以把热水放到冰箱里面。

幼儿5:可以把装有热水的杯子放到冷水里面。

学前儿童的想法和经验是科学教育活动组织和实施的前提,而了解学前儿童的想法和经验可以通过评价来获得。

(二)支持学前儿童学习科学

3~6岁儿童正处于生理和心理的发展时期,具体包括身体的成长、动作的发展、感知觉、想象、思维、言语、能力、社会性、个性等的发展。这一时期的儿童对世界充满了好奇,愿意观察和探索世界,但是不能长时间将注意力集中在某一件事情上,缺乏耐心,在思考问题时也较为片面,不能从多角度看待某个问题,在言语和行为上具有自我中心的特点。这一时期儿童的特点决定了他们在科学学习中失去新鲜感后容易陷入困境。于是,教师就需要在恰当的时候通过评价给予他们支持与引导。

案例 7-2-2:地上的积水

某天中午,中(2)班的幼儿吃完饭后,杨老师带领他们下楼散步。由于昨天下过一场雨,幼儿园的地面上有一些积水,小朋友们顿时来了兴趣,大家围在积水那里讨论着:"为什么这里有水,那边却没水?"杨老师抓住了这个机会,说:"你们的小眼睛真亮,观察真仔细! 那你们看一看幼儿园,想一想为什么这里会有水呢?"于是,小朋友们三五成群观察起幼儿园的地面,并说出自己的想法。

保护学前儿童的好奇心,支持他们探索自己生活的环境是十分重要的。古罗马教育家普鲁塔克曾认为,儿童的心灵不是一个需要填满的罐子,而是一颗需要点燃的火种。合理恰当地评价和引导能促进儿童好奇心的发展,激发他们的探究欲望。因此,教师应该以发展的眼光,从积极、正面的角度评价和引导学前儿童不断地探索世界。

(三)促进学前儿童的发展

美国教育家和心理学家加德纳认为,教师要能关注到儿童的过去和现在,以发展的眼光来看待和评价儿童。在传统的学前儿童科学教育评价中,教师习惯于看见学前儿童的缺点,在幼儿园里,教师常对学前儿童不会的事情反复提醒,而对于他们会做的事情却很少夸奖,这种传统的评价方式很容易伤害学前儿童幼小的心灵。评价的主要目的是了解学前儿童的现有能力和发展潜能,为下一步的活动开展做准备,最终目的是促进学前儿童的进一步发展。

二、学前儿童发展评价的内容

科学教育活动中学前儿童发展的评价有很多内容,根据《纲要》的要求,这里主要介绍学前儿童的科学知识和经验、科学探究能力及科学情感和态度三方面的评价内容。

(一)学前儿童的科学知识和经验

学前儿童科学知识和经验的评价主要包括三个方面的内容:第一,常见的自然现象(天气、季节等自然现象)、动植物相关的具体经验和简单的科学概念;第二,周围环境与人类的相互关系的具体经验和简单的科学概念;第三,生活中科技产品及其对人类影响的具体知识。了解学前儿童经过幼儿园科学教育活动中的学习,学到了什么科学经验和达到了怎样的科学概念知识水平,可以从儿童的"说"和"做"中去判断。

(二)学前儿童的科学探究能力

学前儿童科学探究能力的评价主要包括:是否具有运用感官获取信息的能力;是否具有根据一定的标准按照物品的特征分类的能力;是否具有使用测量工具测量物体的能力;是否具有遇到困难时思考解决方法的能力;是否能用语言、身体、图画、泥塑等方式表达和交流科学探索中的新发现等。

知识链接

早期儿童科学教育的探究熟练程度指标[①]

- 恰当选择和运用过程；
- 对正在研究的现象提出恰当的问题；
- 对研究提出自己的观点；
- 探讨自己的观点和问题；
- 使用多种信息资源,包括印刷材料、多媒体和人；
- 将研究与先前经验相联系；
- 对所观察到的现象给出原因、解释；
- 以合理的、可理解的方式解释思考过程；
- 请他人对自己的想法和概念提出评议；
- 讨论他人的思想并质疑；
- 根据新的证据、新的经验和他人的评议重新形成概念；
- 检验结论的解释力和预测力；
- 寻找机会继续探索；
- 展现真实的自我评价；
- 将学习与园外情境相联系。

(三)学前儿童的科学情感和态度

学前儿童的科学情感和态度的评价主要包括：是否对周围环境中的事物感兴趣,能集中注意力去观察和操作物体,提出问题,尝试寻找答案；是否能积极参与科学活动,并在活动中表现出愉悦的情绪；是否能关心、爱护动植物和周围环境,知道尊重和珍惜生命；是否有初步的环保意识,保护环境。

表 7-2-1 是一份记录学前儿童科学发展情况的记录表,通过收集照片、作品或档案的形式来了解学前儿童的科学发展情况。

表 7-2-1 学前儿童科学发展情况记录表

姓名： 　　　年龄： 　　　观察者： 　　　日期：

亲近自然,喜欢探究	以照片、作品或档案记录说明学前儿童科学发展情况
对自己感兴趣的问题总是刨根问底	
能经常动手动脑寻找问题的答案	
探索中有所发现时感到兴奋和满足	

[①] 马丁.建构儿童的科学——探究过程导向的科学教育[M].杨彩霞,于开莲,洪秀敏,译.北京:北京师范大学出版社,2006:266.

任务三　学前儿童科学教育活动的评价

> **小组建构活动：观摩幼儿园集体科学活动**
>
> **1. 入园观摩**
>
> 6～8人一组，去幼儿园不同班级观摩集体科学活动，边看边记录教学过程和学前儿童的表现。
>
> **2. 讨论与分享**
>
> 小组成员一起讨论，评价观摩的集体科学活动，然后组与组之间分析。

一、学前儿童科学教育活动设计方案的评价

（一）活动目标的评价

科学教育活动目标的评价主要从以下几个方面进行：第一，活动目标是否与学期目标、年龄阶段目标和总目标一致；第二，活动目标是否符合学前儿童的实际情况；第三，活动目标是否包含了科学知识与经验、科学方法与技能、科学情感和态度三个方面；第四，整个科学教育活动的实施是否围绕活动目标而开展。

（二）活动内容的评价

科学教育活动内容的评价主要从以下几个方面进行：第一，活动内容是否与活动目标一致；第二，活动内容是否具有科学性和时代性；第三，活动内容是否符合学前儿童年龄特点；第四，活动内容的选择是否贴近学前儿童的生活，是否符合学前儿童的兴趣和需要。

（三）活动材料的评价

科学教育活动材料的评价主要从以下几个方面进行：第一，开展科学活动时，教师所使用的教具和学具是否安全无毒，适合学前儿童使用；第二，教师使用的教具和学具是否有利于科学活动的有效开展；第三，活动过程中，教师使用的教具和学具是否发挥了最大作用。

二、学前儿童科学教育活动实施过程的评价

（一）活动方法的评价

科学教育活动方法的评价主要从以下几个方面进行：第一，是否使用多种合适的方法，使学前儿童充分探索，教师使用的教学方法一般有提问法、观察法、演示法、讨论法、实验法、记录法、游戏法等；第二，选择教学方法时，是否结合活动目标、活动内容和学前儿童的实际

情况;第三,选择的方法是否能确保学前儿童在学习的过程中真正得到发展。

(二)活动过程的评价

科学教育活动过程的评价主要从以下几个方面进行:第一,教师是否能关注学前儿童的差异,因材施教;第二,教师是否能根据实际情况生成新的目标和课程;第三,教师是否根据不同的内容采用了不同的科学活动组织形式。

(三)活动结构的评价

科学教育活动结构的评价主要从以下几个方面进行:第一,活动结构是否紧凑、严密,每一个环节之间的过渡是否自然;第二,活动结构是否合理,环节与环节之间是否遵循学前儿童身心发展规律,动静结合,由浅入深,循序渐进;第三,活动中的每一个环节是否有意义,是否都有存在的合理性,与活动目标达成有关。

(四)教师与学前儿童互动关系的评价

教师与学前儿童互动关系的评价主要从以下几个方面进行:第一,教师和学前儿童交往是否和谐、融洽,当学前儿童遇到困难时,教师是否会积极鼓励学前儿童解决问题,适时提供帮助;第二,教师在科学活动过程中是否发挥了主导作用,是否将学前儿童作为学习的主体,努力为其创造学习条件。

对学前儿童科学教育活动进行评价时,通常会使用表格记录评价的结果,这种记录方式简单。表 7-3-1 至表 7-3-3 是幼儿园常用的科学教育活动评价表,可用于学前儿童科学教育活动的评价。[1]

表 7-3-1　幼儿园科学教育活动评价表(一)

评价项目	评价要点	评价等级		
		A	B	C
目标	目标的年龄适宜性			
	目标的可落实性			
	目标的和谐性			
	目标实际的达成度			
内容	内容的年龄适宜性			
	内容与目标的一致性			
	内容的科学性			
	内容的生活性			
	相关环境材料的适宜性			
	内容实际的完成情况			
教师	教师教学策略的适宜性			
	教师指导方法的适宜性			
	教师对幼儿的关注			
	教师评价的适宜性			

---

[1] 郦燕君.学前儿童科学教育[M].3 版.北京:高等教育出版社,2019:143-145.

续表

评价项目	评价要点	评价等级 A	B	C
幼儿	幼儿的投入程度			
	幼儿的互动机会			
	幼儿面临的挑战			
	幼儿的学习习惯			

表 7-3-2　幼儿园科学教育活动评价表（二）

评价项目	评价指标 一级指标	二级指标	评分
活动前	内容选择（10分）	1.内容的选择符合幼儿的年龄特点和身心发展规律； 2.内容具有时代性、先进性、科学性	
	目标制定（20分）	1.目标能依据幼儿的年龄特点和发展规律制定； 2.体现目标的整合（知识与经验、方法与技能、情感与态度）； 3.目标表述明确，重点突出	
	环境材料（15分）	1.创设与活动内容相关的情境，提供必要的场地和活动材料支持幼儿的学习； 2.营造积极热情、民主、平等、和谐、自然、温馨的活动氛围，教师、幼儿心理环境良好； 3.材料能满足幼儿探究、操作和交往等活动需要	
活动中	教师策略（35分）	1.导入策略简洁、适宜、有效，能推进活动开展； 2.提问清晰、明确、有价值，具有开放性； 3.运用多种教学策略引导幼儿生动活泼、积极主动参与活动； 4.在观察聆听的基础上，为幼儿提供师幼互动、幼幼互动的空间； 5.随机筛选与判断幼儿自然生成的各种表现，并给予机智的回应； 6.教师善于兼顾群体需要和个体差异，善于分层指导和因势利导，能根据幼儿的实际情况进行随机教育； 7.活动过程合理，环节层层递进，转换自然，无拖延等现象	
活动后	活动效果（20分）	1.活动能达成预定的活动目标； 2.活动能面向全体幼儿，让每个幼儿在原有的水平上得到提高； 3.活动的开展能围绕重点、突破难点，优质高效	

表 7-3-3　幼儿园科学教育活动评价表(三)

幼儿园：　　　　　　　　　班级：　　　　　　　　　学科：
执教者：　　　　　　　　　课题：

评价对象	评价指标	关注重点	评价分值	实际得分
教师	活动目标的定位	1.活动目标明确,符合幼儿年龄特点、已有经验和发展需要,能体现领域活动的特征； 2.有机整合情感、态度、能力、知识、技能等方面的发展要求	10	
	活动内容的选择	1.贴近幼儿生活,既符合幼儿的现有水平,又体现一定的挑战性,有助于拓展幼儿的经验和视野,开发幼儿的潜能； 2.善于利用和开发教育资源,活动量合理,突出重点,体现科学性和可行性	20	
	活动过程的指引	1.能以亲和的态度和灵活的活动形式构建安全、平等、温馨、丰富的学习环境； 2.提供充分的活动时间和适宜的活动空间、设施、材料,有效引导幼儿与环境、投放的材料积极互动； 3.基本功扎实,语言生动活泼,简洁流畅,富有启发性和感染性,有利于激发幼儿主动学习的兴趣和热情； 4.思路清晰,环节分明,张弛有度,能恰当运用多元化的教学方法和手段,采用适宜的指导策略,形成有效的师幼、幼幼互动； 5.关注幼儿在活动中的表现和反应,能灵活调整活动进程与指导策略,尊重幼儿的个体差异,实施因人而异的个别辅导	40	
幼儿	活动态度	1.轻松、愉快、积极、有序,乐于参与活动； 2.情绪稳定,有安全感	5	
	活动表现	1.对活动内容、活动环境、活动材料、活动方式有兴趣,会利用环境资源学习； 2.能主动、积极、专注而投入地参与研究、操作、讨论、表述等； 3.愿意与同伴分享经验、意见和感受,有需要时会与同伴合作	10	
	活动成效	1.活动中有自信的表现和成就感； 2.获得与活动内容相关的新经验和新体验,在经验、能力和智慧等方面有所发展； 3.有属于个体的新收获	5	

续表

评价对象	评价指标	关注重点	评价分值	实际得分
综合		1. 对《纲要》和《指南》的把握; 2. 儿童观的体现; 3. 创意教学的能力	10	
实际得分及等级				
简析				

注:实际得分 85~100,等级为"优秀";实际得分 75~84,等级为"良好";实际得分 60~74,等级为"合格";实际得分 60 以下,等级为"不合格"。

案例 7-3-1:中班科学活动"有用的微波炉"[①]

设计意图:

随着人们生活水平的不断提高,幼儿接触到的家用电器也越来越多,他们充分感受到这些高科技产品带给我们的生活上的便利。微波炉是现代家庭中常见的家用电器之一,幼儿对它有一定的感性经验,但对于它的外部结构、简单的加热方式和加热原理并不了解。《纲要》指出,要"从生活或媒体中幼儿熟悉的科技成果入手,引导幼儿感受科学技术对生活的影响,培养他们对科学的兴趣和对科学家的崇敬"。本次科学活动将微波炉作为幼儿认知的对象,在充分考虑幼儿已有经验的基础上,加深幼儿对微波炉的了解,以便幼儿日常生活中在教师和家长的指导下正确使用这一工具。这对幼儿知识经验的积累、生活能力的提高有很多益处。

活动目标:

1. 初步了解微波炉的基本结构,通过图示了解控制面板上各部分的名称、作用及简单的操作方法。

2. 初步了解微波炉的加热方式,感受科学技术在生活中的应用以及给我们生活带来的便利。

3. 知道需要在成人帮助下安全使用微波炉,懂得自我保护。

活动准备:

1. 物质准备:微波炉每组一个,玉米粒每组一袋,微波炉结构示意图,各类形象记录图卡,关于正确使用微波炉的录像一段。

2. 经验准备:幼儿在生活中见过微波炉。

活动过程:

1. 实物导入,明确主题。

教师出示微波炉。

---

① 彭小元.幼儿科学教育与活动指导[M].南京:江苏凤凰教育出版社,2013:73-76.

教师:"这是什么?"

教师:"你家有微波炉吗?微波炉有什么用?"

评析:微波炉是幼儿生活中经常见到的,这样的设计直奔主题,让幼儿明确认识的对象,有利于幼儿有目的地学习,主动地去收集关于微波炉的相关经验。幼儿的回答可以帮助教师了解幼儿关于微波炉的已有经验和认知水平。

2.幼儿自主探索,了解微波炉结构。

(1)幼儿以小组为单位进行观察操作,教师鼓励幼儿仔细观察微波炉的外部特征和内部结构。

教师:"微波炉身上藏着许多秘密,请你们看一看、试一试,你发现了什么秘密?"

(2)教师重点指导幼儿观察微波炉的控制面板、玻璃转盘和通风口。

评析:实物的提供为幼儿的自主观察提供了条件,以小组为单位的观察形式给了幼儿相互交流和讨论的机会,使幼儿可以在观察过程中讨论,达到信息的交流和互补。

3.交流分享。

(1)教师出示微波炉结构示意图,根据幼儿的回答做标记。

教师:"关于微波炉你发现了什么?"

教师:"关于微波炉你有什么问题想问?"(设问题:微波炉是什么形状的?微波炉的控制面板上有什么?定时器上有什么?这些数字有什么用?它们表示什么?温度控制选项有哪些?它们表示什么?微波炉里面有什么?内壁是什么颜色的?玻璃转盘是什么形状的?通风口有什么用?)

(2)根据幼儿的提问,教师鼓励知道的幼儿运用已有经验解答同伴的问题。

评析:两个开放性的提问,涵盖了微波炉的外部特征和内部结构,这样的提问方式是以幼儿的问题为导向的,基于问题的认识与解决,是符合幼儿认知需求的。同时,教师鼓励幼儿为同伴解答,是有效运用了同伴经验的分享,教师在此基础上加以提升,充分发挥了幼儿学习的自主性。

(3)教师出示各种图卡,引导幼儿从画面内容来理解每个图卡的意思,加深对微波炉功能和使用方法的了解。

教师:"控制面板上的图示表示什么?"

评析:图示语言是符合中班幼儿的认知特点的,而微波炉上的图示形象地说明了每个键的使用功能,既有利于幼儿进一步了解和认识微波炉,同时也提升了幼儿对图示语言的运用与理解。

(4)教师小结。

4.幼儿尝试制作,实践体验。

(1)教师出示玉米粒,交代制作任务。

教师:"今天,我们要用微波炉来制作爆米花。你知道应该怎么做吗?"

评析:从幼儿的回答中,教师可以了解到幼儿对微波炉的现有使用经验。

(2)根据幼儿的回答,教师出示操作流程图。

评析:图示的方法能让幼儿更清楚操作的过程与规范。

(3)幼儿分组尝试制作:放入玉米粒→设定加热方式→加热。

(4)分享使用微波炉制作的爆米花,比较玉米粒前后的不同,感受微波炉里微波的存在。

评析:实际的操作让幼儿真实地感受到玉米粒在微波炉中发生的变化,真切体验到微波的作用。

5.经验拓展,安全使用。

(1)教师鼓励幼儿根据经验自由回答使用微波炉的注意事项。

教师:"使用微波炉时应该注意什么?"

(2)幼儿观看录像,了解安全使用微波炉的知识。

评析:幼儿对安全使用微波炉的知识了解得毕竟有限,通过录像,教师可以形象、全面地普及安全知识。

活动延伸:

1.美工区活动:自己设计一个微波炉。

2.家园共育:回家后在父母的陪伴下尝试使用微波炉。

活动评析:

活动设计关注到以下四点。

1.充分调动了幼儿的已有经验。

现在的幼儿对微波炉都积累了一定的感性经验,本次活动中教师采用同伴互助的方式,让幼儿在探索、了解微波炉的构造和加热方式的过程中,与同伴交流进一步提升对微波炉的认识。

2.结合中班幼儿年龄特点运用图卡进行教学。

中班幼儿处于具体形象思维期,他们对事物的认识依赖于具体形象的事物,活动中教师将微波炉的加热过程和微波炉的加热程序选择等内容,运用有效的图示进行呈现,教师让幼儿在具体形象的图卡指导下,通过对画面的理解来加深认识。

3.把抽象的概念用具体形象加以呈现。

如何让幼儿感知微波炉中微波的存在是本次活动的难点,教师利用加工制作爆米花的方式,让幼儿观察、体验玉米从硬硬的小颗粒变成一颗颗爆米花,从没有香味到发出浓浓的甜香这一过程,使幼儿形象地感知到微波的存在——是微波使爆米花发生了变化。

4.注重安全教育。

微波炉虽然先进,但它对加热工具、时间控制等方面都有很高的要求,因此在幼儿进行微波炉探索的活动中,安全教育是必不可少的。对于家用电器类的科技产品,在组织幼儿学习使用时,一定要注意渗透安全教育,强调操作规范,从而使幼儿养成安全、有效使用电器的习惯。

课程见习:评价幼儿园科学教育活动

(一)实训目标

1.知道评价幼儿园科学教育活动的要点。

2.能大胆和他人交流所观察的科学教育活动的优点和不足,并尝试提出改进意见。

3.意识到科学教育活动的重要性,愿意从专业角度来分析与评价幼儿园科学教育活动,乐意和他人分享自己的学习成果。

(二)实训内容

观摩并评价幼儿园集体科学活动和科学区活动,针对不足提出改进意见。

(三)实训过程

1.分小组展示与交流见习报告。

2.每组各派一个代表评价所观察的科学教育活动。

3.全体一起针对科学教育活动的不足讨论改进意见。

 项目考核

一、选择题

1.为了解幼儿同伴交往特点,研究者深入幼儿所在的班级,详细记录其交往过程的语言和动作等。这一研究方法属于( )。(2013年下半年教师资格考试"保教知识与能力"真题)

  A.访谈法   B.实验法   C.观察法   D.作品分析法

2.教师根据幼儿的图画来评价幼儿发展的方法是( )。(2015年下半年教师资格考试"保教知识与能力"真题)

  A.观察法   B.作品分析法

  C.档案袋评价法   D.实验法

3.学前儿童科学教育评价的意义不包括( )。

  A.诊断作用   B.鉴定作用   C.调节作用   D.教育作用

二、简答题

1.简述学前儿童科学教育评价的主要内容。

2.请说一说问卷法的优缺点。

三、案例分析题

某幼儿园中班教师组织幼儿开展科学活动"猜猜哪一杯是水"。活动目标是让幼儿运用感官找到白开水。教师将幼儿分成五个小组,每组有三个无色透明的拧紧瓶盖的瓶子,瓶子里面分别装了白醋、白开水和雪碧。教师提出问题以后,便将瓶子放在桌上让幼儿观察讨论并得出结论。

请根据所学理论分析这个案例中教师的做法是否恰当,并说说:如果是你,你会怎么做?

项目八

学前儿童科学教育相关研究

1. 知识目标：理解 STEAM 教育、自然教育、生命教育的内涵与特点，把握学前儿童科学教育的新进展。
2. 技能目标：能根据所学理论设计科学教育活动。
3. 思政目标：意识到学前儿童科学教育及研究的重要性，珍惜和尊重自然和生命，珍惜人的价值和尊严，关注儿童生命。

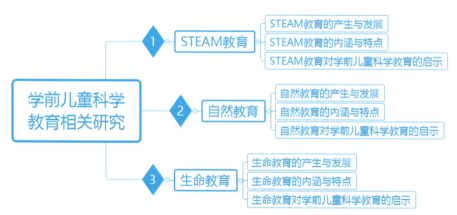

下面是德国森林幼儿园一天中的场景。

有个三岁的女孩，自顾自地蹲坐在工具箱旁给树枝剥皮，另一个小女孩则拿了一个小锯子想把树枝锯断，然后又尝试用锥子在木棍一头戳个洞。

还有个男孩，削树枝时不小心把手割出血了，教师迅速帮忙消毒、晾干、贴上创可贴，然后把男孩抱坐在腿上，和他一起继续削树枝。

在大自然中玩耍的孩子与大自然很融洽,没有成人世界的偏见,诸如地面很脏不要直接坐下,看到虫子赶紧躲开,等等,哪怕树上有许多枝枝丫丫,他们仍然会一直往上爬,不怕刮伤,地上有前几天积的雨水,他们就使劲在水坑里踩,嘻嘻哈哈地笑,即使他们在森林里多多少少会受伤,但他们并没有因此而畏惧,而是会继续贴近大自然。①

请思考:
1. 你喜欢这种森林幼儿园吗?为什么?
2. 森林幼儿园中的孩子通过这些活动收获了什么?
3. 德国森林幼儿园的做法反映出了什么教育理念?
4. 在中国办森林幼儿园的可行性。

知识概述

近年来,国内外学者在学习科学、认知科学及脑科学等多个领域展开了大量研究,并取得了可喜的成果,这些加速了学前儿童科学教育理论与实践的发展。为了满足学前儿童科学教育改革中理论研究和实践发展的迫切需要,开拓学前儿童科学教育实践者的视野,本项目以前沿性、实践性为原则,选取了当前国内外学前儿童科学教育发展中有影响、有价值、有代表性的研究成果来介绍,主要包括 STEAM 教育、自然教育与生命教育。

任务一　STEAM 教育

> **小组建构活动:收集 STEAM 教育在幼儿园中的应用资料**
>
> **1. 分组收集资料**
> 收集 STEAM 教育在幼儿园中应用的资料。
>
> **2. 整理资料,做好分享准备**
> 可准备文字、图片、PPT、视频等资料。
>
> **3. 小组汇报**
> 每小组派代表展示汇报 PPT,主要汇报内容包括 STEAM 教育的含义、主要内容、目前幼儿园开展的现状、本次小组建构活动的感受、体会、学习启示等。

一、STEAM 教育的产生与发展

"STEAM"是"science"(科学)、"technology"(技术)、"engineering"(工程)、"arts"(艺术)和"mathematics"(数学)首字母的集合。STEAM 教育最早诞生于美国。美国 STEAM

---

① 张思慊.探访德国森林幼儿园[J].东方娃娃:保育与教育,2019,(2):77-78.

教育的发展脉络大致可分为三个阶段,即STS→STEM→STEAM。①

1. STS 教育

第二次世界大战结束后,随着科学技术的发展,人们的物质生活得以改善。科学技术给人类带来便利的同时,也给社会带来了一系列负面的影响,如全球变暖、能源枯竭、环境污染等。人们在反思科学是一把双刃剑的同时,也将科学、技术和社会的发展联系起来。STS 教育是 20 世纪六七十年代逐渐形成的一个新兴科学研究领域,"STS"是"science"(科学)、"technology"(技术)与"society"(社会)首字母的集合,它的核心目标是全面培养学生的科学素养,揭示科学、技术和社会三者之间的关系。② 在 20 世纪 60 年代,美国许多大学建立了 STS 研究中心,主要集中研究科学、技术与社会等内容,随后,美国又在中学开展 STS 教育,提高学生的科学素养。③ 美国 STS 研究逐渐关注科学技术对社会的作用,美国科学技术为社会服务的实践成果日益丰硕,STS 教育的技术功能与价值被充分挖掘以促进人才培养与社会进步,而这一研究导向在一定程度上促使以 STEM 教育为代表的技术教育课程范式形成。④

2. STEM 教育

随着时代的发展,社会对人才质量的要求越来越高。从 20 世纪 80 年代开始,大众化生产的批量产品已满足不了人们的个性化需要,而当时美国又极度缺乏技术型与创新型的理工科人才,与此同时,科学、技术与工程的联系越来越密切,科学教育、技术教育与工程教育等教育形式培养的单一类型人才也难以满足社会发展的需要。⑤ 自 1986 年,美国国家科学理事会(NSB)发布了第一个关于 STEM 教育的指导性报告《本科的科学、数学和工程教育》(Undergraduate Science, Mathematics and Engineering Education)。该报告在肯定 STEM 教育突出地位的基础上,提出了对 STEM 教育发展的指导性意见,成了 STEM 教育的战略开端。⑥ 在政府、高校等研究机构的促进下,美国的 STEM 教育课程建设逐步走向科学化、规范化与专业化。

"STEM"是"science"(科学)、"technology"(技术)、"engineering"(工程)和"mathematics"(数学)首字母的集合。美国的 STEM 教育多以具体的项目或者问题为教学中心,注重学习情境与真实世界的联系,强调科学技术与工程、数学的紧密整合,为美国培养了大量复合型技术人才。⑦ 2009 年,美国时任总统奥巴马提出了教育创新运动,强调美国将优先发展 STEM 教育,决心把美国科学和数学教育的排名从中间位置提高到世界前列。此后,美国联邦投入了大量资金,用以支持幼儿园到 12 年级(K—12)阶段和高等教育阶段的

---

① 范文翔,赵瑞斌,张一春. 美国 STEAM 教育的发展脉络、特点与主要经验[J]. 比较教育研究,2018,40(6):17.
② 侯素雯,张世唯. 学前儿童科学教育[M]. 北京:北京出版社,2014:190.
③ 侯素雯,张世唯. 学前儿童科学教育[M]. 北京:北京出版社,2014:190.
④ 范文翔,赵瑞斌,张一春. 美国 STEAM 教育的发展脉络、特点与主要经验[J]. 比较教育研究,2018,40(6):18.
⑤ 范文翔,赵瑞斌,张一春. 美国 STEAM 教育的发展脉络、特点与主要经验[J]. 比较教育研究,2018,40(6):18.
⑥ 范文翔,赵瑞斌,张一春. 美国 STEAM 教育的发展脉络、特点与主要经验[J]. 比较教育研究,2018,40(6):18-19.
⑦ 范文翔,赵瑞斌,张一春. 美国 STEAM 教育的发展脉络、特点与主要经验[J]. 比较教育研究,2018,40(6):19.

STEM教育研究。美国各州也纷纷采取了促进STEM教育发展的有效措施,包括创建全州STEM教育网络,成立区域STEM中心,创办STEM高中,启动幼儿园到8年级(K—8)阶段学生计划项目,加强教师专业发展,类似情况还出现在许多其他的发达国家。[①]

3. STEAM教育

随着时代的发展及STEM教育的不断推进,在"science"(科学)、"technology"(技术)、"engineering"(工程)和"mathematics"(数学)跨学科整合的研究中,越来越多的研究者关注科学技术的艺术与人文结合的必要性。有研究者发现,人文艺术在STEM教育中具有不可或缺的重要作用。2010年,美国弗吉尼亚科技大学学者格雷特·亚克门(Georgette Yakman)第一次提出将"A"(arts,艺术)纳入"STEM"中,"A"广义上包括了美术、音乐、社会、语言等人文艺术学科。[②] 格雷特·亚克门认为,"arts"所代表的人文艺术包含了社会研究、语言、形体、音乐、美学、表演等较为广泛的人文艺术科目,将"A"加入STEM教育中,不仅有助于促进学生的认知发展及情感和精神境界的提升,还能增强学生的批判思维与问题解决能力,从而使学生成为具有创造性和革新精神的全面发展的人——STEAM教育强调培养复合型的创新人才。[③] 目前美国STEAM教育是政府和社会组织共同合作的教育工程项目,政府还出台了相关的政策与制度来促进STEAM教育的开展。美国参与STEAM教育的主要机构有政府机构、高校与学术机构、公司企业、非营利机构和STEAM专门机构。[④] 美国STEAM教育的主要机构有其各自的特点,表8-1-1所示为美国六个典型STEAM实验室案例的简介和特点。

表8-1-1 美国六个典型STEAM实验室案例的简介和特点[⑤]

名称	实验室简介	特点
波士顿艺术学院STEAM实验室	①所属部门:艺术学院。 ②愿景:将波士顿艺术学院的STEAM倡议提升到新的高度,塑造新型的STEAM教学空间;将实验室打造成为学生玩耍、思考和创造的地方,为学生项目实践活动提供资源、工具和指导。 ③典型活动:视觉活动、3D打印、激光切割、电子纺织物和3D模型设计。 ④活动形式:合作、小组互动或独立学习。 ⑤特色:支持学生从所处环境中发现材料,并与新技术结合起来创建自己的项目	为学生提供丰富的资源、工具和设施,支持STEAM课程学习

---

① 魏晓东,于冰,于海波.美国STEAM教育的框架、特点及启示[J].华东师范大学学报(教育科学版),2017,35(4):41.

② 魏晓东,于冰,于海波.美国STEAM教育的框架、特点及启示[J].华东师范大学学报(教育科学版)2017,35(4):41.

③ 范文翔,赵瑞斌,张一春.美国STEAM教育的发展脉络、特点与主要经验[J].比较教育研究,2018,40(6):19.

④ 范文翔,赵瑞斌,张一春.美国STEAM教育的发展脉络、特点与主要经验[J].比较教育研究,2018,40(6):22.

⑤ 赵慧臣,陆晓婷.美国STEAM实验室的特征与启示[J].现代教育技术,2017,27(4):26-27.

续表

名　　称	实验室简介	特　　点
曼哈顿儿童博物馆STEAM实验室	①所属部门：博物馆。 ②愿景：专注于科学、技术、工程、艺术、数学以及21世纪技能的融合。 ③典型活动：机器人设计、创建电路、做电子元件（"LittleBits"）上的建模实验、制成大型艺术装置、创建建筑结构和设计壁画。 ④活动形式：支持儿童与家长共同参与实践活动；举办手工制作坊，让儿童与科学家、工程师或艺术家一起进行发明创造	为学生提供与科学家、工程师或艺术家共同设计创造作品的机会，使他们感知真实的创造过程
新罕布什尔州儿童博物馆STEAM创新实验室	①所属部门：博物馆。 ②愿景：为学生提供聚焦科学、技术、工程、艺术和数学的新型学习空间和高科技设备；为教育者提供需求分析和培训支持；面向家庭教育设计STEAM实践。 ③典型活动：3D打印、细胞成像、设计APP游戏、雕塑、创建电路、提取脱氧核糖核酸(deoxyribonucleic acid,DNA)、插图制作、恐龙、音乐、航空和世界文化等。 ④活动形式：学生、教师、家长共同参与；参观博物馆，参与部分项目活动。 ⑤特色：父母和儿童共同制作雕塑作品；在预定的时间每周向所有人员开放实验室	教师、儿童和家长共同参与主题研究；提供实地考察机会，满足学生社会学习的需求；发挥博物馆的开放优势，面向公众提供丰富的学习体验机会
贝尔沃堡小学STEAM儿童实验室	①所属部门：学校。 ②愿景：为幼儿和六年级以下的学生提供分年级的实验活动，给学生创设基于真实情境的动手操作挑战。 ③典型活动：水试验、植物培养、天气预报、声学试验、环境考察、设计机器人、计算机编码、3D打印和素描等。 ④活动形式：到大学实地考察	根据不同年龄、年级学生的认知与学习水平，设计不同的STEAM项目活动，以符合学生的个别化学习需求
格林威治学院STEAM实验室	①所属部门：学院。 ②愿景：为K—12阶段学生开发完全集成的STEAM实验室；从空间、工具、机器和教师等方面，支持开展跨学科的学习。 ③典型活动：3D扫描与打印、数控机器、激光切割、恐龙探究、软性电路设计、纸电路制作、RGB夜灯、木材加工和LED灯等。 ④活动形式：工作坊或独立制作。 ⑤特色：灵活布局的物理空间；STEAM协调员提供项目活动的辅助工作；学生可以成为实验室的助理或助教	营造教师、家长和校友共同参与开发的工作坊；设计分级项目课程

续表

名　　称	实验室简介	特　　点
提顿县学区数字制造实验室	①所属部门:学校。 ②愿景:综合运用软件和硬件,将艺术融入项目学习中,为社区内成年人和其他学习者提供晚上和校外学习机会。 ③典型活动:绝缘体与导体的区别、LED 灯制作、激光雕刻、3D 打印、木工、首饰制作、缝纫与纺织。 ④活动形式:小组活动,学生、教师和社区成员共同参与。 ⑤特色:设计评价量规,提供教学反馈	提供丰富的数字制造设备与材料,将设计思维融入创作过程,并以小组项目的形式鼓励学生开展协同学习

二、STEAM 教育的内涵与特点

STEAM 教育是在真实情境中以跨学科整合的方式培养创新型人才的一种教育类型,是依托工具与资源,以基于项目或问题的方式培养学生 STEAM 素养的一种技术教育。此外,还可以从其他视角来解读 STEAM 教育的本质特征:从教育内容的角度,STEAM 教育是跨学科整合的教育;从教育主体的角度,STEAM 教育是多元主体共同参与的教育;从教育开展方式的角度,STEAM 教育是"做中学"的教育;从教育技术支持的角度,STEAM 教育是以机器人、编程、3D 打印为主要载体的教育。① STEAM 教育是一项非常复杂的教育工程,它具有以下特点。

1. 注重学科整合,跨学科学习

STEAM 教育和目前我国幼儿园综合主题活动有一定的相通之处。朱家雄教授认为,主题活动是将各个学科的教学内容综合到一个网络状的主题之中。② STEAM 教育也是将"science"(科学)、"technology"(技术)、"engineering"(工程)、"arts"(艺术)和"mathematics"(数学)进行跨学科整合,以整合的教学方式解决真实情境中的问题,培养儿童的跨学科思维和创造力。

2. 通过工程设计流程制定解决方案

美国的 STEAM 教育要求学生使用工程设计流程(engineering design process,EDP)来制定问题的解决方案,工程设计的一般流程如图 8-1-1 所示。美国国际技术教育协会(ITEA)指出,工程活动与项目在 STEAM 教育中具有串联与整合的作用,因而 STEAM 教学的开展应以"解决工程问题"为主轴,辅以技术、艺术、人文、数学与科学等相关知识。当然,在 STEAM 学习过程中,学生也可能会用到一些科学研究方法。③

---

① 范文翔,张一春. STEAM 教育:发展、内涵与可能路径[J]. 现代教育技术,2018,28(3):101.
② 朱家雄. 幼儿园教育活动设计与实施[M]. 北京:高等教育出版社,2008:67.
③ 范文翔,赵瑞斌,张一春. 美国 STEAM 教育的发展脉络、特点与主要经验[J]. 比较教育研究,2018,40(6):20.

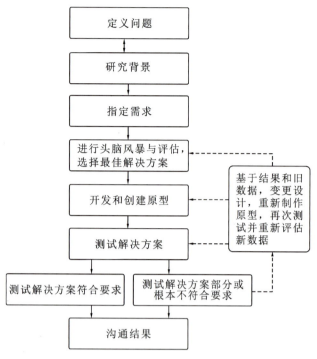

图 8-1-1 工程设计的一般流程[1]

3. 以项目、问题为中心

STEAM 教育以真实世界的问题为中心,以项目式活动开展,且强调在儿童解决真实的问题时需要围绕相关的问题或项目来开展。图 8-1-2 为基于问题学习（problem-based learning，PBL）教学模式下 STEAM 课程教学模型图。首先,教师展示相关现实生活中的情

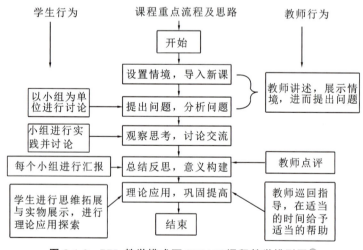

图 8-1-2 PBL 教学模式下 STEAM 课程教学模型图[2]

---

[1] 范文翔,赵瑞斌,张一春.美国 STEAM 教育的发展脉络、特点与主要经验[J].比较教育研究,2018,40(6):20.

[2] 吕世奇.PBL 教学模式下 STEAM 课程教学策略的研究[J].中国教育信息化·基础教育,2017,(9):36.

境,引导研究的问题(当然有时研究的问题来源于儿童)。在确定问题后,学生将分组讨论、实践并进行总结反思。最后,教师指导,学生再进行实践探索与项目展示。

4. 强调协作学习

STEAM 教育强调协作学习,强调充分利用周边的各种资源,如网络资源、人工智能(artificial intelligence,AI)技术、电子媒体等,同时也强调学生与学生、学生与教师、学生与家长及其他的社会资源形成共同的学习体,共同引导学生解决真实情境中的问题,引导学生学会协作学习,共同建构知识。如美国 STEAM 实验室将学生置身于真实的综合活动实践中,让他们在实践中学习知识和获得创新能力,STEAM 实验室借助学生、教师、家长和社会公众的帮助,营造共同参与的学习氛围,不断发挥支持 STEAM 教育的作用。① 有研究者指出,STEAM 教育在实施过程中不只是学校教育者作为课程实施者,还可能有家长、社区、商业和企业、个人和公共基金会、传媒和其他利益相关者的参与。②

三、STEAM 教育对学前儿童科学教育的启示

STEAM 教育正是当前研究领域的热点,也越来越受到我国教育界的关注和重视。美国 STEAM 教育的理念具有很强的前瞻性与实践性,对我国学前儿童科学教育主要有以下几点启示。

1. 以真实情境、多学科的整合方式培养学前儿童创新思维

STEAM 教育强调在真实情境中以跨学科整合的方式来学习。在学前儿童科学教育中,我们应回归生活情境,让儿童在生活中找到有意义、具有挑战性的实际问题去开展科学探究,引导儿童通过实践探究、"做中学",综合运用"science"(科学)、"technology"(技术)、"engineering"(工程)、"arts"(艺术)和"mathematics"(数学)知识,鼓励其创造性地解决问题,进而发展学前儿童的实践探究能力和思维能力,培养创新思维。

2. 以项目为中心培养学前儿童发现问题与解决实际问题的能力

教师根据科学教育的框架体系,引导学前儿童在日常生活中发现问题,并根据学前儿童发展的问题形成相关的项目,引导学前儿童在项目活动中不断思考,发现新的问题,收集相关资料,动手解决问题,建构自己的知识,培养发现问题与解决实际问题的能力。

3. 开展协作学习,帮助学前儿童与其他人员形成多方位的学习共同体

在学前儿童科学教育中,幼儿园需要充分利用多方课程资源,如科学馆、网络资源、AI 技术、电子媒体等,建构多种学习共同体,如儿童与家长、教师以及其他人员等,培养学前儿

---

① 赵慧臣,陆晓婷. 美国 STEAM 实验室的特征与启示[J]. 现代教育技术,2017,27(4):27.
② 李惠敏. 从 STEM 到 STEAM:课程理念的变迁与课程实施策略[J]. 黑龙江教育学院学报,2018,37(12):40.

童的团结协作能力。图 8-1-3 所示为美国新罕布什尔州儿童博物馆 STEAM 创新实验室中家长与儿童共同学习。

图 8-1-3　STEAM 创新实验室中家长与儿童共同学习[①]

4. 利用现代信息技术,帮助学前儿童深度学习

STEAM 课程通过教育信息化手段来促进学生对 STEAM 知识的理解,从而促使其进行深度学习。[②] 现代科学技术已飞速发展,我国幼儿园也应逐步引入一些高科技促进学前儿童科学素养的提升,如儿童编程、儿童电脑、3D 打印技术、AR 技术、智能机器人等。

案例 8-1-1:科学教育活动"鲜花保鲜"[③]

一、基于日常生活观察提出探究问题

幼儿生活中到处可见鲜花,九月开学恰逢教师节,教师将自己收到的鲜花放在教室内,孩子们都喜欢围着鲜花观看。过了几天,孩子们产生了问题,比如百合开了,为什么绣球没有昨天开得那么好了？瓶子里的水少了些,是花枝喝了吗？粉色的康乃馨要断了,绿色的康乃馨为什么还很健康？百合全部都开了,什么时候开的？在昨天晚上开的吗？玫瑰花为什么凋谢了？蓝色花瓶里的水没了好多,都被花喝掉了,是百合喝了吗？透明花瓶里的水少得不多,那是因为透明花瓶里的花喝水不多吗？我们要不要给它们换些新鲜的水呢？"不同的花可能对水的需求不同,喝水的速度也不一样。"教师回答说。针对幼儿提出的各种各样的问题,教师提出的探究的问题是"鲜花保存的方法有哪些"。

二、调查、团体讨论鲜花保存的方法并开展实验、观察、记录、讨论与整理

幼儿对鲜花怎么样能够开得更持久特别感兴趣,他们基于已有经验和想象力,调查并讨论了鲜花保鲜可能的方法和材料(见图 8-1-4),并根据自己的提议对康乃馨、玫瑰花、桔梗花开展实验(幼儿观察记录鲜花状况并讨论(节选)如图 8-1-5 所示)。教师观察并记录下幼儿发现的问题,以及幼儿形成的关于鲜花保鲜方法的结论(见图 8-1-6)。

---

① 赵慧臣,陆晓婷.美国 STEAM 实验室的特征与启示[J].现代教育技术,2017,27(4):28.

② 魏晓东,于冰,于海波.美国 STEAM 教育的框架、特点及启示[J].华东师范大学学报(教育科学版),2017,35(4):41.

③ 张莉.从生成主义哲学谈幼儿园科学教育活动的实践进路——基于科学项目活动《鲜花保鲜》的分析[J].陕西学前师范学院学报,2020,36(8):75-84.(根据该论文删减、整理,该案例来源于广州市番禺区某幼儿园)

① 干净的水	② 鲜花保鲜剂	③ 生根粉	④ 洗洁精
幼儿园有	孩子们都说家里没有，后来决定班费购买	森森说家里有，自己带过来	幼儿园有

⑤ 盐水	⑥ 糖水	⑦ 花泥	⑧ 复合肥加泥土
孩子们从家里带过来	孩子们从家里带白糖过来	用张老师带过来的花泥	幼儿园准备

图 8-1-4　幼儿讨论鲜花保鲜可能的方法和材料

观察时间	幼儿的观察记录	幼儿讨论实录
第8天	 花泥：康乃馨出现了失水分现象，桔梗花、玫瑰凋谢了。 干净的水：全部凋谢。 洗洁精：桔梗花还有两朵没有凋谢，康乃馨、玫瑰凋谢了。 盐水：全部凋谢	冯老师：哪种保鲜方法好呢？ 甜甜：康乃馨非常合适用糖水养，养了八天了，它还是那么鲜艳，用泥土加复合肥也可以，不过花开得没有那么好看。 杰杰：玫瑰花用糖水养是最好的。 一凡：糖水养的桔梗花也是最好的啊，第八天了还开得那么好

图 8-1-5　幼儿观察记录鲜花状况并讨论（节选）

各保鲜方法的保鲜时间长度统计图（单位：天）	幼儿的结论
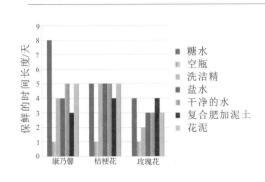	1.玫瑰花有好几种方法的保鲜期都是最短的，说明玫瑰花花期在三种花中最短。 2.桔梗花每种方法保鲜时间都差不多，说明桔梗花花期在三种花中要长一些。 3.用糖水养是桔梗花和康乃馨比较好的保鲜方法。 4.复合肥加泥土可以用来保鲜鲜花，不过前面开得很好，后面就不行了。 5.不同的花花期是不同的，不同的花适合不同的保鲜方法

图 8-1-6　教师记录的幼儿形成的关于鲜花保鲜方法的结论

三、遇到新的问题、讨论、实验、观察、记录与总结

幼儿在观察、实验、讨论中还会形成很多新的问题,教师与幼儿会一起再开展团体讨论与实验。比如,幼儿提出"鲜花总是会凋谢,怎么样让它保存更久"的问题,由此提出了用书本压干、阳光晒干、倒挂风干、自然风干、使用干燥剂(因之前幼儿有对干燥剂的认识)等方法制作干花。在采用使用干燥剂这一方法时,幼儿发现蓝白色的干燥剂变成了粉白色。幼儿推测是因为干燥剂吸收了花里的水分,干燥剂和吸收的水分发生了变化,所以干燥剂变颜色了。那么是不是这样呢?教师和幼儿讨论后决定做一个小实验:准备两个塑料杯,一个塑料杯装了干燥剂,一个塑料杯装了水,当水倒入干燥剂中,水很快就不见了,干燥剂马上从蓝白色变成粉白色,而且摸装干燥剂的杯子的时候发现杯子会发热,水是被干燥剂给吸收了(干燥剂遇水实验如图8-1-7所示)。随后,教师和幼儿运用不同方法制作干花(用康乃馨、桔梗花、玫瑰花、小雏菊和满天星),并观察相关的效果,对其进行观察与总结(幼儿制作干花的实验结果如图8-1-8所示)。

图 8-1-7 干燥剂遇水实验

制作方法	制作干花的效果		幼儿对干花制作的观察总结
书本压干法		1.康乃馨发霉了,失败了;2.桔梗花发霉了;3.玫瑰的花瓣出现了褐色;4.小雏菊上半部分是成功的,下半部分是失败的;5.满天星成功地成为干花	水分较多的花不适合用书本压干法
阳光晒干法		桔梗花和玫瑰花瓣不可以暴晒太久,这样容易褪色	这些花都可以用阳光晒干法制成干花
倒挂风干法		这几种花保留的花色都很好	这个方法很适合做干花
自然风干法		玫瑰花瓣成功了一半,有一半失败了,失败的一半颜色变黄色了,满天星成功了	满天星的水分太少了,不管用什么方法都可以成为干花的
使用干燥剂		 1.不封闭的状态:干燥剂做成的干花颜色都好漂亮。2.把花和干燥剂用纸箱封闭:把花和干燥剂一起密封起来,花变成干花的速度不会加快	1.干燥剂适合所有的花,不管什么花放在干燥剂上面都可以成为干花,水分多的花就用多一点干燥剂。2.花朵的摆放方法不一样,变成干花的样子也会不一样

图 8-1-8 幼儿制作干花的实验结果

四、制作干花相关的手工艺品与活动总结

活动的最后一个环节是,教师和幼儿对"干花可以做什么"的问题再次进行调查与讨论。教师和幼儿共同制作干花蜡烛、干花许愿瓶、干花插花等干花手工艺品,并进行了活动总结。

任务二 自然教育

> **小组建构活动:自然教育思想的代表人物**
>
> **1. 分组收集资料**
> 分组收集自然教育思想的代表人物的故事,每组选一个代表人物。
>
> **2. 整理资料,做好分享准备**
> 可准备文字、图片、PPT、视频等格式资料。
>
> **3. 分享教育家的故事**
> 每组分享,形式多样。每组分享时间控制在5分钟左右。

一、自然教育的产生与发展

▶ **名人名言**

大自然、大社会都是活教材。

——陈鹤琴

早在两千多年前,我国古代思想家老子便已提出"无为"的自然教育观,这是最早的自然教育思想,比西方先驱教育家亚里士多德早提出半个世纪。"道法自然"昭示了老子思想的核心价值取向——归本、归宗自然。庄子继承并挖掘了老子"道法自然"的内涵,他的"乐逍遥""齐万物""毁仁义"的思想觉悟是不同于老子的人生观和价值观的,表现极为自由洒脱,也使得道家思想得以真正丰满和完备。如果将中国古代思想家的自然教育思想归纳为"自然化人",那么西方思想家的自然教育思想便可概括为"人化自然"。[①]

西方自然主义教育思想的历史演变分为五个阶段,即萌芽期、客观化、主观化、心理化和生长论自然教育思想。[②] 具体来说,从古罗马时期,亚里士多德最早提出"教育效法自然",到文艺复兴时期,自然教育思想都具有宗教色彩,散落在哲学、政治和伦理中。使自然主义教育思想真正具有初步教育学视野的是夸美纽斯《大教学论》的贡献,人们开始从服从上帝的命令转变到服从自然的命令,这对17世纪以后的教育家探索教育与自然的关系奠定了基

---
① 朱梦涵.0—6岁儿童的自然教育园本课程建构之行动研究[D].上海:华东师范大学,2020:2-13.
② 刘黎明.论西方自然主义教育思想的历史嬗变及其特征[J].武陵学刊,2011,36(3):133-139.

础。18世纪,卢梭赋予了自然主义教育人本化的内涵,确立了"把儿童当作儿童"的儿童观。卢梭的影响是具有现代性和世界性的,在卢梭的客观化自然教育思想影响下,19世纪的西方教育家裴斯泰洛齐、赫尔巴特、福禄贝尔、斯宾塞等,从心理学的角度探讨了教育与儿童心理发展的关系。到了20世纪初,杜威提出了"教育即生长"的观点,杜威的观点是社会赋能和儿童发展的有机结合,具有社会性内涵。[①] 这些教育家都对残害儿童天性的封建教育、忽视儿童个性的传统教育进行了无情的揭露和抨击,提倡一种顺应儿童天性、顺应儿童心理和生理的新教育观,也使得自然教育理论成为西方教育史上的主流。它强大的生命力在于它蕴含了深刻朴素的哲理——教育必须顺应儿童的天性和身心发展的自然规律,这也是任何一个社会、任何一个时代的教育都应该遵循的,只要人类追求自身发展的理想不灭,自然教育理论的原则就会贯穿于每个时代的教育之中。[②]

随着20世纪初新文化运动在中国的发起,西方民主、自由的精神逐渐传入中国,国内封建教育受到批判,此时的自然教育思想不再局限于探究儿童天性和自然的关系,而是扩大到对自然环境、生活适应性以及自然课程与儿童关系的关注,完成了从"尊自然之道"到"以自然为师"思想浪潮的转变。在中国近代学前教育思想的浪潮中,陈鹤琴、陶行知、张雪门、张宗麟四位教育家的自然教育思想被广而推之,颇有成效。[③]

 **好书推荐**

林间最后的小孩:拯救自然缺失症儿童[④]

《林间最后的小孩:拯救自然缺失症儿童》是一本里程碑式的著作,它第一个指出儿童与大自然关系的断裂问题,并命名了"自然缺失症"。在这本著作中,作者综合了最新的研究成果,指出与自然的直接接触是一个孩子身心健康发展的必要因素,并更新了大量的证据,表明儿童与自然的断裂和儿童罹患肥胖症、注意力缺陷、抑郁症等比例上升之间的关系。

在《林间最后的小孩:拯救自然缺失症儿童》一书中,作者的笔触并未止于担忧和警示,而同时为救治"自然缺失症"儿童提出了一系列建设性的主张。他对如何拉近生活与自然的距离、修复儿童与自然的联结、让孩子在真实的世界里学习提出了一系列具有操作性的建议,包括种植、园艺之类的传统方式,也包括散步和露营、钓鱼和野外动物观赏,等等。

修复儿童与自然的内在联系,更具根本性的方式是改变将城市与自然对立、隔绝的空间规划。《林间最后的小孩:拯救自然缺失症儿童》这本书就此开辟了一个全新的疆域,它关于建设"野生化城市"的主张,使它超越了对父母和教师的指导,而同时成为城市规划师和建筑师的绿色指南。

这本书是美国最佳畅销书,作者理查德·洛夫(Richard Louv)荣获奥杜邦奖章。

---

① 朱梦涵.0—6岁儿童的自然教育园本课程建构之行动研究[D].上海:华东师范大学,2020:21.
② 钟昱.浅析自然教育理论的历史演进[J].四川教育学院学报,2003,19(5):17.
③ 朱梦涵.0—6岁儿童的自然教育园本课程建构之行动研究[D].上海:华东师范大学,2020:13.
④ 洛夫.林间最后的小孩:拯救自然缺失症儿童[M].自然之友,王西敏,译.北京:中国发展出版社,2014.

二、自然教育的内涵与特点

夸美纽斯首次在《大教学论》里提出"自然教育"一词，指出"适应自然"的教育，一方面要遵循自然界的"秩序"，另一方面要注重将人的内在天性与自然发展规律相结合。卢梭继承了这一观点，他在《爱弥儿》中提到"归于自然"的核心理念，主张顺应儿童天性，培养自由发展、适应社会的"自然人"。

"自然教育"虽起源于西方自然主义教育思想，但不等同于"自然主义教育"。目前，自然教育在学术界还未形成统一的定义，多数专家学者的研究偏向于将自然教育理解为"在大自然环境中进行学习和教育的活动"，也有西方学者认为"自然教育（nature education）是在自然中体验、认知关于自然的事物和现象，以此来了解、尊重和保护自然"。[①] 从自然教育思想发展的演变中可以发现，自然教育包含两个层面的含义：一是尊重儿童的特性与个性，顺应儿童身心发展的自然规律；二是允许儿童在自然环境中进行自主探索、游戏和学习，以丰富幼儿的认知经验，提升幼儿的审美体验和锻炼幼儿的身体素质。

各国对自然教育的定义及其涵盖范畴的划分略有不同，例如，英国、美国及日本的自然教育多以环境教育为开端，而德国则将自然教育发展为森林教育。最早兴起森林幼儿园的是丹麦，发展迅速的是德国，教育形式多样的是英国，这三个国家是开展森林幼儿园的三个具有代表性的欧洲国家。到了20世纪90年代，德国已有超150家森林幼儿园。截止到2017年，全美已有约250家森林幼儿园和托儿所。从环境教育到森林教育再到现在的科学教育，自然教育的思想和内容始终贯穿其中，只不过时代背景的需求不同，附加的目标也不同。"环境教育"时是注意生态，"森林教育"时是注重资源，到了"科学教育"则是注重知识和科技，而所有这些的前提是，要接触自然，遵循亲近自然的法则。[②]

美国、英国及日本等国很早就开始关注环境与自然教育。美国、英国和日本自然教育内容梳理（关于自然教育的主要活动形式、主要力量及主要政策和课程）如表8-2-1所示。

表8-2-1　美国、英国和日本自然教育内容梳理[③]

国家	主要活动形式	主要力量	主要政策/课程
美国	"教学＋自然学校＋项目"，涉及国家公园，以自然为基础的森林野营或远足等项目，以农场为基地的自然学校	各联邦、各州、高等院校、社会机构、社会组织（如北美环境教育协会）	国家环境教育法案；幼儿科学教育课程标准；《国家行动计划：应对美国STEM教育体系的重大需求》
英国	"自然学校＋社会＋家庭"，涉及户外、野外探险，环保活动，动植物照顾，校级间组织的国际环境交流项目，博物馆参观	政府、公共机构、学术科学机构、非政府组织	《户外学习宣言》；《将环境教育带入21世纪》；环境教育指南

---

① 朱梦涵.0—6岁儿童的自然教育园本课程建构之行动研究[D].上海：华东师范大学，2020：10.
② 朱梦涵.0—6岁儿童的自然教育园本课程建构之行动研究[D].上海：华东师范大学，2020：15-21.
③ 朱梦涵.0—6岁儿童的自然教育园本课程建构之行动研究[D].上海：华东师范大学，2020：21.

续表

国家	主要活动形式	主要力量	主要政策/课程
日本	"自然学校+社会+社区",涉及野外活动、营队活动、修学旅行	企业、政府、学校、非政府组织	《体育振兴法》;《教育基本法》

表8-2-2是某森林幼儿园自然教育单次课程活动中教师记录的反馈表。

表8-2-2 自然教育单次课程活动反馈表①

日期： 带班教师：

教学活动	主题:雨中林地探索 1.延续上周主题,探究林地的植物,更好地认识自然环境,与大自然建立和谐相处的情感。 2.深入体会雨中林地的不同,感知雨后自然环境的变化、不同天气带来的感受。 3.培养孩子们的观察能力、沟通能力和同理心	1.教师与孩子们一起向大树奶奶打招呼。 2.孩子们接到一个任务,教师躲藏在森林中,请孩子们到森林里将教师找到。大雨过后的森林、泥泞湿滑的土地,都给孩子们带来了很大的挑战。孩子们合作交流、相互配合,最后把教师找到。 3.在寻找教师的过程中,孩子们发现了一些小动物,比如小蚯蚓、蜗牛等。围绕这些小动物,孩子们展开了讨论,比如小动物从哪里来,它们的家在哪里。 4.最后总结的时候,教师与孩子们一起讨论如何更好地保护大自然里的小动物
生活情况	两点一餐、午睡、行李整理	早点:橘子、饼干。 午餐:木耳炒肉、玉米碎肉、清炒白菜、山药鸡汤。 午点:馒头、牛奶。 午睡:在跟随教师散步结束后,大部分的孩子都选择睡觉,没有睡觉的孩子在教室里安静地看书。 行李整理:由于一直在下雨,孩子们的衣物都湿了,在教师的帮助下孩子们能够将湿的衣物收拾好
总体反馈		在一天的活动中,孩子们的参与度都很高,能够发现小动物并积极展开讨论。复杂的环境给予孩子们更多的挑战机会,同时让孩子们体会到了林地与城市的不同。下雨的天气让孩子们有些苦恼,他们在平时的生活中很难遇到湿润的衣物和泥巴,有些不知所措。虽然在教师的帮助下能处理好,但是孩子们还是需要更多生活的体验

---

① 骆桦,黄向.自然教育理论与实践[M].长春:东北师范大学出版社,2020:144.

三、自然教育对学前儿童科学教育的启示

《纲要》中指出,科学教育的基本目标之一是使儿童爱护动植物,关心周围环境,亲近大自然,珍惜自然资源,有初步的环保意识。这也说明了自然教育对学前儿童的重要。儿童有其独特的年龄特点和发展规律,遵循儿童身心发展规律,保护儿童的天性,这是自然教育给我们当前的学前儿童科学教育最大的启示。

(一)尊重学前儿童的天性,保护他们对世界的好奇心

童年是人生自然发展的时期,也是天性自然展现的时期,更是生命潜质自然成长的时期。卢梭阐释了人之天性的美好,认为教育就是要保护好儿童天生的自然本性,促使其自由地发展而不是使其受到束缚和压制。儿童在幼年时期都处于一种渴望接触外界、积极探索外界的状态,他们对周围的事物存在着强烈的好奇心和探究欲,这恰恰是儿童天性的表现,反映了儿童对外部世界的热爱之情和探求精神。教育者必须遵循儿童的心理发展规律,才能充分展现儿童的天性,使他们保持对周围世界的持久好奇心。在开展科学教育时,要以科学的态度和价值观念为指导,善于顺应儿童天性,尊重儿童探求世界的需求和权利,为儿童提供主动探索周围事物的机会,满足他们的好奇心,激发他们的探究欲。

(二)鼓励学前儿童动手动脑,引导他们主动进行科学探究

卢梭主张儿童应在生活经验中接受教育,主张通过儿童自己行为的后果来教育儿童。儿童通过亲身体验,感到痛苦或不便,就会自己认识错误,改正错误,这比单纯说教要深刻且有效得多。在开展科学教育时,教师应创造条件,提供环境和材料,鼓励学前儿童自己动手动脑,主动探究,自己发现问题,想办法解决问题。

(三)让学前儿童多接触大自然,认识自然、理解自然、热爱自然

> **名人名言**
>
> 大自然是思想的活的源泉,是世界上最美妙的书,是知识的最重要的源泉。
>
> ——苏霍姆林斯基

苏霍姆林斯基为孩子们创造了"蓝天下的学校",带着孩子们一起去蓝天下、草地上、梨树下、葡萄园、牧草场、森林里开启大自然之旅,描画美丽的自然景色,听美妙的音乐,唱好听的歌曲,创编美好的童话故事和动人的诗歌,进行各种田园劳动,帮助孤苦老人……近几年,受到卢梭、福禄贝尔等教育家教育思想的影响,国外的森林幼儿园发展迅速,被称为"没有天花板和围墙的幼儿园"。森林幼儿园里的孩子们每天都在与大自然互动,每天都在游戏中成长,用活力和热情拥抱大自然。德国森林幼儿园一角如图8-2-1所示。我们可以从"蓝天下的学校"和森林幼儿园得到启发,重视大自然的教育作用,多让幼儿接触大自然。在开展科学教育的时候,多利用自然资源,让学前儿童种植花草、蔬菜等,饲养小动物,带他们走入大自然,认识自然、理解自然、热爱自然。

图 8-2-1　德国森林幼儿园一角①

任务三　生命教育

小组建构活动：话题讨论

1. 分组讨论

就"什么是生命教育"的话题开展讨论。

2. 小组分享

每组分享，形式多样。每组分享时间控制在 5 分钟左右。

一、生命教育的产生与发展

生命教育的研究源自人类对于死亡的思考。美国的生命教育起步较早。从 20 世纪 20 年代起，美国学者开始探索有关"死亡教育"的问题。1959 年，心理学家赫尔曼《死亡的意义》一书的出版，引起了学术界及社会大众对于死亡问题的研究兴趣和关注。同时，美国又在学校开展死亡教育课程，这使得死亡教育在西方正式兴起并逐步成为教育的一门分支学科，之后发展为"生死教育"（life and death education）。1968 年，美国学者杰·唐纳·华特士首次明确提出生命教育思想，并且在美国加州创建阿南达村、阿南达学校，倡导和践行生命教育思想。到 1976 年，美国共有 1500 所中小学开设了生命教育课程，到 20 世纪 90 年代生命教育在全美基本普及。美国生命教育有其丰富的内涵，主要内容包括直面生命的死亡教育、关注社会生命的生计教育、对他人生命和社会理解的品格教育、面对健康问题能做出抉择并以健康行为生活的健康教育、张扬个体生命的个性化教育等。教育目标是使学生认识生命、珍惜生命，让学生学会尊重，培养学生的自信、乐观的心态，提高其面对挫折和失败

---

① 张思慊.探访德国森林幼儿园[J].东方娃娃：保育与教育，2019，(2)：77.

的心理承受能力，引导学生学会生存。这些都反映了美国当代教育对儿童生命的关注。

20世纪70年代后，许多国家纷纷效仿美国在生命教育方面取得的成效，开始着力探讨生命教育及其实施方式。英国的很多中小学都成立了生命教育中心，引发儿童对生命的热爱。德国实施了"死亡的准备教育"，引导青少年以坦然和明智的态度面对死亡。近年来，日本教育界提倡的"余裕教育"的主题就是"热爱生命，选择坚强"，目的是使青少年能面对并很好地承受挫折，使他们更加热爱和珍惜生命。

现在，许多国家中小学阶段已系统地开展生命教育，并向上、向下分别延伸到大学与学前教育阶段，以帮助青少年和幼儿认识生命、珍惜生命、热爱生命。生命教育由此得到迅速发展，真正成为一种为学生快乐而成功地生活做准备的、把书本的学习和人生的体验融为一体的、以提升学生的精神境界和素养为目的的教育活动。

我国台湾地区从20世纪90年代末开始进行生命教育的探索，将生命教育的理念纳入从小学到大学的学校教育体系之中。从2000年开始，台湾研究者逐步开展了幼儿生命教育研究，并建立了生命教育网站和相关资料库，成立了资源中心学校，举办生命教育博览会，开发生命教育教材，还成立了生命教育推动委员会，决定命名2001年为"生命教育年"。从2006年开始，生命教育已被列入台湾地区高中选修课程。台湾地区教育界对生命教育的理解本质上都是以构建天、人、物、我均衡关系的"全人教育"为理念。

20世纪末，我国香港地区对生命教育也给予了极大关注。2002年12月，香港地区成立了生命教育中心，以社区和中小学为阵地开展生命教育，学校、传媒和非政府机构都成为生命教育的主要力量。香港生命教育的发展与其民间教育和社会福利团体有密切关系。香港的生命教育从宗教的角度开展，内容涉及宗教教育、德育、伦理、公民教育等二十几个科目，开办了生命教育的相关网站，出版了《香港的生命教育》等专著，取得了一定成果。2011年，一群跨宗教、跨学界的一线生命教育工作者组建成立了香港"全人生命教育学会"，推动香港全人生命教育的发展。

20世纪末期，生命教育引起了我国大陆学者的注意，这是由当时的社会背景决定的。当时的我国正处在改革开放的不断深化转型期，社会结构的变化、价值观的冲突导致了一系列的社会问题出现，青少年自杀比例明显上升，校园暴力事件频发。在这种背景下，我国学者提出了生命教育。目前，生命教育已经引起了社会的关注，并逐渐得到政府的支持。如上海市制定了《上海市中小学生命教育指导纲要（试行）》，对青少年进行生命起源教育、性别教育、青春期教育、心理健康教育和生存训练等方面的指导。辽宁和江苏两省教育系统也把开展生命教育作为工作重点，培养青少年珍爱生命的意识。辽宁省启动了中小学生命教育工程，制定了《辽宁省中小学生命教育专项工作方案》。湖南省也于2005年颁布了《湖南省中小学生命与健康教育指导纲要（试行）》。2005年12月，中国宋庆龄基金会在北京主办了中国首届青少年生命教育论坛。2006年12月，"第二届中华青少年生命教育论坛"在北京举办，北京大学还在论坛上发布了《中华青少年生命教育年度立项报告》。我国生命教育已经形成了政府主导、民间参与、社会各界积极配合的趋势。

2010年7月29日，教育部正式公布实施的《国家中长期教育改革和发展规划纲要（2010—2020年）》，在战略主题中明确提出了要"学会生存生活"，要"重视安全教育、生命教育、国防教育、可持续发展教育,促进德育、智育、体育、美育有机融合,提高学生综合素质,使学生成为德智体美全面发展的社会主义建设者和接班人"。可见,进行生命教育已成了国家教育发展的战略决策,这也是在国家教育改革文件中第一次载入了要"学会生存生活"、要进行"生命教育"的内容,具有深远的历史意义。①

二、生命教育的内涵与特点

名人名言

生命,那是自然会给人类去雕琢的宝石。

——诺贝尔

生命教育有广义和狭义之分。广义的生命教育是一种"全人培养"的教育,从肯定、珍惜个人自我生命价值,到肯定他人、社会乃至自然宇宙的价值,并涉及生死尊严、信仰问题的探讨,包括生死达观教育、认识哲学教育、情绪辅导教育、创造思考教育、多元智慧教育、终身学习教育、生活伦理教育、两性教育、公民道德教育、社会公益教育、环境教育等多方面。狭义的生命教育是一种人生观的教育,教育学生认识生命、尊重生命、热爱生命,进而珍惜生命。通过生命教育不仅要使个体学会珍惜自己的生命,还要尊重他人及自然界的其他生命,培养其对自己、他人、社会及自然的同情心、爱心和责任感,使其学会自处并且与外界和谐相处。生命教育的目的是引导个体正确认识生命的价值,培养其珍惜、尊重、热爱生命的态度,完善其人格,使其健康成长,提升生命质量和实现生命价值。生命教育的核心是使个体树立正确的生命观、人生观,善待自己,与人为善。

生命教育要引导个体处理好生命存在过程中的各种关系,包括人与自己、人与他人、人与社会、人与自然的关系,主要包含以下三个方面。第一,对生命的认识。这是开展生命教育的基础。通过有目的、有计划的教育活动,引导学生初步了解自身生长发育特点,了解生命从出生到死亡的全过程,认识到生命的唯一性和宝贵性,生命成长历程的艰辛和不易,掌握自我保护、应对灾难的基础技能,学会尊重生命、关怀生命、悦纳自我,珍惜、热爱自己和他人的生命,接纳他人,了解到人类社会是自然界的一部分,它不断地和自然界进行着物质、信息和能量的交换,从而初步确立正确的生命意识。第二,对生命的敬畏。生命教育应当教育学生学会以敬畏的态度善待一切生命。任何生命都有其存在的权利和价值。人类必须对自己的生命、对大自然的一切生命持敬畏态度。只有怀有对生命神圣性的尊重才能够真正不轻视、不践踏自己和别人的生命,才能对自己的行为负责。第三,对生命的升华。生命本身有着崇高的价值,生命不仅仅意味着肉体的存在,而且是一种意识观念的载体,其价值并不在于寿命的延长和外表的美丽,而在于心灵的善良和人格的健全。生命教育不应当只停留在教人珍爱生命的层面,而应当引导学生主动思考生命的价值,发现生命的意义,超越生命的时间界限,让自己有限的生命留下永恒的价值。

---

① 侯素雯,张世唯.学前儿童科学教育[M].北京:北京出版社,2014:193-195.

三、生命教育对学前儿童科学教育的启示

学前教育阶段是个体生命教育的最初阶段。结合学前儿童身心发展的年龄特点,学前阶段生命教育的目标在于,引导学前儿童初步感受生命的历程,体会生命的意义和存在的价值,认识生命,尊重生命,关爱生命,保护生命,为成长为热爱生活的幸福的人奠定坚实的基础。

(一)引导学前儿童认识生命的来源和本质

引导学前儿童认识生命是对他们进行生命教育的前提。

首先,引导学前儿童认识生命的来源、发展和变化。通过生命教育,让学前儿童初步了解人类生存的重要条件以及人类生存在世界上的意义,满足他们探索自身奥秘的兴趣和愿望,让他们了解自己,培养自我保护意识。如说起生命的起源,很多学前儿童都会提出"我是从哪里来的"之类的问题,这个问题常常难倒家长。对此,教师可以组织学前儿童观看图片、视频或以讲故事的形式等,让他们初步了解孕育生命的过程,知道父母养育自己的不容易。除了生命来源方面的认识,学前儿童还应学习全面认识自己,知道自己的姓名、性别、年龄,了解身体的外形结构和五官的功能,对自己的出生、成长过程拥有一个完整的了解。此外,可以通过各类丰富多彩的活动让学前儿童了解动植物的来源,认识生命体的基本特征,懂得生命成长的历程,认识到生命的可贵。如在幼儿园的活动室或户外进行种植和养殖活动,让幼儿在种植蔬菜瓜果、饲养小动物的过程中感受生命的成长,观察和发现生命的变化。

> **绘本推荐**

《小威向前冲》[①]

小威是一个小精子。他就住在布朗先生的身体里。喏,就住在这儿。还有三亿个小精子和小威住在一起,这真是个大家庭啊!

在学校里,小威的数学成绩实在是不好。不过,他可是个游泳的高手!小布是小威的好朋友,他也是个游泳的高手!其他三亿个小精子也是一样……

游泳大赛的日子一天一天地近了。小威每天都在努力地练习……小布也很刻苦!冠军的奖品只有一个,那是一个美丽的卵子,这个卵子住在布朗太太的身体里等待着冠军。就是这儿!

上课的时候,老师问小威:"如果有三亿个小精子一起参加比赛,你需要打败多少个对手才能获得冠军,赢得卵子呢?"小威回答:"10个?"小威真的很不擅长数学。不过他的游泳技术绝对一流!

游泳大赛的日子终于到了,老师发给每个小精子一副蛙镜,一个号码牌,还有两张地图。一张是布朗先生的身体地图,还有一张是布朗太太的身体地图。

[①] 艾伦.小威向前冲[M].李小强,译.贵阳:贵州人民出版社,2008.

晚上，布朗先生和布朗太太亲密地在一起……老师大喊："开始！"小威和其他三亿个小精子飞快地冲过了起跑线！冲啊！小威奋力向前冲！小布紧紧跟在后面！小威拼命向前跑，他隐约感觉到，只要胜利，今后就会拥有一个美好的人生。眼看着小布快要赶上来了，小威不知道自己离终点还有多远，他的数学实在是不好……不过，他还真是个游泳的高手！冲刺！第一名！

卵子的样子很可爱，身体软绵绵的。小威越靠越近……最后……咦，小威不见了！接下来，奇妙的事情发生了……很美妙！也很神奇！小生命不停地长啊长，长得比卵子还大，有个小生命开始成长了！最后，把布朗太太的肚子也撑得鼓鼓的！布朗太太的肚子越来越大……它长啊长啊长，直到……呀！小宝宝降生了！是个可爱的小女孩呢，爸爸妈妈叫她小娜。

可是，小威去了哪里呢？没有人知道。只是，当小娜渐渐长大，开始上学了……她发觉自己的数学实在是不好……不过，她可是个游泳的高手！

其次，和学前儿童一起探索生命的本质。大多数学前儿童主要是用"是否会动"来判断事物是否具有生命，这是远远不够的，还需要基于学前儿童的理解能力和接受水平，引导他们探究关于生命本质的基础知识。例如，人和动物有各种身体器官，如头、手、脚、嘴巴、眼睛、耳朵、内脏等；有独立的活动能力，如看、走路、吃饭、呼吸、玩耍等；有心理活动，如开心、难过等；还具有交往能力，如谈话、拥抱等。又如，植物也是有生命的，是由种子生长出来的，能够感知冷暖，过热或过冷都会使它们发蔫、枯萎，会使它们有疼痛的感觉，长时间不施肥、不浇水它们便会枯萎，慢慢死掉等。

(二)培养学前儿童关爱生命的意识

关爱生命是生命教育的情感基础。关爱生命就是在了解生命的基础上关心生命的发展，赋予生命有责任感的情感关注和行为帮助。关爱生命不仅仅表现在对自己生命的关爱，还包括对他人、整个人类、人类生存的地球和地球上生存的其他生命的关爱。大自然孕育着生命，自然界就是生命教育的最佳导师。在科学活动中引领学前儿童走进大自然、亲近大自然，开展探索活动，不仅能够让学前儿童逐渐发现和感受自然界的奇妙和美好，还能使他们感受到自然界中生命孕育和生存的艰难，体会生命的珍贵，形成保护自然的意识。

生命既具有共通性，又充满独特性和差异性。幼儿园教师可以组织各种活动，让学前儿童学习用适当的方式处理与同伴之间的矛盾，引导他们发现身边需要帮助的人，尝试体验这些群体在生活中遇到的困难，鼓励他们在生活中帮助别人、关心别人，形成良好的行为习惯。

案例 8-3-1：黄蛾①

一个温暖的秋天，阿莱娜正在沙滩上追逐一只在阳光下飞舞的黄蛾。突然，黄蛾朝她飞来，落在她的食指上。当我们所有人都来看那只立在她手指上的黄蛾时，她的手一动不动。

---

① 普莱瑞.幼儿园科学探究教学——科学、数学与技术的融合[M].霍力岩,彭勤露,吕思培,等译.北京：教育科学出版社,2009:334-335.

阿莱娜十分入迷地看着这个愿意与她一起待很长时间的美丽小生物;甚至当她的爸爸试图在不碰到黄蛾的情况下把它赶走时,黄蛾的"四肢"还是纹丝不动。

分析:儿童对于很小的生物的美丽外形、运动姿态和身体功能都非常着迷。由于每种生物都有自己独一无二的特征,每种生物都为儿童提供了一个可长期探究的关注点。正如阿莱娜注视着她手指上飞蛾的细小"四肢"一样,儿童的注意力常常被生物的一两个细微特征所吸引。我们要传递给儿童的一个重要的价值观就是尊重动物生命体。儿童能通过了解各种动物的特征和保持动物的健康活力来学会尊重动物。

(三)引导学前儿童尊重生存的环境

人类只有一个地球,地球是人类和其他生物共同的家园。地球不是一个取之不尽、用之不竭的资源宝库,它所蕴藏的资源是有限的。由于当代科学技术突飞猛进,人类已具有空前的改变环境的能力,这种能力如运用不当,会对环境造成不可估量的损害,最终危害到人类自己。因此,人类要生存下去并得到发展,必须爱护地球,关爱其他生物,保持人与自然的和谐发展。

教师应有意识地带领学前儿童认识生存的环境,了解人与环境共存的关系,培养其对大自然的热爱和崇敬之情,引导其懂得尊重生命存在和发展的规律;在日常生活中从爱护生命做起,教育学前儿童不攀折花木,不践踏小草,不欺负小动物,发现生命并欣赏自然,与自然和谐相处。

(四)教给学前儿童保护生命的方法

保护生命是让学前儿童将对生命的认识、对生命的关爱付诸实践,并获得一些保护生命的方法。学前儿童好奇、好动,在运动、游戏以及突发事件中缺乏自我保护意识,因此,加强对他们的安全教育,提高他们对危险的防范意识和处理危险的能力尤为重要。

幼儿园可以通过学前儿童生活的各个环节进行安全教育,主要内容包括以下方面。第一,交通安全教育。教育学前儿童认识红绿灯,知道它们代表的意思;不要自己过马路,过马路时遵守交通规则,走人行横道,不在马路上停留和玩耍。第二,消防安全教育。让学前儿童懂得玩火、玩电、玩水的危害;引导学前儿童了解消火栓、灭火器的用途,知道幼儿园的安全通道出口在哪里;教育学前儿童养成公共场所注意观察消防标志和疏散方向的习惯;使学前儿童知道报警电话,懂得如何报警。第三,幼儿园活动安全教育。教育学前儿童不要带锐利的器具来园,更不应把它放入口、鼻中;不能拿玩具和同伴打闹,更不能抓、咬、打同伴;在运动或游戏时听教师的安排,遵守纪律,有序活动,避免相互追打、乱跑乱撞。第四,生活安全教育。教育学前儿童上下楼梯靠右侧走,不从楼梯扶手上往下滑,不做爬窗、扒窗、跳楼梯、玩门、从高处往下跳等危险动作;不轻信陌生人的话,未经允许不跟陌生人走,更不要让陌生人碰自己的身体;自己单独在家时,不随意开门;不自己动手反锁家门,不玩煤气灶、炉火、打火机、开水壶、饮水机、药品等危险物品。

> **知识宝库**

臭氧层是如何保护地球生命的?[1]

1989年3月5日,在英国首相撒切尔夫人的倡议下,拯救臭氧层世界大会在英国伦敦召开。那么,你可知道为什么臭氧层能保护地球的生命?

氧气分子由2个氧原子组成,而氧气的"兄弟"——臭氧则由3个氧原子组成,且有一种特殊的"臭"味。臭氧在大气中含量很少,是一种"痕量气体",主要分布在离地面20~30千米的臭氧层里。在1个标准大气压和0℃的情况下,如果把大气中的臭氧全部收集起来,全球的平均累积厚度仅3毫米左右,只相当于两个5分硬币的厚度。

可别小看这区区的3毫米,就是它吸收了来自太阳的大部分紫外线辐射,使地球上的生物免受太阳紫外线的致命伤害。

紫外线是太阳辐射中波长小于可见光(400~700纳米)的波段,分成三部分,其中波长最小的超短紫外线UVC(ultraviolet C,波长小于280纳米)通过大气层时几乎完全被氧气所吸收(放出原子氧,与氧气结合,生成臭氧);对生物特别有害的远紫外线UVB(ultraviolet B,波长为280~320纳米)大部分被臭氧吸收(还原成氧气和原子氧,破坏臭氧);波长更大的近紫外线UVA(ultraviolet A,波长为320~400纳米)则基本上自由穿透大气。

臭氧主要分布在平流层中,全球臭氧层的减薄将会影响人类健康、地球生态平衡、近地面大气环境等。臭氧量每减少1%,皮肤癌发病率将增加2%~4%,白内障患者将增加0.3%~0.6%。强烈的紫外线使植物受到损害,使浮游生物,鱼、虾、蟹幼体和贝类大量死亡,甚至造成某些生物灭绝,进而影响全球生态平衡。臭氧层减薄使到达地面的紫外线增强,增强的紫外线使城市中汽车尾气的氮氧化物分解,在近地面形成以臭氧为主要成分的光化学烟雾。此外,臭氧本身也是一种温室气体,其浓度及其在大气中的分布的变化也会对地球大气温室效应发生影响。在接近地面的对流层中,臭氧含量并不多,但是在近地面,臭氧是一种对生态系统有害的污染物。可以说,在高空的平流层中,臭氧是"好"的;而在近地面,臭氧是"坏"的。

实训项目:撰写心得

(一)实训目标

1.把握当前学前儿童科学教育的最新理论、发展动态,了解当前我国幼儿园科学教育现状。

2.能读懂文章,理论联系实际,写出真实的想法。

3.感受学习学前儿童科学教育理论的重要性。

---

[1] 摘自网络:http://www.bjkx.gov.cn/index.php?ie=122-393-31306-1.

（二）实训内容

每人阅读一篇关于学前儿童科学教育理论与实践的文章，写出心得。

（三）实训过程

1. 知网下载关于学前儿童科学教育理论与实践的文章。

2. 撰写阅读心得。

项目考核

一、选择题

1. "STEAM"是"science"（科学）、"technology"（技术）、"engineering"（工程）、（　　）和 "mathematics"（数学）首字母的集合。

　　A. "agriculture"（农学）　　　　　　B. "arts"（艺术）

　　C. "astronomy"（天文学）　　　　　D. "architecture"（建筑学）

2. 卢梭接受了 17 世纪思想家洛克关于"自然状态"和"社会契约"的主张，教育观念则继承了夸美纽斯的思想，明确提出（　　）的永恒法则。

　　A. 教育适应自然　　　　　　　　　B. 教育要服从自然

　　C. 教育心理学化　　　　　　　　　D. 顺应儿童天性

3. 生命教育要引导个体处理好生命存在过程中的各种关系，包括人与自己、人与他人、人与社会、人与（　　）的关系。

　　A. 自然　　　　B. 动物　　　　C. 植物　　　　D. 生命

二、论述题

1. 试论述 STEAM 教育对我国学前儿童科学教育的启示。

2. 在自然教育理念下，农村幼儿园可以如何开展科学教育？

参考文献

[1] 苏霍姆林斯基.把整个心灵献给孩子[M].唐其慈,毕淑芝,赵玮,译.天津:天津人民出版社,1981.

[2] 中国学前教育史编写组.中国学前教育史资料选[M].北京:人民教育出版社,1989.

[3] 史朝,孙宏安.科学教育论[M].沈阳:辽宁教育出版社,1992.

[4] 冯晓霞.幼儿园课程[M]北京:北京师范大学出版社,2000.

[5] 波塞尔.科学:什么是科学[M].上海:上海三联书店,2002.

[6] 钟昱.浅析自然教育理论的历史演进[J].四川教育学院学报,2003,19(5):15-17.

[7] 戈波尼克,梅尔佐夫,库尔.摇篮里的科学家:心智、大脑和儿童学习[M].袁爱玲,廖莉,任智茹,等译.上海:华东师范大学出版社,2004.

[8] 张俊.幼儿园科学教育[M].北京:人民教育出版社,2004.

[9] 温尼特,威廉姆斯,舍伍德,等.科学发现——幼儿的探究活动之二[M].刘占兰,易凌云,曾盼盼,译.北京:北京师范大学出版社,2005.

[10] 韦钰,罗威.探究式科学教育教学指导[M].北京:教育科学出版社,2005.

[11] 陈琴,庞丽娟.科学探究:本质、特征与过程的思考[J].教育科学,2005,21(1):1-5.

[12] 马丁.建构儿童的科学——探究过程导向的科学教育[M].杨彩霞,于开莲,洪秀敏,译.北京:北京师范大学出版社,2006.

[13] 夏洛,布里坦.儿童像科学家一样——儿童科学教育的建构主义方法[M].高潇怡,梁玉华,孙瑾,译.北京:北京师范大学出版社,2006.

[14] 朱家雄.幼儿园教育活动设计与实施[M].北京:高等教育出版社,2008.

[15] 薛烨,朱家雄,等.生态学视野下的学前教育[M].上海:华东师范大学出版社,2007.

[16] 中国科学院.关于科学理念的宣言[J].中国科技期刊研究,2007,18(2):202-203.

[17] 刘占兰.学前儿童科学教育[M].2版.北京:北京师范大学出版社,2008.

[18] 约翰斯顿.儿童早期的科学探究[M].朱方,朱进宁,译.上海:上海科技教育出版社,2008.

[19] 艾伦.小威向前冲[M].李小强,译.贵阳:贵州人民出版社,2008.

[20] 普莱瑞.幼儿园科学探究教学——科学、数学与技术的融合[M].霍力岩,彭勤露,吕思语,等译.北京:教育科学出版社,2009.

[21] 刘黎明.论西方自然主义教育思想的历史嬗变及其特征[J].武陵学刊,2011,36(3):133-139.

[22] 哈兰,瑞维金.儿童早期的科学活动——一种认知与情感相整合的学习模式[M].9版.许倩倩,译.南京:江苏教育出版社,2012.

[23] 王春燕,赵一仑.学前儿童科学教育[M].北京:高等教育出版社,2012.

[24] 彭小元.幼儿科学教育与活动指导[M].南京:江苏凤凰教育出版社,2013.

[25] 黄意舒.幼儿科学课程活动设计[M].台北:华腾文化出版社,2014.

[26] 董佩燕,张晓焱.学前儿童科学教育[M].镇江:江苏大学出版社,2014.

[27] 布拉德.0—8岁儿童学习环境创设[M].陈妃燕,彭楚芸,译.南京:南京师范大学出版社,2014.

[28] ROYCHOUDHURY A. Connecting science to everyday experiences in preschool settings[J]. Cultural Studies of Science Education,2014,9(2):305-315.

[29] 洛夫.林间最后的小孩:拯救自然缺失症儿童[M].自然之友,王西敏,译.北京:中国发展出版社,2014.

[30] 侯素雯,张世唯.学前儿童科学教育[M].北京:北京出版社,2014.

[31] 刘洪霞.儿童科学教育主题活动创意设计[M].北京:中国轻工业出版社,2015.

[32] 中国教育科学研究院早期教育研究中心.农村幼儿园乡土资源利用的实践与探索[M].北京:教育科学出版社,2015.

[33] 申恩美.任性国王抓"坏蛋"(惯性)[M].王艳,译.长沙:湖南少年儿童出版社,2015.

[34] 戈柔,王明珠.幼儿园科学探究故事20例[M].北京:中国轻工业出版社,2015.

[35] 张俊,等.幼儿园科学领域教育精要——关键经验与活动指导[M].北京:教育科学出版社,2016.

[36] 邱淑慧.学前儿童科学教育与活动指导[M].北京:教育科学出版社,2016.

[37] 李广兴,李鹏.学前儿童科学教育与活动实施[M].上海:上海交通大学出版社,2016.

[38] 许琼华,李槐青.幼儿科学教育[M].西安:陕西师范大学出版总社,2013.

[39] 吕萍.儿童早期的科学概念形成[M].上海:上海三联书店,2016.

[40] 申雅霏.幼儿园自然角活动的现状研究[D].福州:福建师范大学,2017.

[41] 蔡志刚.基于主题核心经验的幼儿园科学区活动设计的思考[J].幼儿教育研究,2017,(4):21-28.

[42] 魏晓东,于冰,于海波.美国STEAM教育的框架、特点及启示[J].华东师范大学学报(教育科学版),2017,35(4):40-46.

[43] 赵慧臣,陆晓婷.美国STEAM实验室的特征与启示[J].现代教育技术,2017,27(4):25-32.

[44] 郝慧男.学前儿童科学教育[M].合肥:安徽师范大学出版社,2017.

[45] 王静明,李小毛,张丽敏.幼儿科学与数学教育活动指导[M].北京:中国青年出版社,2018.

[46] 范文翔,赵瑞斌,张一春.美国STEAM教育的发展脉络、特点与主要经验[J].比较教育研究,2018,40(6):17-26.

[47] 李惠敏.从STEM到STEAM:课程理念的变迁与课程实施策略[J].黑龙江教育学院学报,2018,37(12):37-40.

[48] 胡耀军.幼儿园区域活动中空间规划研究与建议[J].中国教育技术装备,2018,(11):8-9,12.

[49] 徐群,巫莉.幼儿园科学教育与活动指导[M].南京:南京师范大学出版社,2019.

[50] 胡恒波,霍力岩.美国宾夕法尼亚州学前儿童科学核心素养的指标框架、培育策略及其启示[J].外国教育研究,2019,46(1):51-64.

[51] 温菲.第191号的发现:屠呦呦的故事[M].北京:北京少年儿童出版社,2019.

[52] 张思慊.探访德国森林幼儿园[J].东方娃娃:保育与教育,2019,(2):76-78.

[53] 罗竞.幼儿科学探究活动中的"六大解放"[J].教育导刊,2020,(2):43-47.

[54] 朱梦涵.0—6岁儿童的自然教育园本课程建构之行动研究[D].上海:华东师范大学,2020.

[55] 骆桦,黄向.自然教育理论与实践[M].长春:东北师范大学出版社,2020.

[56] 张莉.从生成主义哲学谈幼儿园科学教育活动的实践进路——基于科学项目活动《鲜花保鲜》的分析[J].陕西学前师范学院学报,2020,(8):75-84.